札幌
仙台
東京
名古屋
大阪
日本
ソウル
韓国
プサン
黄海
福岡
鹿児島
上海
東シナ海
琉球列島
沖縄
那覇
福州
台北
宮古島
石垣島
台湾
500Km
1,000Km
1,500Km
2,000Km
ルソン島
フィリピン
マニラ
ミンダナオ島
パラオ
ボルネオ島

クブラバリ（与那国島）

人口抑制のため、島中の妊婦を集めてその裂け目を飛び越えさせたといわれる

亀甲墓（与那国島）

名護市での調査：1999 年 12 月

西表島での調査：2001 年 12 月

伊江島での調査：2003 年 3 月

辺野古にて：2004 年 2 月

キャンプ・シュワブ上空から見た辺野古全域

出所：『辺野古誌』(1996)より

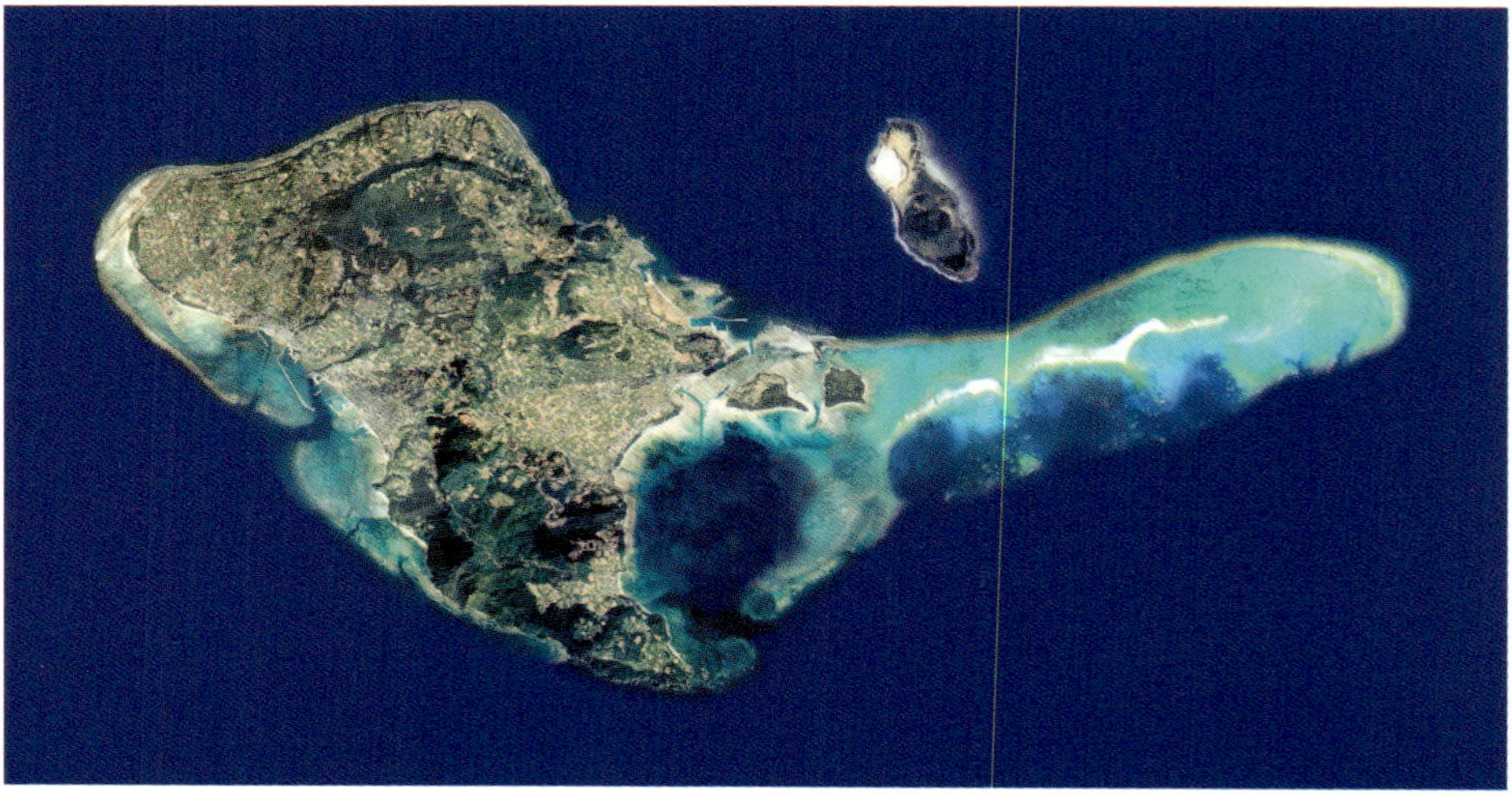

久米島

出所：久米島町

沖縄の人口問題と社会的現実

若林敬子 著

東信堂

はじめに

琉球孤はアジアの橋であるといわれる。九州と台湾を結ぶ海域に鎖状に連なる琉球諸島(沖縄・奄美)は、日本民族・文化の南方に向かって開かれた窓として、これまで多くの人々、研究者の関心をひきつけてきた。「沖縄学」ともよばれ、特にこの南の島には熱い視線がそそがれてきた。

人口問題の視点からしても、私たち人口社会学者の関心をひきつけてやまない世界、社会的現実がそこにある。高出生、長寿命の人口動態、那覇市への人口集積と、そこからはずれた島々や北部での厳しい高齢化への直面、亜熱帯の石垣島の人口微増現象をどうみるか、など興味はつきない。

歴史的には、人口過剰への対策として多くの海外移民や本土への出稼ぎを送出させてきた強い地域的絆・結束が見られ、島(域)内的には、伝統的人口調整や特異にして過重な人頭税との闘いもみられる。

開拓移民政策とマラリア等による撤退・廃村のくりかえし、その背景には古くはより多くの税収を徴収しようとする支配側の王府、また敗戦後は米軍基地のために、自らの耕地を奪われ、おいたてられた人口流動の現実が存在する。

今日、地球化(グローバリゼーション)と地域化が同時進行し、両者がせめぎあいながらかつ通じあうという時代にあって、国家や民族を媒介として「沖縄」を語ることの意義。その魅力にひきつけられつつも、それだけではすまされない期待、同情、謝罪の意識の中で客観的に沖縄人口論を考えることは、決してたやすいことではない。むしろ筆者の側の研究姿勢が厳しく問われてくることをかみしめながら、微力ながらも試みた結果が本書である。

筆者は、三〇余年前、奄美農村調査に入り、すでに最も先端的に過疎化が進みつつあった宇検村調査を通じて、それまでの本土農村でいわれてきた東北型・西南型モデルの枠をはずれた人口・社会構造をかいまみた経験がある。さらにはその後、大陸・中国の人口調査を通じて、とりわけ沖縄に最も近い、福建省の農村を歩きつつ両者――沖縄と中国――間の文化の密接な連鎖を体験してきた。

さて「沖縄」という言葉には、①沖縄本島、②その周辺諸島、さらには、③宮古群島、八重山群島を含む行政区域としての沖縄県全体を指すことがあるが、ここでは、③の意味で用いる。

沖縄県には人の住む島が約四〇存在し、人口一三八万人余を有している。大東諸島は遠く離れてやや特殊であるが、沖縄や八丈島などからの移住者によって開拓された比較的歴史の新しい島であり、沖縄県に属する。

沖縄本島はその中で最大の島で県面積の約五三％、人口一〇〇万人を超す。米軍基地が、この本島面積の二割(一八・九％)を占めることは後に詳述する通りである。続いて第二位の西表島は一三％、石垣島一一％、宮古島六％、久米島二％と続く。

一八七九(明治一二)年に「沖縄県」が設置(一八七二年に明治国家は琉球王国を廃して「琉球藩」を経て)されてから、公的に「沖縄」が全域の総称として使われるようになる。それまでの「琉球」という古称には、奄美大島(鹿児島県大島郡)も属したので注意が必要である。一七世紀初頭の薩摩藩の琉球侵入以前は、古代国家琉球の一部であった。こうした約一〇〇〇キロにも及ぶ海上に点在している琉球文化圏の距離的長さも忘れてはならない特色といえよう。

沖縄を中心として円を描くと、東京とほぼ等距離の内に西太平洋や東南アジアの各地が入る(**見返し地図**参照)。最西端・与那国島からは、晴れた日には約一一〇キロ先の台湾をみることができ、最南端の島・波照間島は台北より南に位置する。今日なお緊張状況の続く中国及び台湾海峡、朝鮮半島三八度線がいかに近距離にあるか。米軍基地の存立は、米国の視点からみれば〝アジアの安全保障〟にとっていかに他にかえがたい要地であるかを理解せざるをえない。

ベトナム戦争にしろ、中東戦争にしろ、米軍基地のはたしてきた機能からおしはかっても、名護市辺野古の海上へリポート基地建設問題が、普天間基地の移転・縮小としての意味あいより、今日の諸事情に合致した〝新設〟として受け止めるのはごく自然ではなかろうか。だからこそ基地の新設として危機感をもってうけとめた反対運動が強まるのである。

中国大陸の中でもとりわけ沖縄に近くむかいあう福建省にいくと、その文化・慣習の連続性に驚くことが多々ある。二〇〇七年三月、福建省の広東省に近い永定県客家の調査にでかけた際に、沖縄にあるのと全く同類の亀甲墓がみられた。華南地方に強いといわれる宗族は、日本本土の同族とは異なる点が多々あるが、沖縄の門中（父系親族集団）や、男子位碑相続のトートーメーとは名称こそ異なっても共通点がみられるのは、すでに多くの社会人類学者らが調査解明しているとおりである。また、那覇大都市圏への人口集中をみても、東南アジアでの首座都市―フィリピンのマニラ、タイのバンコク、インドネシアのジャカルタと類似した展開を示していることが窺える。

家族や村落社会にしても、日本本土の東北農村に典型的にみられるようなその固定的枠組よりは、血縁関係をもはずれた広がりを許した、傍系親族が入り込むよりゆるやかな絆・柔軟な構造で、沖縄では形成されているように思われる。「いえ」意識も本土に比し稀薄である。

そうしたいくつかの面を重ね合わせてみても、沖縄・琉球文化は、本土と中国や東南アジアを結ぶ中間的地点に存在しているように体感されることが多い。

しかしながら、離島の集合体としての地理的条件は厳しく、離島部や本島北部の人口過疎化は一層進みつつある。さらに、那覇大都市圏への人口集中と人口密度の高さ、わが国全体が人口絶対減の縮小社会に突入する中にあって、日本一の高出生県を維持していること、八重山人口の微増、Iターンなどによる人口増加傾向などは注目されるところである。以上のような人口社会学的諸点および社会的現実を、客観的に統計を駆使しつつ以下ひもといてみたい。

雲南省元陽県、湖南省攸県、海南省文昌県および
昌江県黎族重合村(一九年ぶりの訪問)調査の旅を終えて

二〇〇八年九月二〇日

若林　敬子

目次　沖縄の人口問題と社会的現実

第五章

第六章

■図表一覧

沖縄の人口問題と社会的現実

第一章　沖縄県人口の変動・転換と過剰人口

単位：千人

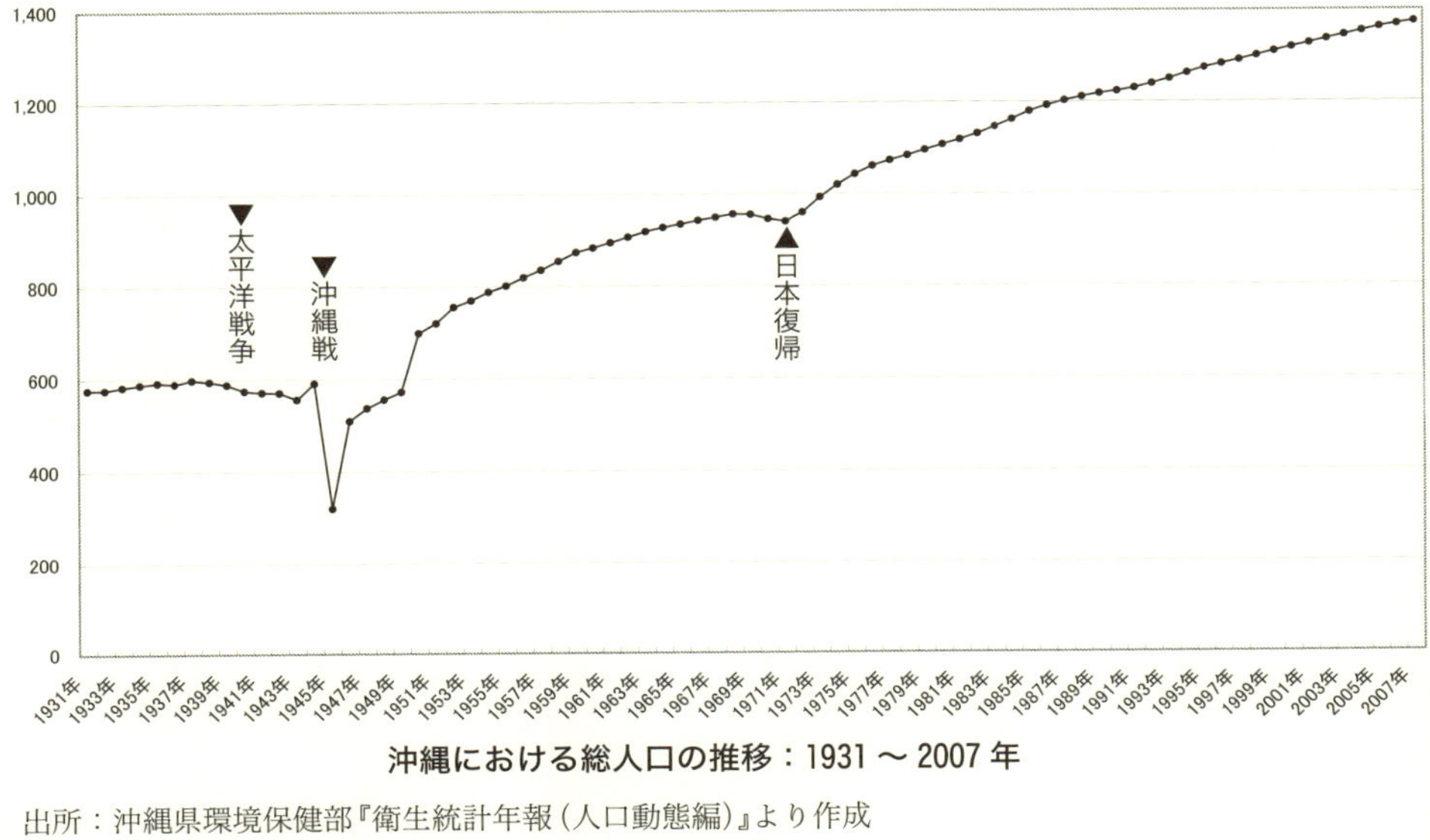

沖縄における総人口の推移：1931 ～ 2007 年

出所：沖縄県環境保健部『衛生統計年報（人口動態編）』より作成
　　　但し、1945 年の総人口は沖縄群島政府統計課調べ

沖縄県の人口は、人口動態からしても人口移動の視点からみても、きわめて特異な推移を示し、日本の人口問題史を考える上で多くの興味深い問題提起を示してくれる。まず戦前の沖縄人口は約五五〜五九万人程で長期に維持され、年平均増加率は一％未満にとどまる。これは戦前の沖縄の出生率は全国平均を下まわり、かつ海外移民や本土出稼ぎという人口流出・社会減が著しくみられたことによる。

戦後は一転し、全国一の高出生率を維持し続け、平均寿命の伸長・近年はそのかげりなど特異な人口動態で知られる。それでも合計特殊出生率（T・F・R）は一九五〇年に四・六七、五五年四・四五、六〇年三・一六、六五年二・九九、七〇年三・一四と低下、二〇〇四年は一・七二、二〇〇七年は一・七五となりつつも全国第一位の高出生率に変わりはない。伝統的人口抑制の方途や男子尊重のトートーメー（後述）などが、いかようにして出生率に関連しているか、なぜ特筆する程の海外移民を送出してきたのか等々、人口の側面から沖縄社会構造の底辺の分析にせまりたい。

1　人口動態の推移

それではまず沖縄県の総人口の推移を概観しよう（**表1―1**、**図1―1**参照）。一八八〇年に三一万五四五人であったのが、一九四四年に五九万四八〇人となり、戦前の六四年間に二八万人の増加という緩やかな微増期が続いた。それが第二次世界大戦末期の沖縄戦の戦禍で約二〇万人といわれる戦争犠牲者をだし、一九四五年には三二万六六二五人に激減した（四四年の五九万四八〇人から四五年三二万六六二五人に単純には二六・四万人、四四・七％の純減となる）。

さて、終戦直後の一九四五〜五〇年のわずか五年間の年平均人口増加率は一五・二％、特に終戦直後の一年間は四四・五％で、五〇年には六九万八八二七人までに膨張した。この人口急増の内訳は約一〇万人の海外植民地等からの復員兵と引揚者の流入によるものが多く、特に台湾など東南アジアや南洋に近いという地理的立地条件にある八重

表１－１　沖縄県人口の推移：1920 〜 2005 年

（単位：人、％）

	総人口	センサス間の人口増減数	センサス間の人口増減率	自然増減率	社会増減率	人口密度（1Km²あたり）
1920 年	571, 572					239. 4
25	557, 622	△ 13, 950	△ 2. 4	7. 9	△ 10. 3	233. 6
30	577, 509	19, 887	3. 6	8. 0	△ 4. 5	242. 0
35	592, 494	14, 985	2. 6	7. 8	△ 5. 2	248. 3
40	574, 579	△ 17, 915	△ 3. 0	―	―	240. 8
50	698, 827	124, 248	―	―	―	292. 6
55	801, 065	102, 238	14. 6	13. 5 ＊	1. 1	335. 4
60	883, 122	82, 057	10. 2	12. 2	△ 2. 0	369. 8
65	934, 176	51, 054	5. 8	9. 7	△ 4. 0	391. 2
70	945, 111	10, 935	1. 2	8. 6	△ 7. 4	422. 1
75	1, 042, 572	97, 461	10. 3	9. 1	1. 3	464. 2
80	1, 106, 559	63, 987	6. 1	7. 6	△ 1. 5	491. 8
85	1, 179, 097	72, 538	6. 6	6. 7	△ 0. 2	523. 1
90	1, 222, 398	43, 301	3. 7	5. 6	△ 1. 9	539. 9
95	1, 273, 440	51, 042	4. 2	4. 3	△ 0. 1	562. 1
2000	1, 318, 220	44, 780	3. 5	3. 6	△ 0. 1	580. 4
05	1, 361, 594	43, 374	3. 3	3. 1	0. 6	598. 6

注：1945（昭和 20）年の沖縄県調査なし　復帰年の 1972 年人口は 959, 615 人（推計人口）
　＊は奄美群島を除くと 11. 4
出所：人口センサス結果

山の島々の人口増加は激しかった。

一九四六〜五〇年の全沖縄に帰還した復員及び引揚者は、五〇年人口センサス結果によると、一二万四八〇〇人であり、終戦直後の〝欠如散逸した〟、推定約三万人を合わせると、約一五万人強の人口が突如流入している。その後は、出生・ベビーブームにより、一九五五年に八〇万人、六二年に九〇万人を超え、七〇年に九四万五一一一人に達した。終戦後から一九六〇年に至る一五年間に約五五万人、年平均三・七万人の増、終戦直後の復員や引揚者の大量流入を除いても、一九四六年の五〇万九五一七人から五六年の八二万人へと、わずか一〇年間に三〇万人余りが増大したこととなる。

戦後一九五〇年代の年平均増加率は六・六%で、戦前の一・〇%と比し突出して高い。一九六〇年から施政権が日本に

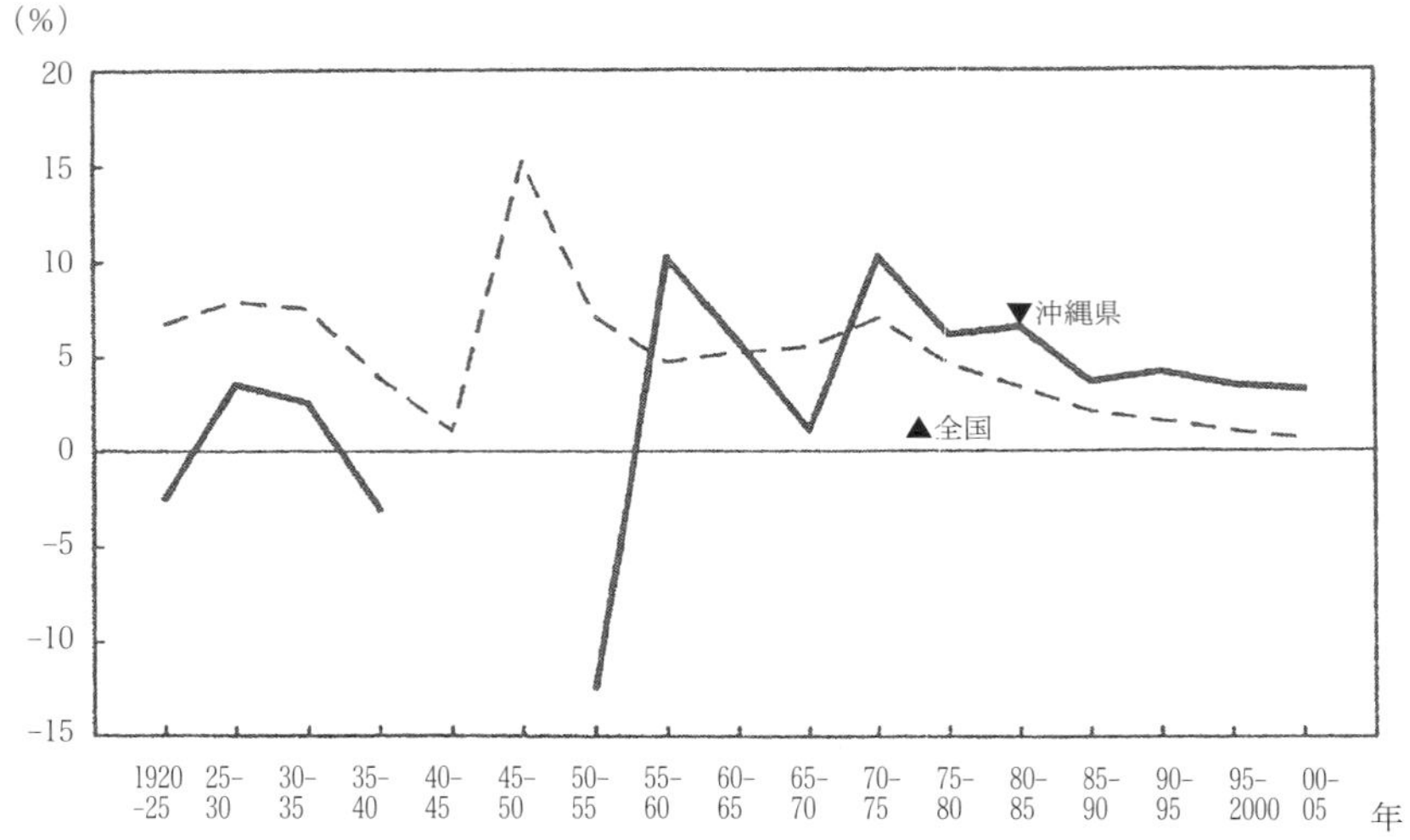

図1—1　人口増減率の推移：1920～2005年

注：沖縄県では、1945、47年には調査が行われていない

返還されるまでは〇・六六%とやや落ちつくものの、七・二万人増、年平均五五〇〇人増を示した。

沖縄の出生力転換は、戦後米軍統治下で展開した。**図1—2**は人口動態の推移、つまり出生率、死亡率、自然増加率を示すが、戦後直後から一九五五年にかけて自然増加率が爆発的に上昇、この期に沖縄人口は急増した。一九五五年十二月、琉球政府は「過剰人口」を問題視し、「人口問題研究会」を設置し、人工妊娠中絶の合法化を求め、優生保護法の立法化を画策する。また琉球列島米国民政府（United States Civil Administration of the Ryukyu Islands）は「過剰労働力」を懸念し、海外移民に解決策を求めた。

ついで、人口動態の中の普通出生率について沖縄と全国の一九二〇～二〇〇七年について**図1—3**に示した。一九二〇年の全国三六・二‰に比し沖縄は二四・四‰で示されるように、戦前の沖縄の出生率（平均二五・〇‰）は一貫して全国平均を下回っている。こうした相対的低水準は、医療や公衆衛生・栄養の劣悪な環境に加え、澤田佳世も指摘するように[1]男子人口の単身による本土出稼ぎや海外移民という再生産年齢人口の現有に大きな性差があったことが要因している一つと考

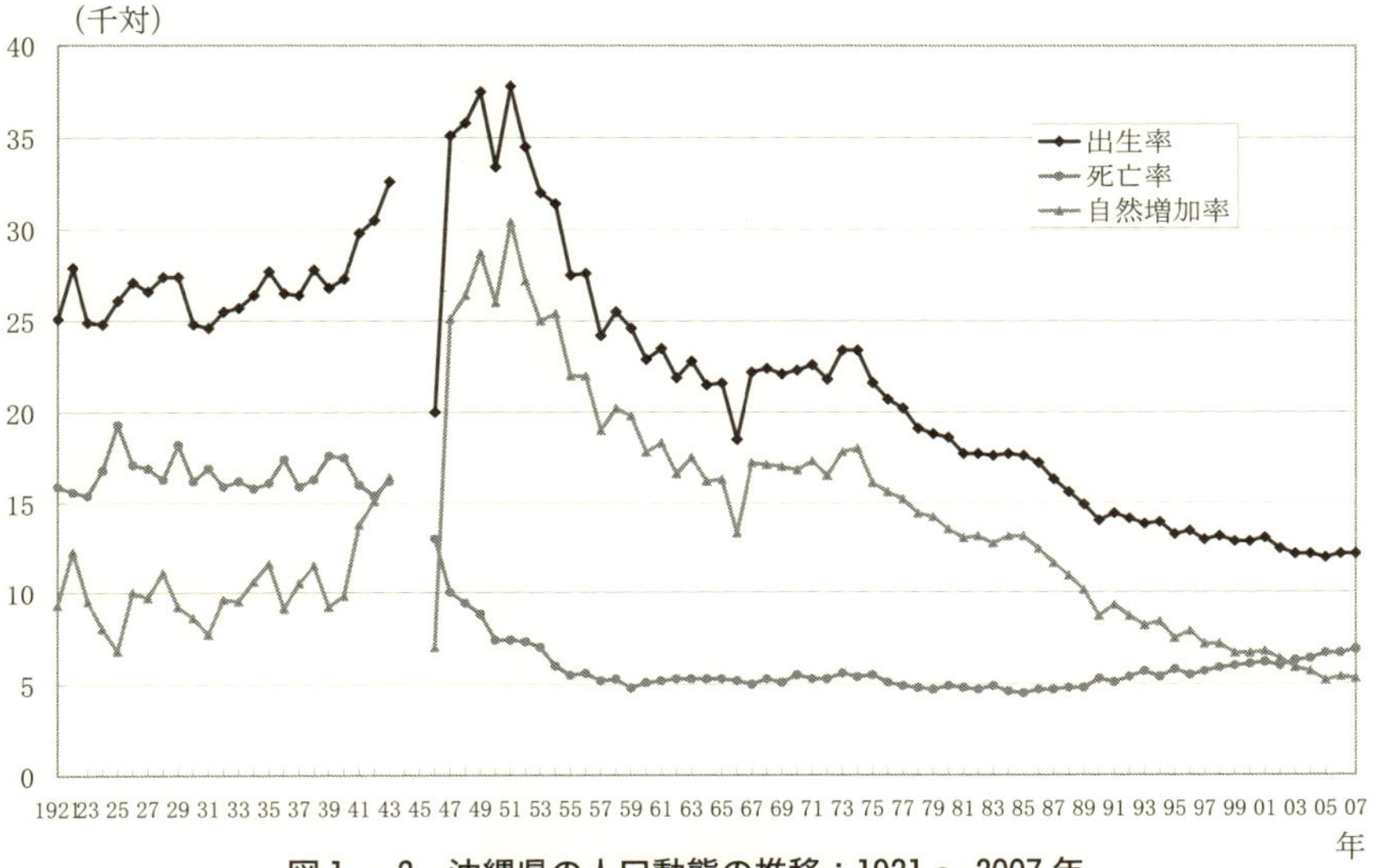

図1－2　沖縄県の人口動態の推移：1921 ～ 2007 年

出所：沖縄県環境保健部『衛生統計年報（人口動態編）』、厚労省『人口動態統計』から作成

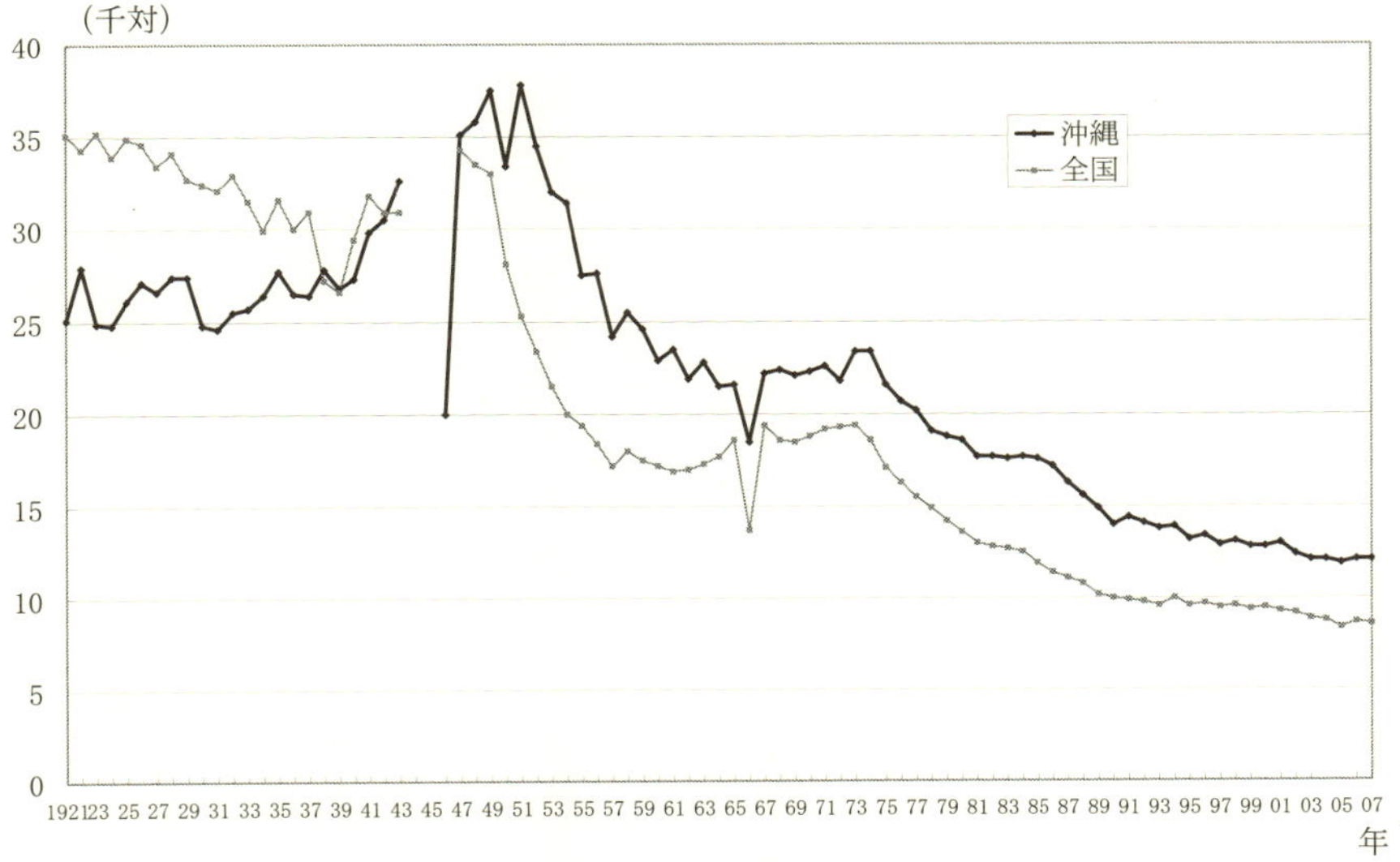

図1－3　沖縄と全国における普通出生率の推移：1921 ～ 2007 年

出所：図1－2と同

えられる。

その後、日本政府の一九三九(昭和一四)年、「人口政策要綱」に代表される「産めよ・殖やせよ」政策により、沖縄の出生率は一九四三年の戦中期三二・六‰(日本本土三〇・九‰)に上昇、全国水準を上回り逆転する。その後は周知の通りの全国第一位の高出生率を維持し続けることとなる。

戦後の特筆すべき概況を記すと、第一期一九四六〜五五年は、普通出生率が三〇‰を越す大ベビーブーム期である。終戦後の海外からの帰還・復員・疎開者の復帰およびその後に発生した結婚ブームが背景にある。

第二期一九五六〜六五年は、一九五四の三一・四‰から六〇年の二二・九‰、六五年の二一・六‰と低下する期である[2]。合計特殊出生率でいえば一九六〇年の二・〇〇と出生力転換を完了した日本本土とは異なり、沖縄のTFRは、五〇年四・六七、五五年四・四五、六〇年三・一六、六五年二・九九と水準に差がみられる。

第三期一九六五〜七五年は、一九六六年に一八・五‰と丙午(ひのえうま)の落ち込みが沖縄でも見られるが一九六七年に二二・二‰で、七五年頃まで安定した推移を示す。TFRでみても、一九六五年の二・九九は、七〇年に三・一四に上昇するものの、七五年は二・八七と低下、全国値はすでに人口置換水準を下回っているが、沖縄は相対的に高いながらも、平行しつつ安定低下していることがわかる。

第四期は一九七五〜九〇年の出生率の再低下期、TFRが二・〇以下となった時期である。

第五期は一九九〇年以降のTFRが置換水準を割り込み一・九五に低下し、出生力転換が完了して少子化の時代に突入した。

他方、死亡率については、戦前の普通死亡率は、一六・五‰前後、戦後は一九四六年の一三・〇‰(日本本土は一七・九‰)を経て、五〇年に七・四‰(同一〇・九‰)、五五年に五・五‰(同七・八‰)と低下。その後安定した低水準を維持している。この低い死亡率統計がどれだけ正確であるのか。主食の配給制度下にある中で死亡届出に対する疑問など、常に専門家によって指摘されてきたところである。

とりわけ、乳児死亡率が戦前は日本の半分以下で、七〇年代前半まで日本本土の平均値を大きく下回っていた点については（一九五五年沖縄一〇・六‰、全国三九・八‰、一九六五年沖縄一〇・一‰、全国一八・五‰、一九七五年沖縄一〇・〇‰と次第に差を縮めていく）、その誕生時点の〝生〟をめぐるこの世への認知に、沖縄特有の風土的・宗教的〝あとおい〟がないか。つまり、離島など交通不便が故に、届け出をしようとする間に死亡するなど、結果としての統計上の不備・不正確さがないかの留意が必要だろう。だが河野稠果は「新生児死亡の登録漏れが気になるが、センサス人口生残率の比較分析によれば、沖縄の人口統計が他県と比較して特に漏れが多いという兆候はない」（一九九八年の日本人口学会でのレジメおよび発言）と指摘する。

なおリプロダクティブ・ヘルス／ライツの視点から、以下二つの統計図表を付記したい。その第一は人工妊娠中絶が、一九五五年末に合法化されるが、なお全国値に比し実施率が低いこと（**表1―2**参照）、全国が一九五五年をピークにするのに対し、沖縄は一九九〇年までは増加し、それ以降は低下、特に三〇歳代が一九八〇年代後半から低下するが二〇歳代およびそれ未満の上昇がみられ、望まない妊娠や中絶が若い世代で増えつつあることがうかがえる。

表1－2　人工妊娠中絶実施率の推移：沖縄県と全国

	沖縄県		全国
	実施数	実施率	実施率
1975年	2, 013	7. 6	22. 1
1980	2, 564	9. 2	19. 5
1985	3, 198	11. 1	17. 8
1990	3, 489	11. 5	14. 5
1995	2, 898	9. 0	11. 1
2000	3, 145	10. 0	11. 7
2005	3, 044	9. 5	10. 3
2007	2, 849	8. 9	9. 3

注：実施率は15歳以上50歳未満女性人口1000人に対する中絶数
出所：沖縄県福祉保健部「衛生統計年報」、厚生省「母体保護統計報告」

第二に、妊産婦死亡と乳児死亡率などの健康水準も改善されつつあることが**図1—4**で明らかである。

他方沖縄県の特色として、二五〇〇グラム未満の低体重児出生率が一貫して高く、一九九八年の全出産に対する割合が全国八・一%に対し、沖縄一〇・三%、かつ増加傾向にあることを指摘しておきたい。嘉手納飛行場周辺など航空機騒音健康影響調査研究会も懸念するところである（沖縄県総務部知事公室女性政策室『おきなわ女性白書二〇〇〇』二〇〇〇年、九四・九頁）。

2　社会増減・流出入人口

それでは、社会増、他県との流出入についてみよう（**表1—3**と**図1—5**参照）。戦前は自然増加が高く、社会減を相殺した[3]。一九五〇年代初めまでは海外からの引揚げが増加し、それが終わって五〇年代初めから本土日本経済の成長に伴い、労働力の流出が著しくなり、六五〜七〇年六万九一〇五人が、六九〜七一年に県外流出が急増した。一九七二年五月の復帰とともに、本土からの

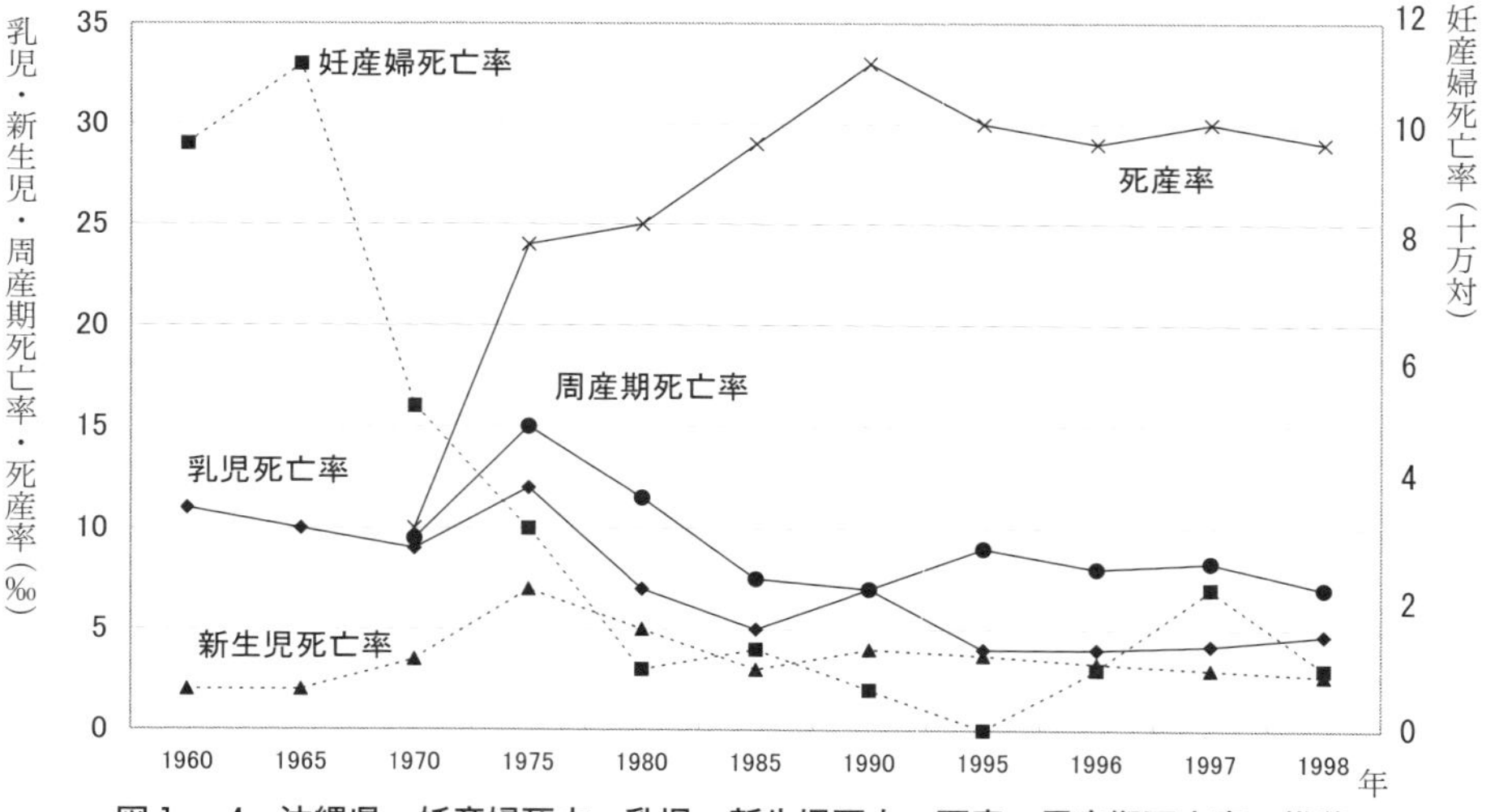

図1－4　沖縄県　妊産婦死亡、乳児・新生児死亡、死産、周産期死亡率の推移

注：妊産婦死亡率は出産10万対、周産期死亡率は（早期新生児死亡率＋妊娠22週以降死産）の出産1000対
出所：沖縄県福祉保健部「衛生統計年報（人口動態編）」

政府機関の関係者、企業関係、自衛隊員らの転入、本土からのUターン者らにより、七二～七五年の四年間は社会増加が大きい。

その後の他県との流出入人口は、ほぼ拮抗しており、他の多くの遠隔県のように流出超過は大きくなく、社会増減が少ないのが沖縄県の特色である。

移動後の転出先地を一九九九年値でみると戦前の大阪行集中だったのから、東京を主とした首都圏が全体の二万二九一一人中の三六・九％へと集中している（東京三九四八人、神奈川二〇八七人、千葉一三三八人、埼玉一〇九〇人、計八四六三人）。続いて福岡二一一〇人、大阪一五七八人、愛知一五二八人である。

二〇〇六年は転入者二万六三四〇人、転出者二万六九三一人、差引五九一人の社会減をきざんでいる。

Uターン人口は、七五年三八七六人、七六年以降も二八〇〇人前後で、二〇～二四歳の若者Uターンが一定して多いのも沖縄の特色である。

さて、周知のように、沖縄県の完全失業率（労働力

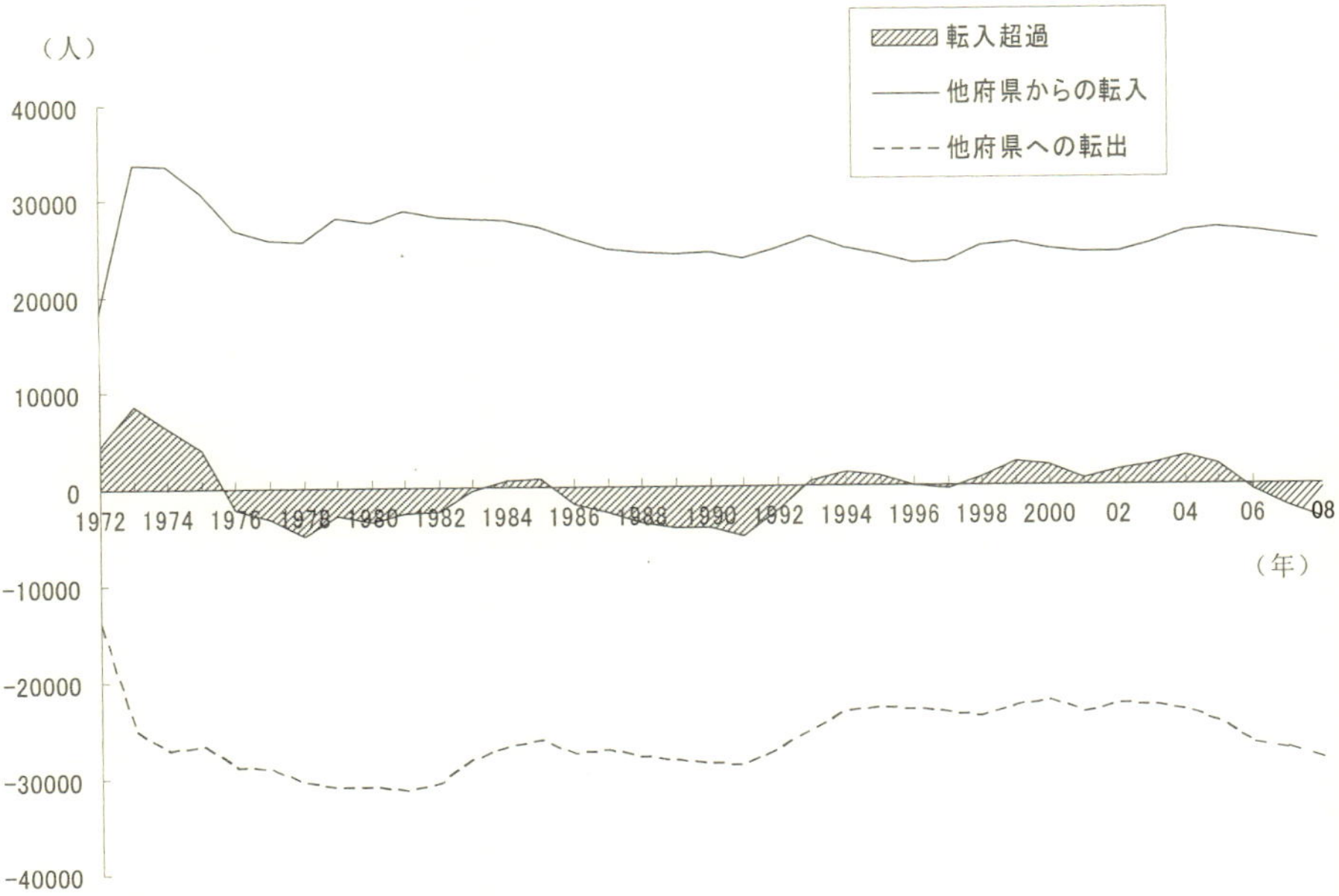

図１－５　沖縄県人口移動の推移：1972～2008年

表1—3　人口移動の推移：1972～2008年

（単位：人）

	他府県からの転入	他府県への転出	転入超過
1972年	18, 272	13, 910	4, 362
1973	33, 786	25, 180	8, 606
1974	33, 539	27, 203	6, 336
1975	30, 745	26, 769	3, 976
1976	26, 902	29, 073	△2, 171
1977	25, 824	29, 169	△3, 345
1978	25, 609	30, 619	△5, 082
1979	28, 127	31, 071	△2, 944
1980	27, 524	31, 198	△3, 674
1981	28, 803	31, 513	△2, 710
1982	28, 148	30, 727	△2, 579
1983	27, 918	28, 326	△408
1984	27, 829	27, 123	706
1985	27, 136	26, 422	714
1986	25, 810	27, 680	△1, 870
1987	24, 717	27, 478	△2, 761
1988	24, 374	28, 139	△3, 765
1989	24, 166	28, 411	△4, 275
1990	24, 459	28, 815	△4, 356
1991	23, 711	28, 993	△5, 282
1992	24, 797	27, 329	△2, 532
1993	25, 927	25, 440	487
1994	24, 715	23, 460	1, 255
1995	24, 096	23, 075	1, 021
1996	23, 214	23, 249	△35
1997	23, 335	23, 712	△377
1998	24, 871	24, 034	837
1999	25, 322	22, 911	2, 411
2000	24, 495	22, 391	2, 104
2001	24, 270	23, 653	617
2002	24, 234	22, 777	1, 457
2003	25, 046	22, 959	2, 087
2004	26, 396	23, 519	2, 877
2005	26, 664	24, 662	2, 002
2006	26, 340	26, 931	△591
2007	25, 841	28, 037	△2, 196
2008	24, 957	28, 177	△3, 220

出所：総務省統計局「住民基本台帳人口移動報告年報」

表1―4　年齢階級別完全失業率：1999年

（単位：％）

	沖縄県	全国
15-19歳	27.3	12.5
20-24	18.8	8.4
25-29	11.0	6.2
30-34	8.7	4.6
35-39	5.9	3.5
40-54	5.7	3.1
55-64	5.3	5.4
65歳～	3.3	2.2

出所：総務庁「労働力調査」沖縄振興開発審議会総合部会専門委員会　『沖縄振興開発審議会総合部会専門委員会調査審議結果中間報告』　2000年、p.6

人口に占める完全失業者の割合）は、全国一高く、かつ二～三倍近い年もある。一九五二年三・〇％（全国は一・四％）、七七年六・八％（同二・〇％）、八〇年七・七％（同二・五％）九〇年三・九％（同二・一％）、九九年八・三％（同四・七％）、二〇〇三年値も七・八％で、全国は五・三％である。転職率も全国第一位である。

注視すべきは、その年齢構造にあり、**表1―4**でみるように、一九九九年値で一五～一九歳は実に二七・三％（男三三・三％、女二〇・〇％）、二〇～二四歳一八・八％、二五～二九歳一一・〇％と若者の失業率の高さである。一九八〇年値では一五～一九歳は二九・八％で全国の六・二％の五倍近かった。このような若年層の失業率が高い理由の一つがUターン者の多いことでもある。

「県内で就職したい」といって、本土になじめずに沖縄にUターンする人口が多い。一九七五年三八七六人、七六年二八八八人、七七年二七五五人、七八年二七四八人、七九年二八三五人（労働渉外部職業安定課のUターン調査結果）、二〇歳代前半でのUターンが最も多い。なお、一九八〇～八四年の社会増加は、国体による建設工事などによるものとみられる。

沖縄における若年層の完全失業率が極めて高い原因として、新規学卒者を中心に若年者の地元志向が強い一方で、県内には就業の場が限られていることが指摘される。

全国U・Jターン率を内閣内政審議室がセンサス結果を利用して作成したが、それによると、一九八五(時点1)での一五〜一九歳人口が、一九九〇年の(時点2)、二〇〜二四歳人口で各都道府県にどのように分布し、さらに九九年(時点3)、二五〜二九歳でどう推移したかがわかる。沖縄県では(時点1)から(時点2)にかけて減少した人口に対する(時点2)から(時点3)の間にかけて増加した人口の割合、すなわちU・Jターン率をみると、全国平均二五・三%を大きく上回る四一・六%というふるさと志向の強さが示された。

沖縄特有の家族や親族構造、郷友会などにみられる地域的結束、相互扶助の何重かに包みこまれた社会的絆の環が、高い失業率を示しつつもUターン、Jターンあるいはターンも含め、ひんぱんな人口の流入を示している。

二〇〇〇年人口センサスの結果、沖縄県人口は一三一・八万人、五年前より四・四万人(三・五%)の増加、性比は九六・六と男子が少ない。これは一九四〇年八九・一、一九四四年八一・七、一九五〇年は八八・九という過去の数値からみても第二次世界大戦による男子死亡率とその後四〇歳前後男子死亡率の上昇、さらには平均寿命の性差が影響していよう。なお二〇〇五年は一三六・二万人であった。

人口増加した自治体は、本島の中南部に多く、逆に減少したのは那覇市も入るが、宮古など島嶼部や本島北部の自治体が並ぶ。

市部(六六・九%)は二・九%増、郡部(三三・一%)は四・九%増、宮古でいえば、平良市は微増で、周辺の城辺町、伊良部町で減少し、いわゆる域内人口集中がみられる。

市町村の人口規模それ自体に大差があるので、その増減の特殊事情を記すと以下である。

(1)北大東村の一六・五%増は一時的公共事業のための男子労働力の流入による。

(2)西原町の一五・〇%増は、那覇、浦添、宜野湾に隣接し、特に琉球大学周辺の住宅地化による増大である。

（3）豊見城村の一〇・九％増は、特別施設、分譲住宅化、区画整理による新設住宅、アパート建設による。

（4）渡名喜村の一五・七％減は、公共事業、建設工事の減少に伴う雇用減少および自然減少による。

北大東、渡名喜など人口規模の小さい離島にとっては、公共事業による工事労働者の臨時的な流出入は、大きく影響する。北大東村が二〇〇〇年一〇月センサス時に性比が一五九・八と、五年前より一六・五％増となった要因も出稼ぎ人夫の増大で、渡名喜村がマイナス一五・七％となったのは非恒常性雇用が終わったことによる急減が影響している。

図1―6は各歳別人口ピラミッドであるが、一九七〇年と、二〇〇五年の三五年間に高齢化の進行が明らかである点、および一九四四・四五年の戦中時出生コーホートの著しいくぼみが本土以上に明白である。第二次世界大戦の影響により、七五歳以上男子人口の少なさが二〇〇五年人口ピラミッドで明らかである。また一九四四年県人口、男三八万一九三九人、女四一万九一二六人で性比は八一・七一と最低を記録し、その後も一〇〇を下回っている。

ついで二〇〇五年人口センサスの結果を**図1―7**で補記すると、沖縄県人口は一三六万一五九四人、全国四七都道府県中の三二番目、二〇〇〇～〇五年間に三・三％（四万三三七四人）増、全国の〇・七％に比し、高い増加率である。既に図1―2でみたように戦前および戦後一九五〇～五五年のマイナス一二・四％、復帰前の一九六五～七〇年に一・二％の増加で全国水準を下回っている以外、全国値より高い増加を示している。

沖縄の出生率が全国一高いが故に、年齢三区分別にみると、全国に比し、年少人口の一八・七％（全国一三・七％）は、老年人口の一六・一％（同二〇・一％）よりもなお多い若い構造となっている。

沖縄県の二〇〇〇～〇五の人口増減率を市町村別にみると、四五市町村のうち、竹富町（一八・一％増）、渡嘉敷村（八・二％増）、恩納村（六・三％増）など三三市町村で増加となっている。一方、北大東村（一二・四％減）、伊是名村（七・一％減）、国頭村（四・八％減）など一二市町村で減少となっている。

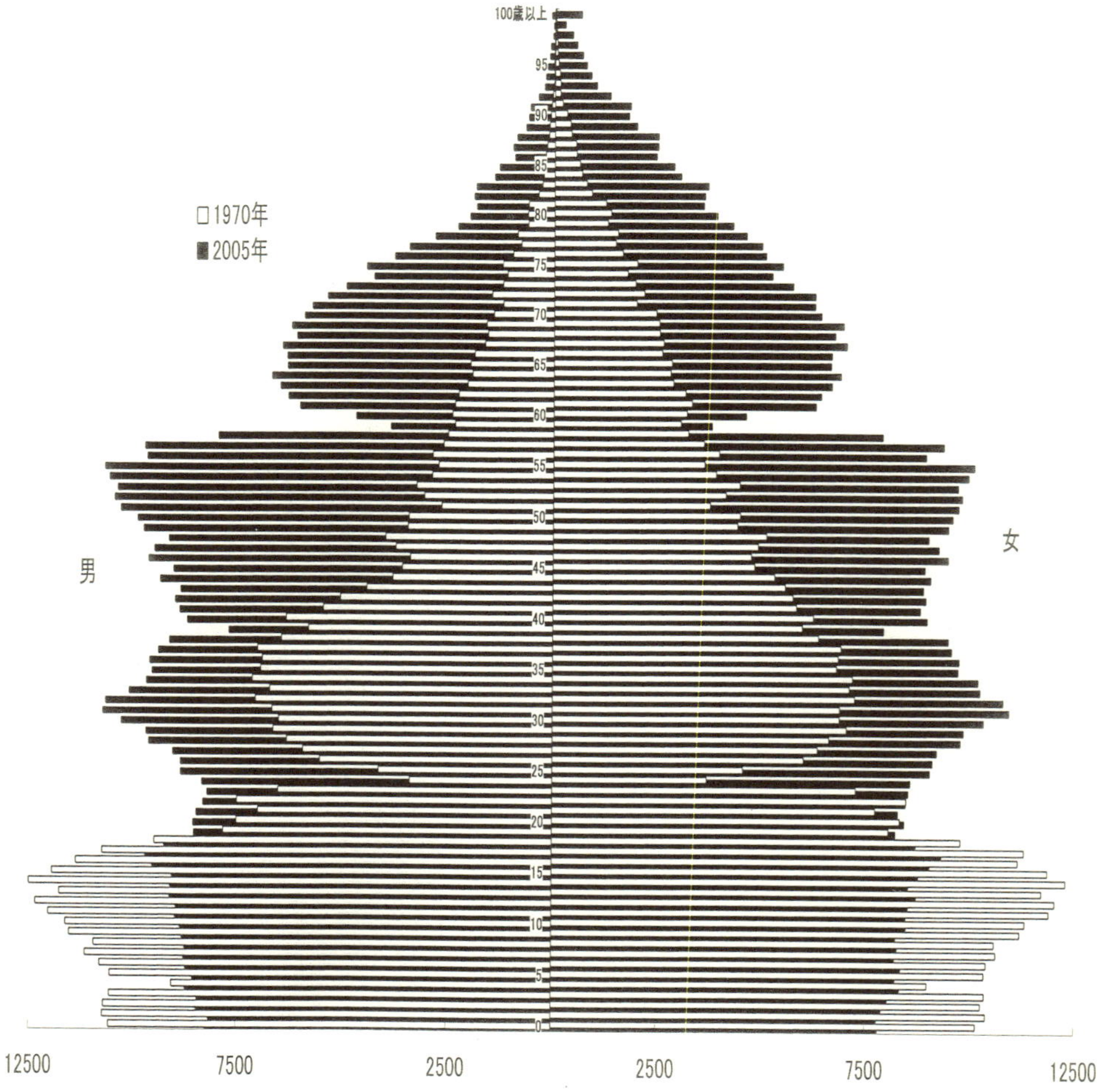

図1－6　沖縄県各歳別人口ピラミッド：1970と2005年

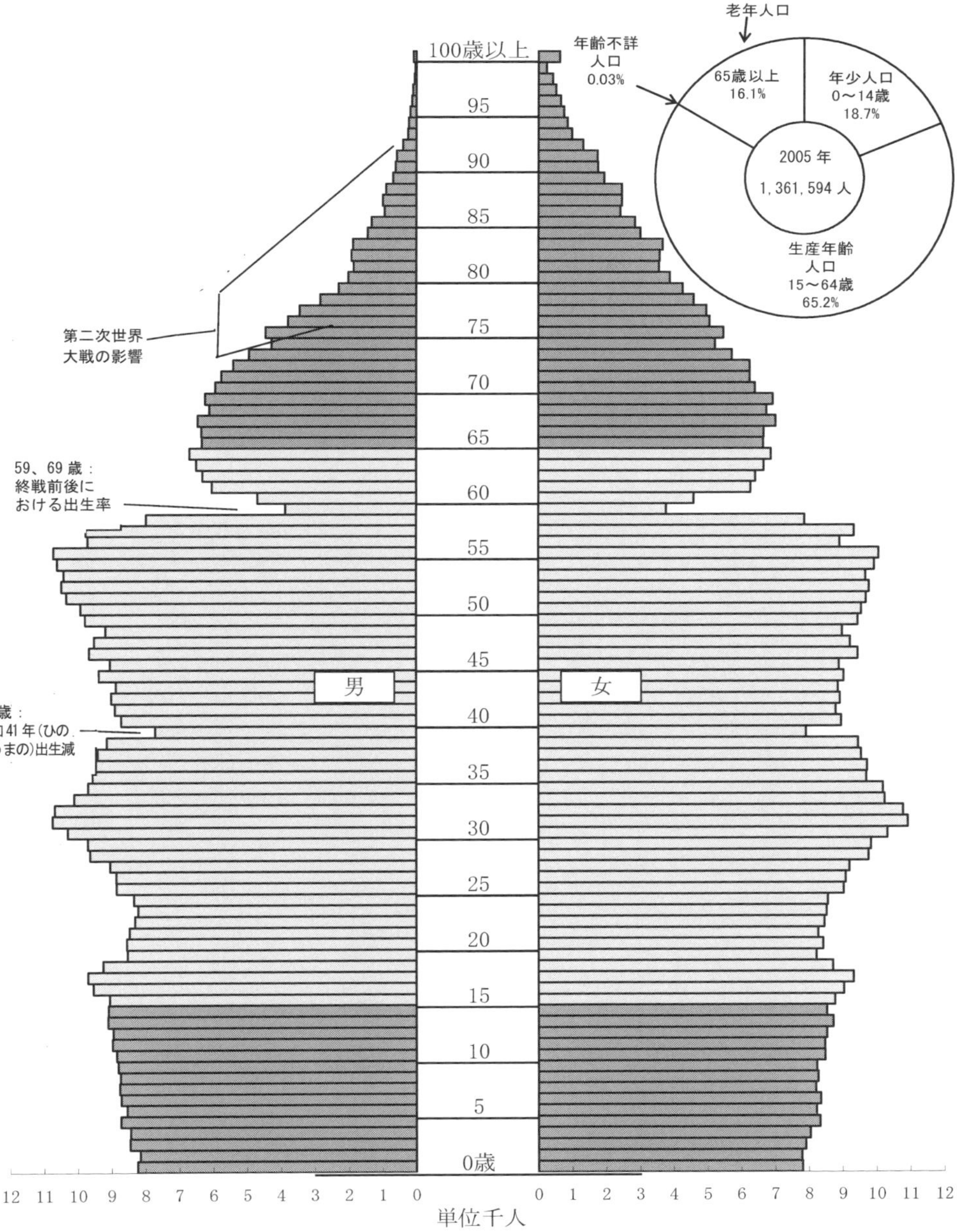

図１－７　沖縄県人口の年齢別構造：2005 年

沖縄県の老年人口の割合を市町村別にみると、最も高いのは粟国《あぐに》村の三四・六%で、次いで渡名喜村（三一・一%）、大宜味村（二九・八%）などとなっている。一方、最も低いのは西原町の一一・九%で、次いで浦添市（一二・四%）、豊見城市（一二・八%）などとなっている。

ここで沖縄県による振興計画の沿革をみよう。復帰後の一九七二年から一〇年きざみで、「沖縄振興開発計画」（一九七二〜八一年）、「第二次沖縄振興開発計画」（八二〜九一年）、「第三次沖縄振興開発計画」（九二〜二〇〇一年）、そして二〇〇二年七月には二〇一一年をめざした「沖縄振興計画」が策定されている。

いずれも一貫して「本土との格差是正を図り、自立的発展の基礎条件の整備」が目標とされ続けてきた。基地問題を背景に、雇用の安定と確保、国際的交流拠点の形成、観光、リゾートやエコツーリズム、健康長寿も方向づけされている。

本土との所得格差は、一九七二年度で一人当たり名目県民所得は四四万円、全国水準の六〇・三%、復帰後縮小傾向で、一九八六年度は七六・七%まで上昇したが、それ以降経済成長率の低下、県人口増加率の拡大転化により、一九九六年度は七〇・四%、一九九七年度は六九・七%、二〇〇六年度は六八・一%と最下位で対全国比の差・格差は拡大傾向にある。勤労者世帯一世帯あたりの一ヵ月間の実収入は一九九九年に全国平均の三分の二の六五・三%、一世帯あたり貯蓄額は三六・四%、一世帯あたり一ヵ月消費支出は六八・〇%となっている。

一〇年後の二〇一一年の姿として計画では、まず人口は二〇〇〇年の一三二万人が、一三九万人になると見通している。二〇一四年に一三六万人のピークを迎えて、その後減少して、二〇三〇年に一二九万人と予測、人口流出ケースで二〇一四年は一二九・四万人、I・Jターン増と仮定した人口流入ケースで一三九・〇万人とみるなど仮定推計している。なお後述するように、二〇〇七年五月の国立社会保障・人口問題研究所の都道府県別推計では、沖縄県人口は二〇〇五年の一三六・二万人が二〇三五年には一四二・二万人に増加すると予測している。

少子高齢化が進む中で、全国推計以上にその見通しは難かしいが、女性の社会進出・労働力率の上昇を想定して、労働力人口を六三万人から七〇万人へ、経済成長率は二・六％と全国の一・二％よりもかなり高くみており、一人当たり県民所得を二一八万円から二七四万円と上昇、全国との格差を七二・六％から七八・七％に縮小させるという。就業者数五八万人から六七万人へは、第三次産業の割合をさらにあげ、失業率を七・九％から四・八％に低下させると見る。第三次産業比は東京についで全国第二位、県内総生産に占める比は、東京の九三・一％についで八七・〇％である。これからの新しい沖縄が、観光リゾート、情報通信関連、特別自由貿易地区や金融特区などで、今後どのように、どこまで期待できるのか、課題でもある。

3 人口の那覇集中と県内分布変動

県内の人口分布の変動、域内過疎・過密の進行はこの沖縄県においても顕著である。とりわけ狭域の本島（本島の二割が米軍基地であること）と多くの離島をかかえる地理的条件において、途上国でよくみられる首位（座）都市 primate city、過剰都市化現象、那覇大都市圏の拡大、他方で本島の北部や離島の人口減がきわだっているのが特色である。

県内を七地域にわけてその地域別人口推移を人口センサス結果からみたのが表1—5と図1—8である。一九五〇年を一〇〇とした指数でみると、わずか四五年後の一九九五年には那覇と中部は二七〇前後、二〇〇五年には二八七と二九二にまで膨張したのに比し、南部の離島は五六（二〇〇五年は五四）と半減した。中でも本島南部の東風平町は、一九五五年の八六九八人が、九五年に一万五九三八人、二〇〇五年は一万七〇八五人に倍増した。他方、北部の国頭村は一万一二六七人が六〇一五人（同五五四六）に、大宜味村は同七六四八人から三四三七人、（同三三七二）へと激減を続けている。

那覇市人口は、一九五〇年の一一万人から九〇年に三〇万人と増大するが、その後は南部や中部の一部も含めた通

表1―5　沖縄県地域別人口の推移：1920～2005年

（単位：人、％）

年次	那覇		南部		北部		中部		南部離島		宮古		八重山	
	実数	指数	実数	指数	実数	指数	実数	指数	実数	指数	実数	指数	実数	指数
1920年 (大正9)	100,112 (17.5)	92	92,888 (16.2)	92	118,128 (20.7)	81	146,771 (25.7)	74	28,512 (5.0)	105	53,098 (9.3)	71	32,063 (5.6)	73
1930 (昭和5)	105,331 (18.2)	97	91,100 (15.8)	91	113,649 (19.7)	78	143,578 (24.9)	72	29,003 (5.0)	107	61,367 (10.6)	82	33,451 (5.8)	76
1940 (昭和15)	109,909 (19.1)	101	89,607 (15.6)	89	109,348 (19.0)	75	139,995 (24.4)	71	26,907 (4.7)	99	64,418 (11.2)	86	34,395 (6.0)	78
1950 (昭和25)	108,662 (15.5)	100	100,560 (14.4)	100	145,335 (20.8)	100	198,521 (28.4)	100	27,145 (3.9)	100	74,618 (10.7)	100	43,986 (6.3)	100
1955 (昭和30)	171,682 (21.4)	157	102,898 (12.8)	102	133,557 (16.7)	91	241,613 (30.2)	121	28,267 (3.5)	104	75,392 (9.4)	101	47,656 (6.0)	108
1960 (昭和35)	223,047 (25.3)	205	107,092 (12.1)	106	133,587 (15.1)	92	268,981 (30.5)	135	26,634 (3.0)	98	72,339 (8.2)	97	51,442 (5.8)	117
1965 (昭和40)	257,117 (27.5)	236	110,080 (11.8)	109	126,695 (13.6)	87	294,720 (31.5)	148	23,667 (2.5)	87	69,825 (7.5)	93	52,012 (5.6)	118
1970 (昭和45)	276,394 (29.2)	254	113,057 (12.0)	112	114,070 (12.1)	78	317,539 (33.6)	160	18,727 (2.0)	69	60,953 (6.4)	82	44,371 (4.7)	101
1975 (昭和50)	295,006 (28.3)	271	140,107 (13.4)	139	118,562 (11.4)	81	374,701 (35.9)	188	16,154 (1.6)	59	57,762 (5.5)	77	40,280 (3.9)	91
1980 (昭和55)	295,778 (26.9)	272	161,859 (14.6)	161	113,921 (10.3)	78	414,452 (37.5)	209	15,771 (1.4)	58	60,464 (5.5)	81	44,314 (3.8)	101
1985 (昭和60)	303,674 (25.8)	279	178,114 (15.1)	177	116,966 (9.9)	80	457,993 (38.8)	230	15,485 (1.3)	57	60,167 (5.1)	80	46,698 (4.0)	106
1990 (平成2)	304,836 (24.9)	281	190,592 (15.6)	191	117,996 (9.7)	81	490,256 (40.1)	247	15,280 (1.2)	56	56,892 (4.7)	76	46,546 (3.8)	106
1995 (平成7)	301,890 (23.7)	278	205,054 (16.1)	204	121,281 (9.5)	83	527,200 (41.4)	266	15,194 (1.2)	56	55,735 (4.4)	75	47,086 (3.7)	107
2000 (平成12)	301,032 (22.6)	277	230,850 (17.3)	230	124,051 (9.3)	85	557,995 (41.9)	281	14,714 (1.1)	54	55,587 (4.2)	74	48,705 (3.7)	111
2005 (平成17)	312,393 (23.4)	287	236,531 (17.7)	235	127,779 (9.6)	88	578,857 (43.4)	292	14,547 (1.1)	54	54,863 (4.1)	74	51,171 (3.8)	116

注：南部（島尻郡＋糸満市＋豊見城市－南部離島－伊平屋村－伊是名村）
　　北部（国頭郡＋名護市＋伊平屋村＋伊是名村）
　　中部（中頭郡＋宜野湾市＋浦添市＋沖縄市＋うるま市）
　　南部離島（渡嘉敷村＋座間味村＋粟国村＋渡名喜村＋南大東村＋北大東村＋久米島町）
　　宮古（宮古島市＋多良間村）
　　八重山（八重山郡＋石垣市）
　　指数は1950年を100とする
出所：各人口センサス

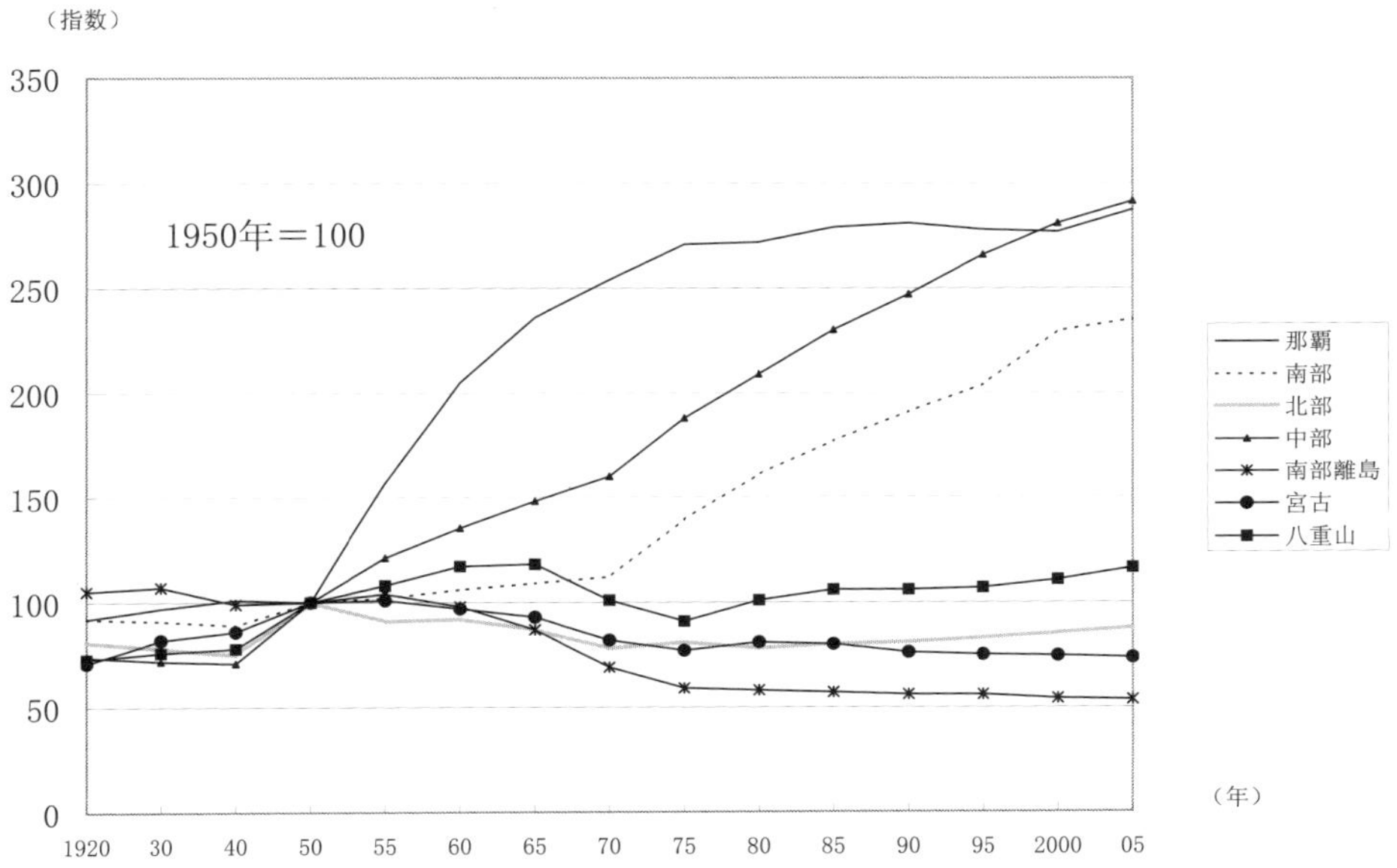

図1―8　沖縄県地域別人口の推移

注：1950年を100とした指数

勤圏の拡大で市外周辺部への流出による〃沖縄型メガロポリス〃が広がっていった。米軍による土地接収が一九五〇～六〇年代に進む中、軍用地面積を除いた人口密度は、一平方キロメートルあたり一万人を超えるともいえる超過密地帯を形成している。二〇〇三年八月に那覇市中心部にようやくモノレールが開業したが、家賃の高騰などの問題が表出している。

本土復帰三年後の一九七五年に海洋博が本島北部の本部町で開催され、人口も若干増加するがその後は減少した。国頭村や大宜味村の山原（ヤンバル）の過疎化の進行は厳しい。

離島については、粟国を始めとした本島周辺の南部離島の人口激減がみられるのに比し、それより遠隔立地している宮古や八重山は、それ程ではない。とりわけ石垣島は近年もなお本土からの新たな移住者などで人口を集めている[4]。

戦前期には地域間分布の変動はそれ程見られなかったのが、戦後は海外からの引揚げ、復員者等で人口があふれ、米軍基地建設・那覇の戦災からの復興とその後の都市化などによる本島中南部での変動が激しい。

4　沖縄県の将来推計人口と高齢化

沖縄県人口は国立社会保障・人口問題研究所の二〇〇七年五月の都道府県別推計によると、二〇三五年に一四二・二万人へと増加、二〇〇五年の一三六・二万人を一〇〇とした指数は一〇四・四になると試算発表された。全国が八六・六と減少する中で、東京都の一〇四・四とともに増加する最高値の県とされている。ちなみに、秋田県は六八・三と最低値を示すなど、のきなみ減少の激しい中、特異な予測値となっている（**表1—6**参照）。

全国に占める沖縄県人口の割合は一・一%から一・三%と微増する。しかしながら高齢化率に目をむけると、少子化・寿命の伸長の進む沖縄県にあって、全国値ほどではないながらも、六五歳以上人口の比率は一九五五年の四・九%（全国五・三%）から二〇〇五年に一六・一%（同二〇・二%）に、さらに二〇三五年には二七・七%（同三三・七%）へと進行する。全国との差は、一九八〇年頃から次第に離れているのが、**図1—9**で明らかである。

地域別・市町村別に高齢化率をみると大きな格差がみてとれる。那覇

表1—6　沖縄県の将来推計人口：2005～2035年

（単位：千人、%）

	沖縄			全国		
	人口	指数	65歳以上	人口	指数	65歳以上
2005年	1,362	100.0	16.1	127,768	100.0	20.2
2010	1,394	102.4	17.3	127,176	99.5	23.1
2015	1,416	104.0	19.6	125,430	98.2	26.9
2020	1,429	104.9	22.6	122,735	96.1	29.2
2025	1,433	105.3	24.7	119,270	93.3	30.5
2030	1,431	105.1	26.2	115,224	90.2	31.8
2035	1,422	104.4	27.7	110,679	86.6	33.7

出所：国立社会保障・人口問題研究所『日本の都道府県別将来推計人口― 2005～2035年』
2007年5月推計より作成

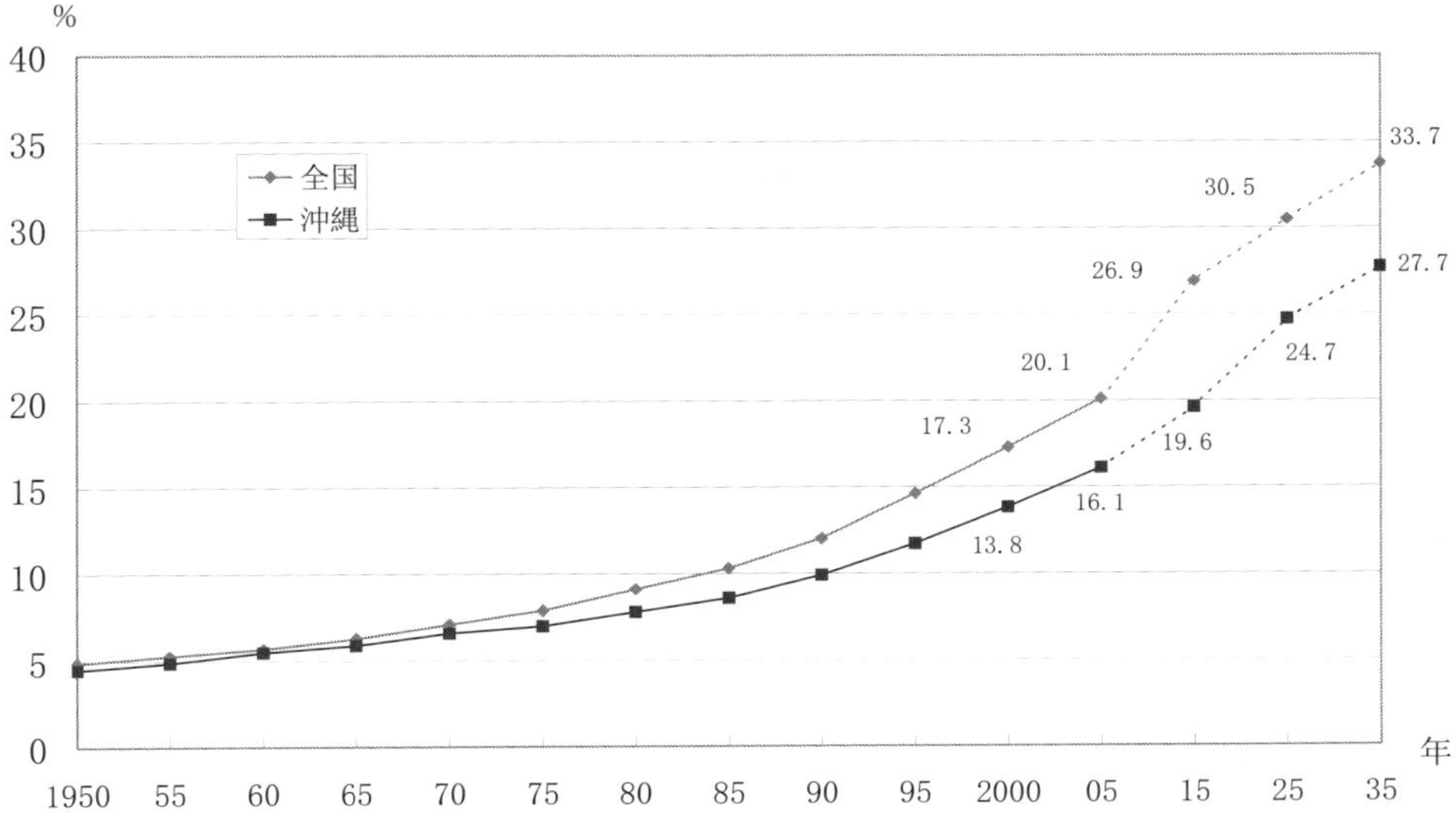

図１―９　高齢化率　沖縄県と全国の対比：1950 ～ 2035 年

注：2005 年までは人口センサス結果
出所：2010 年以降は国立社会保障・人口問題研究所 2007 年 5 月推計

市や中南部では低いのに対し、北部や離島の高齢化は激しい激波に襲われている。とりわけ、大宜味村や第六章で言及する粟国村などは特異な値となっている。

こうした超高齢化が進む中で注視しなければならないのは、六五歳以上のまるごと数値以上に、七五歳以上の後期高齢化率の進行速度の速さである。要介護者の急増は、離島などはとりわけ老人ホームなどの施設建設がまにあわず、離れた本島など県中心部への移動を余儀なくされる。つまり、結果として老人達にとって死に場所は住みなれた地ではなく、島を離れることは即、骨になってしか帰ってこられないことを意味するからである。

世帯別には高齢者のいる世帯は一九九〇年に全体の二三・七%、二〇〇〇年に二七・九%、高齢者夫婦はこの一九九〇～二〇〇〇年の一〇年間に一・七倍に、二〇一〇年の「高齢者単身世帯」は三一・六%、「高齢者夫婦世帯」は二七・九%へと県推計ははじいている。国立社会保障・人口問題研究所の二〇〇五年推計でみると高齢化の進む辺境の先端地では、寿命の性差、夫婦の年齢差等からおばあさんの一人暮らしの急膨張が避けられない。とはいえ、元気で健康なおばあたち高齢女性たちが村の共同売店などで支えられながら、独居生活をしているのが沖縄の特色でもある。

注

1　澤田佳世「ヤミ中絶から避妊へ―米軍統治と沖縄の出生力転換」厚生労働科学研究補助金政策科学推進研究事業『韓国・台湾・シンガポール等における少子化と少子化対策に関する比較研究』二〇〇三年三月二〇九～二一七頁、参照。また戸谷修『アジア諸地域の社会変動―沖縄と東南アジア』御茶の水書房、一二七～一六九頁、大城保「沖縄県の人口問題」『沖縄国際大学商経論集』第七巻二号、一九七九年三月なども参考になる。

2　一九五五～六五年の出生率低下期には、ヤミ中絶から避妊への展開が指摘されよう。

琉球政府は一九五二年に発足、五五年一二月に「人口問題研究会設置規定」を公布し、人口問題研究会を設置した。

・琉球政府経済企画室『琉球の人口問題』(人口白書)一九五七年参照。

また一九六五年四月、日本家族計画連盟の国井長次郎・片桐為精、国立公衆衛生院衛生人口学部長の久保秀史らが復帰七年前の沖縄を訪れている。六五年一〇月二日、本土よりも一五年遅れて、ようやく琉球政府から法人の認可をうけて「財団法人沖縄家族計画協会」が設立されたことは特筆に値しよう。戦後中絶の生殖(多産・ヤミ中絶・不妊手術など)詳しくは注1および以下の澤田論文を参照のこと。「沖縄の女性たちは強い子産み規範を男児を産まなければならない期待の中、合法的な中絶、避妊のアクセスを制限されながら自ら産む子どもの数を減らしてきた」という。

・澤田佳世「米軍統治と家族計画―戦後沖縄における生殖をめぐる交渉」沖縄国際大学『社会文化研究』第一一巻一号、二〇〇八年

・澤田佳世「現代沖縄社会の出生力―ジェンダーの視点による説明要因の検討に向けて」『国際関係学研究』(津田塾大学)第二七号、二〇〇一年

3　沖縄県警察部保安課は一九二五（大正一四）年「県外に出稼ぎ中の労働者に関する調査」を実施。これによると、男九〇九七人、女一万八二九人、計二万人の沖縄県人（当時の県人口は五五・七万人）、本土出稼ぎには特に阪神工業地帯に行き先が集中していた。女子は短期出稼ぎ型の若年工場労働者が多く、その八割が紡績女工であった。
　戦前の沖縄では、一〇％を超える自然増加率があったものの、海外移民や本土への出稼ぎが多かったために社会減が著しく、人口を停滞させる要因となったといえよう。
・福地曠昭『インジャー―身売りと苦役』那覇出版社、一九九二年

4　石垣島は、亜熱帯の島で、都市化の進んだ沖縄本島よりも手つかずの自然が多い上、沖縄らしさが色濃く残しているることが魅力的なのか、二〇〇三年から「住民票異動のある転入人口は三〇〇〇人、異動しないで生活している人口は五〇〇〇人に達する。ほとんどが本土からの移住者で石垣市の人口は二〇〇五年センサスで四万五一四五人。これまでの微増だったのが二〇〇三年を境に増加している。（二〇〇〇～〇五年センサスでいえば、一八四三人、四・三％の増加である。）
　ちなみに石垣島への観光客数でいえば一九七二年三・七万人、八〇年二一・一万人、九〇年三七・二万人、〇三年六九・七万人と三一年間に二〇倍に増大している。

関連文献

・沖縄県「沖縄県高齢者保健福祉計画」二〇〇六年
・沖縄県企画開発部統計課「沖縄県の人口」二〇〇二年
・沖縄県総務部知事公室女性政策室「おきなわ女性白書」二〇〇〇年
・沖縄県福祉保健部「福祉保健行政の概要」二〇〇七年
・沖縄福祉保健部長寿社会対策室「平成一六年度 長寿社会対策ハンドブック」二〇〇四年

第二章　沖縄県人口動態の特色

――高出生・長寿命の要因をめぐって

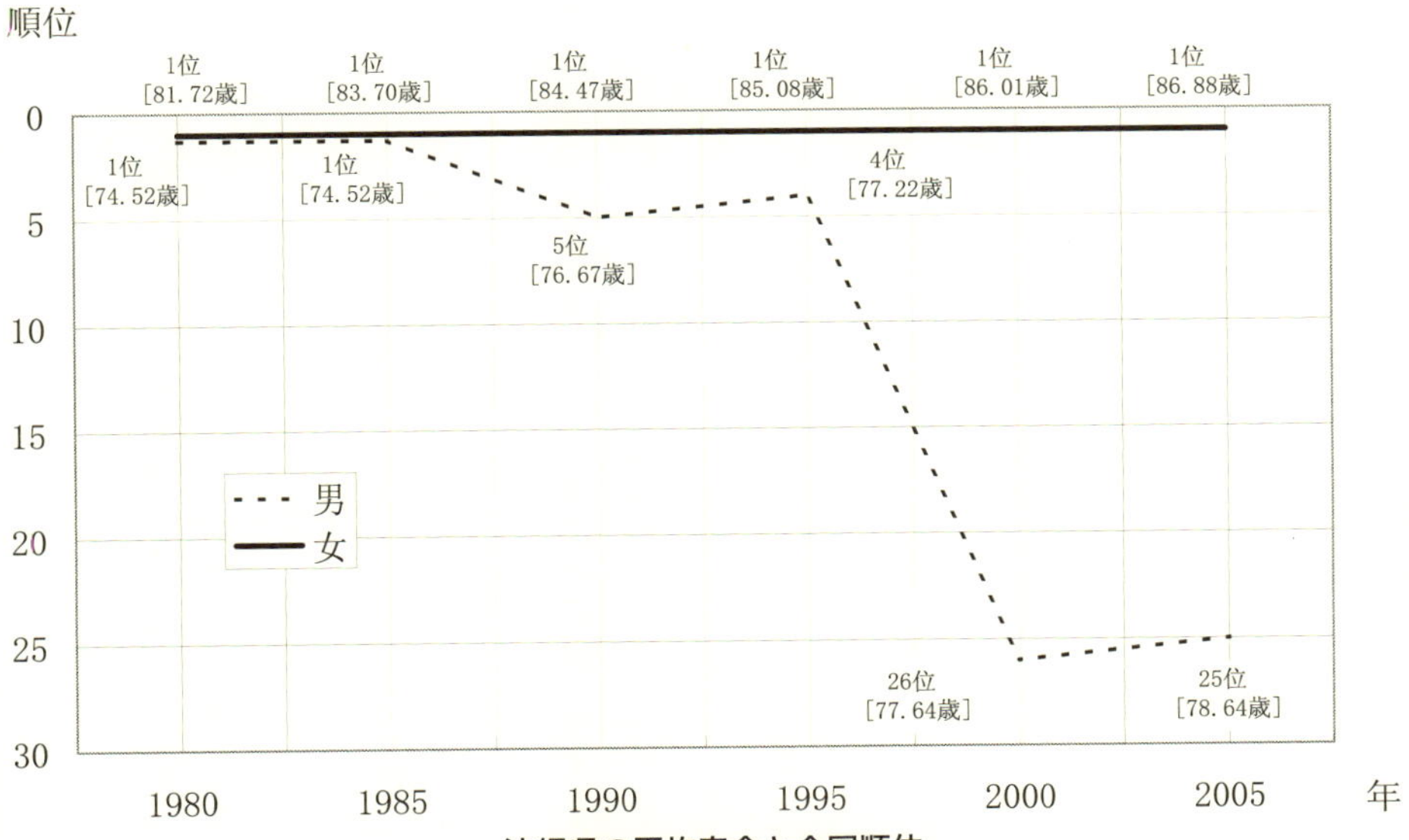

沖縄県の平均寿命と全国順位

沖縄県企画開発部は、二〇〇〇年に六回目の『一〇〇の指標からみた沖縄県の姿』をまとめた。人口指標として全国第一位には、①合計特殊出生率、②普通出生率、③人口増加率、④年少人口割合、⑤平均寿命（女）、⑥一〇〇歳以上人口割合、⑦離婚率、⑧完全失業率、⑨無業者比率（高卒および大卒）、⑩転職率、⑪開業率や廃業率などがあげられている。

他方、全国最低値を示すのは、①普通死亡率、②高校および大学進学率、③老年化指数、④高齢者就業者割合、⑤平均年齢、⑥県民所得、⑦一〇万人あたりガン死亡者数と脳血管疾患、⑧製造業構成比などである。

一人当たり県民所得は二〇〇三年の対全国指数六九・二六％で、全国平均との格差が二〇〇〇年の対全国比七二・六％より一層拡大している。完全失業率も七・八％（全国五・三％）と高いことは既に記した。特に若者の失業率が断トツに高いながらも、家族、親族、地域内相互扶助〝ユイマール〟の沖縄特有の絆の強さが維持される中で、多くの誰でもがそれなりに食べ、生活できていけるコミュニティの特性が指摘できよう。つまり、ストレスの少ない社会環境、共同社会の互助精神（ユイマール、模合い、門中など）に支えられるコミュニティにあって〝沖縄の豊かさをどうみるか〟が問われてこよう。「もうひとつの豊かさ」（I・イリイチ）を人口問題とのかかわりで考えてみたい。

以下ここでは主に、人口動態の中の合計特殊出生率と平均寿命から考察する。

図2―1と**表2―1**で沖縄県と全国の合計特殊出生率（TFR）をみよう。戦前の一九二五年は最低の大阪についで沖縄は第二位の三・八五（全国五・〇八）、一九三〇年は最低の大阪、東京についで第三位の三・六九（全国四・七〇）と低かったのが、戦後は一貫して全国第一位の高出生県を維持している。二〇〇七年値で、沖縄一・七五、宮崎一・五九、熊本と鹿児島が一・五四の順序に高く、他方低いのは東京一・〇五、京都一・一八、北海道一・一九となっている。

沖縄県出生率の高さを検証するのに、出生順位別出生数の割合をみてみよう。**表2―2**でみるように第四子以上の割合が、一九六〇年に四五・八％（全国九・二％）、七〇年二〇・六％（同二・九％）、八〇年一一・六％（二・五％）、九五

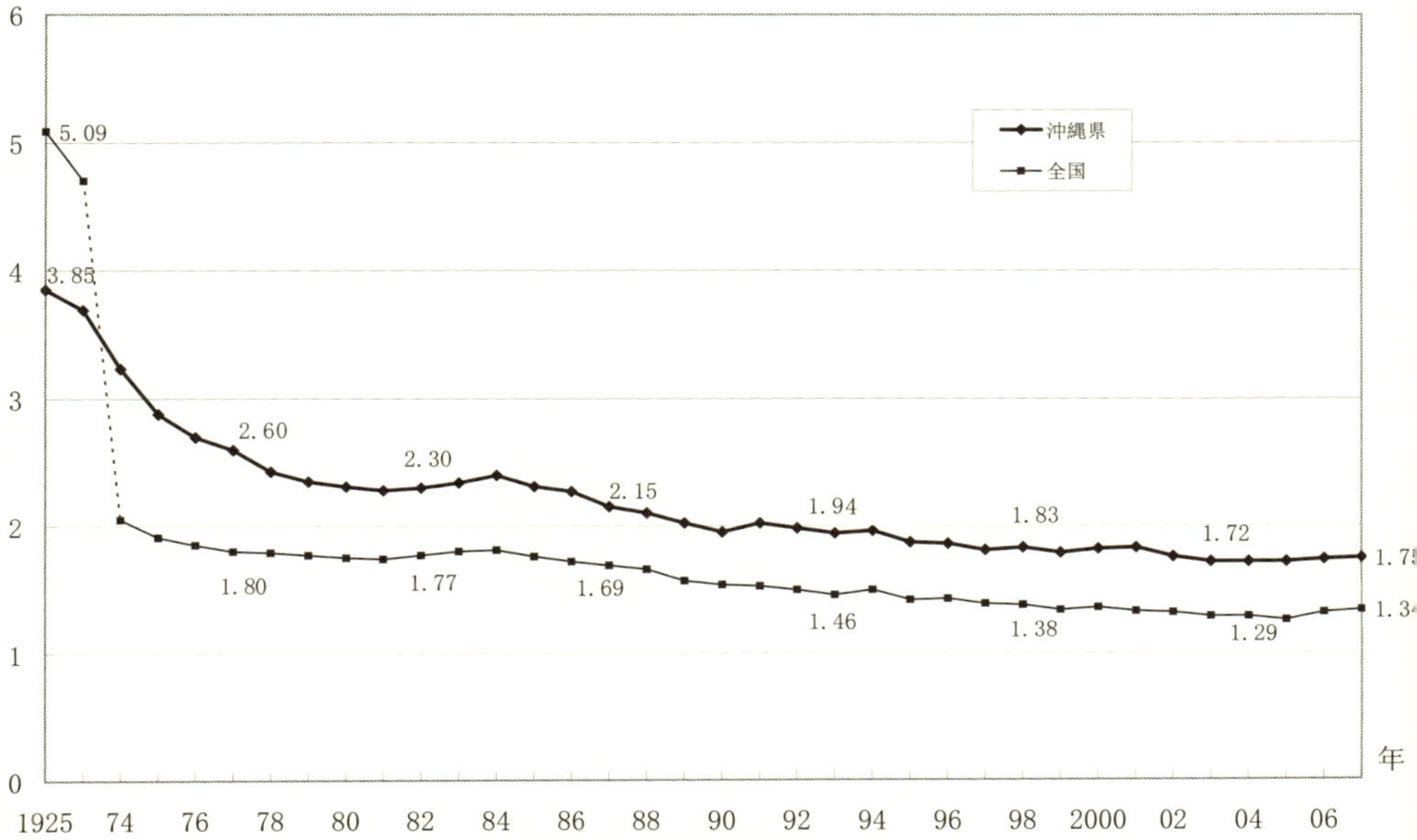

図２―１　合計特殊出生率　沖縄県と全国の対比：1974～2007年

出所：厚生労働省「人口動態統計」より作成

年九・六％（二・九％）と高い。二〇〇五年値では、第一子率四〇・七％、第二子率三二・九％、第三子率一七・九％、第四子以上八・五％（第四子一〇一〇人、第五子二七〇人、第六子七一人、第七子二〇人、第八子五人、第九子四人、第一〇子二人、計一三八二人、出生総数一万六一一五人）（〇六年値は表参照）と、多子率の高比重が明らかである。

　第一に相互扶助的地域共同社会意識が強く、生めば何とか育てられるという風土、さらには第二に家の後継ぎ・位牌の継承は男子でなければならないという〝トートーメー〟の意識がなお強く残り、男児が生まれるまで産児制限をせずに子供を生み続けるという伝統的出産観も出生率の高さに影響していよう。つまり家族変動、ジェンダーの視点からみて地縁・血縁共同体社会の緩やかな柔軟な軸と、男系原理に基づくトートーメー（位牌）継承に規定される硬直した軸の二つが沖縄の高出生率を支えているといえないだろうか。

表２―１　合計特殊出生率　沖縄県と全国の対比：1925～2007年

	沖縄県	全国
1925年	3. 85	5. 09
1930	3. 69	4. 70
1974	3. 23	2. 05
1975	2. 88	1. 91
1976	2. 70	1. 85
1977	2. 60	1. 80
1978	2. 43	1. 79
1979	2. 35	1. 77
1980	2. 31	1. 75
1981	2. 28	1. 74
1982	2. 30	1. 77
1983	2. 34	1. 80
1984	2. 40	1. 81
1985	2. 31	1. 76
1986	2. 27	1. 72
1987	2. 15	1. 69
1988	2. 10	1. 66
1989	2. 02	1. 57
1990	1. 95	1. 54
1991	2. 02	1. 53
1992	1. 98	1. 50
1993	1. 94	1. 46
1994	1. 96	1. 50
1995	1. 87	1. 42
1996	1. 86	1. 43
1997	1. 81	1. 39
1998	1. 83	1. 38
1999	1. 79	1. 34
2000	1. 82	1. 36
2001	1. 83	1. 33
2002	1. 76	1. 32
2003	1. 72	1. 29
2004	1. 72	1. 29
2005	1. 72	1. 26
2006	1. 74	1. 32
2007	1. 75	1. 34

出所：厚生労働省『人口動態統計』

表２―２　沖縄県出生順位別出生数の割合

（単位：%、人）

	第１子	第２子	第３子	第４子〜	計（出生数）
1960年	21.1	17.8	15.3	45.8	100.0 (20,227)
1965	26.3	23.7	18.3	31.7	100.0 (20,171)
1975	38.1	28.6	18.4	14.8	100.0 (22,371)
1985	35.3	33.1	21.7	9.9	100.0 (20,657)
1995	38.8	31.7	19.9	9.6	100.0 (16,751)
1998	40.4	31.8	19.0	8.9	100.0 (16,928)
2002	42.0	32.2	17.3	8.5	100.0 (16,571)
2004	41.1	33.6	17.5	7.8	100.0 (16,362)
2005	40.7	32.9	17.9	8.5	100.0 (16,115)
2006	40.4	32.8	18.3	8.5	100.0 (16,483)

注：2006年の全国出生1,092,674人の第１子47.8%、第２子37.3%、第３子12.0%、第４子〜2.9%

出所：厚労省「人口動態統計」、沖縄県福祉保健部「衛生統計年報」より作成

付表　出生総数に対する第４子以上比率：沖縄と全国

（単位：%）

	1960年	1970	1980	1990	1995	2006
沖縄	45.8	20.6	11.6	10.6	9.6	8.5
全国	9.2	2.9	2.5	3.1	2.9	2.7

沖縄における第４子以上出生数　（単位：人）

	2004年	2005	2006
第４子	900	1,010	1,001
5	252	270	288
6	70	71	88
7	21	20	21
8	9	5	9
9	3	4	3
10〜	6	2	2
第４子以上計	1,261	1,382	1,412
総出生数	16,362	16,115	16,483

1　市区町村別合計特殊出生率（ＴＦＲ）

厚生労働省大臣官房統計情報部は、市区町村別ＴＦＲを公表している[1]。市区町村別人口動態は毎年のブレが大きいために、五年ごとにデータをまとめて平均値をだしているが、これまで①一九八三〜八七年、②一九八八〜九二年、③一九九三〜九七年、④一九九八〜二〇〇二年の四回公表している。

最新の一九九八〜二〇〇二年の全国平均値は、一・三六であるが（**表2―3**参照）、最高値は沖縄県多良間村の三・一四。二位以下も、沖縄や鹿児島県奄美、長崎県などの島嶼部の町村が上位三〇位中の二八を占める。他方最低値は、東京都内の渋谷区を筆頭に目黒、中野、杉並などの特別区で〇・七が並び、深刻な少子化現象の広がりを裏づけている。下位三〇位は、大方が大都市の中心部であることが明らかである。

続いては沖縄県内の市町村別に一九八三年から五年毎四回のＴＦＲを示したのが**表2―4**である。多良間村は一九八三〜八七年に二・五三、八八〜九二年二・五〇、九三〜九七年二・三五、そして九八〜二〇〇二年には全国第一位の三・一四へと一貫して高出生率を維持している。前五年に比して、ＴＦＲが上昇した自治体は一四％にとどまり、八六％が下落したが、多良間村については、二・三五から三・一四へと、〇・七九も上昇し、上昇度が最も大きい自治体となった。

多良間村についで全国三〇位内に入る県内の高出生自治体は、五位に下地町二・四五、一一位に伊是名村二・三五、一五位に伊平屋村二・三〇、一八位に城辺町二・二五、二一位に平良市二・二一、二七位に東村二・一六と七つを数える。内、宮古圏に入るのは、多良間、下地、城辺、平良の四自治体が集中する。また伊是名村は一九五五年六・五、六〇年六・八、八〇年四・二、九〇年三・四と高い。この高出生の理由に、①男二人、女二人ほしいという伝統、②村に保育所があり、実家や近所の援助を得やすいこと、③女子有配偶率の高さ、④外国人妻も子が多いこと、を指摘する木村良夫の説もある。

表 2 — 3　市区町村別にみた合計特殊出生率の上位・下位 30 位：1998 ～ 2002 年

順位	都道府県	市区町村	合計特殊出生率	人口（人）	順位	都道府県	市区町村	合計特殊出生率	人口（人）
1	沖縄県	多良間村	3.14	1,331	1	東京都	渋谷区	0.75	190,467
2	鹿児島県	天城町	2.81	7,175	2	東京都	目黒区	0.76	244,794
3	東京都	神津島村	2.51	2,143	3	東京都	中野区	0.77	302,658
4	鹿児島県	伊仙町	2.47	7,765	4	東京都	杉並区	0.77	514,607
5	沖縄県	下地町	2.45	3,157	5	京都府	京都市東山区	0.79	44,096
6	鹿児島県	和泊町	2.42	7,696	6	東京都	世田谷区	0.82	805,031
7	鹿児島県	徳之島町	2.41	13,099	7	福岡県	福岡市中央区	0.82	149,828
8	長崎県	美津島町	2.39	8,399	8	東京都	新宿区	0.82	270,221
9	長崎県	上県町	2.39	4,479	9	東京都	豊島区	0.83	240,329
10	長崎県	石田町	2.39	4,748	10	東京都	文京区	0.84	171,799
11	沖縄県	伊是名村	2.35	1,887	11	京都府	京都市上京区	0.87	82,847
12	長崎県	勝本町	2.35	6,912	12	東京都	武蔵野市	0.87	134,160
13	鹿児島県	喜界町	2.31	9,006	13	東京都	千代田区	0.89	35,205
14	鹿児島県	知名町	2.30	7,394	14	北海道	札幌市中央区	0.90	180,441
15	沖縄県	伊平屋村	2.30	1,522	15	東京都	品川区	0.92	318,237
16	鹿児島県	住用村	2.29	1,902	16	大阪府	大阪市北区	0.92	89,439
17	鹿児島県	中種子町	2.27	9,666	17	東京都	港区	0.94	150,699
18	沖縄県	城辺町	2.25	7,282	18	広島県	広島市中区	0.94	122,085
19	長崎県	上対馬町	2.23	5,197	19	京都府	京都市下京区	0.94	93,132
20	宮崎県	椎葉村	2.22	3,764	20	東京都	台東区	0.96	151,963
21	沖縄県	平良市	2.21	33,600	21	京都府	京都市下京区	0.96	70,003
22	熊本県	御所浦町	2.20	4,093	22	愛知県	名古屋市中区	0.96	62,258
23	鹿児島県	上屋久町	2.18	6,969	23	大阪府	大阪市中央区	0.96	52,678
24	長崎県	郷ノ浦町	2.18	12,592	24	埼玉県	毛呂山町	0.97	39,482
25	福島県	南郷町	2.17	3,064	25	東京都	狛江市	0.97	75,164
26	長崎県	芦辺町	2.16	9,265	26	埼玉県	鳩山町	0.97	16,955
27	沖縄県	東村	2.16	1,861	27	茨城県	利根町	0.98	18,986
28	鹿児島県	屋久町	2.15	6,846	28	兵庫県	神戸市中央区	0.98	100,123
29	長崎県	厳原町	2.14	15,438	29	東京都	北区	0.99	318,889
30	鹿児島県	西之表市	2.12	18,836	30	大阪府	豊能町	1.00	25,631

出所：厚生労働省大臣官房統計情報部『平成 10 年～ 14 年人口動態保健所・市区町村別統計・人口動態統計特殊報告』

表２―４　沖縄県市町村別合計特殊出生率（ヘイズ推定値）の推移

	1983～87年	1988～92	1993～97	1998～2002		1983～87年	1988～92	1993～97	1998～2002
沖縄県	2.25	2.03	1.90	1.83	西原町	2.32	2.12	1.87	1.75
那覇市	2.04	1.84	1.66	1.67	東風平町	2.24	1.98	1.89	1.79
石川市	2.31	2.08	1.95	1.87	具志頭村	1.97	1.85	1.88	1.84
具志川市	2.29	2.00	1.93	1.89	玉城村	2.22	1.72	1.69	1.78
宜野湾市	2.12	2.00	1.95	1.83	知念村	2.19	1.92	1.73	1.57
平良市	2.50	2.42	2.33	2.21	佐敷町	2.20	1.87	1.69	1.55
石垣市	2.72	2.49	2.34	2.12	与那原町	2.35	2.08	1.83	1.79
浦添市	2.37	2.16	2.06	1.96	大里村	2.32	1.94	1.68	1.69
名護市	2.54	2.32	1.97	1.96	南風原町	2.37	2.28	2.15	2.00
糸満市	2.42	2.18	2.05	1.94	仲里村	2.60	2.23	2.17	―
沖縄市	2.23	2.05	1.93	1.95	具志川村	2.43	2.31	2.04	―
豊見城市	2.46	2.22	2.00	1.92	渡嘉敷村	2.19	1.88	1.88	1.77
国頭村	2.57	2.40	2.01	1.94	座間味村	2.04	1.78	1.81	1.67
大宜味村	2.68	2.39	1.97	1.91	粟国村	2.04	2.10	1.91	1.82
東村	2.65	2.39	2.28	2.16	渡名喜村	2.23	2.08	1.83	1.74
今帰仁村	2.48	2.47	1.99	2.00	南大東村	2.59	2.15	2.08	1.94
本部町	2.68	2.23	1.85	1.77	北大東村	2.40	2.12	1.99	1.82
恩納村	2.23	1.91	1.86	1.73	伊平屋村	2.93	2.75	2.24	2.30
宜野座村	2.41	2.22	2.08	1.99	伊是名村	2.88	2.76	2.41	2.35
金武町	2.14	1.90	1.99	1.99	久米島町	―	―	―	1.99
伊江村	2.61	2.66	2.24	1.99	城辺町	2.25	2.15	2.09	2.25
与那城村	2.24	1.80	1.78	1.74	下地町	2.51	2.65	2.35	2.45
勝連町	2.39	2.16	1.93	2.02	上野村	2.34	2.26	2.14	2.10
読谷村	2.25	2.08	2.00	1.81	伊良部町	2.30	1.75	2.07	1.94
嘉手納町	2.18	1.96	1.89	1.81	多良間村	2.53	2.50	2.35	3.14
北谷町	2.16	2.16	1.98	1.85	竹富町	2.39	2.04	1.91	1.98
北中城村	2.07	1.94	1.93	1.87	与那国町	2.78	2.65	2.16	2.12
中城村	2.04	1.72	1.68	1.57					

注：「ヘイズ推定値」とは、標本数（出生数）が少ないため、偶然変動の影響をうけ、数値が不安定な動きを示す。そのため、当該市町村を含むより広い地域での状況を活用し、これと各市町村固有の出生、観測データを総合して算出する。この手法を適用することにより、小地域に特有なデータの不安定性を緩和し、安定的な推定を行うことが可能となっている

出所：人口動態保健所：市区町村別統計

表２―５　沖縄県内市町村別ＴＦＲ：1998～2002年

順位	市町村名	ＴＦＲ	順位	市町村名	ＴＦＲ
1	多良間村	3.14	27	大宜味村	1.91
2	下地町	2.45	28	読谷村	1.91
3	伊是名村	2.35	29	具志川市	1.89
4	伊平屋村	2.30	30	石川市	1.87
5	城辺町	2.25	31	北中城村	1.87
6	平良市	2.21	32	北谷町	1.85
7	東村	2.16	33	具志頭村	1.84
8	石垣市	2.12	34	宜野湾村	1.83
9	与那国町	2.12	35	北大東村	1.82
10	上野村	2.10	36	粟国村	1.82
11	勝連町	2.02	37	嘉手納町	1.81
12	今帰仁村	2.00	38	東風平町	1.79
13	南風原町	2.00	39	与那原町	1.79
14	久米島町	1.99	40	玉城村	1.78
15	宜野座村	1.99	41	渡嘉敷村	1.77
16	伊江村	1.99	42	本部町	1.77
17	金武町	1.99	43	西原町	1.75
18	竹富町	1.98	44	渡名喜村	1.74
19	名護市	1.96	45	与那城町	1.74
20	浦添市	1.96	46	恩納村	1.73
21	沖縄市	1.95	47	大里村	1.69
22	伊良部町	1.94	48	座間味村	1.67
23	国頭村	1.94	49	那覇市	1.57
24	南大東村	1.94	50	知念村	1.57
25	糸満市	1.94	51	中城村	1.57
26	豊見城市	1.92	52	佐敷町	1.55

出所：人口動態保健所：市区町村別統計

また同じ沖縄県内でも最低の佐敷町一・五五に比し、最高の多良間村は三・一四と二倍の差があることなど、小規模人口自治体が故に、五年平均してもなおブレが大きいことを理解しておかなければならない（**表2―5**参照）。

2　沖縄県高平均寿命のかげり

沖縄県の人口動態の特色として広く知られてきた一つが、全国一の長寿県であることだ。

表2―6でみるように、一九二一～二〇〇〇年の平均寿命の推移を日本の平均と比べてみると、一九九五年まで一貫して男女ともに日本一の長寿県であった。ところが、二〇〇〇年値では、沖縄男子の七七・六四歳は、全国の七七・七一歳よりも〇・〇七歳低く、全国で二六位となった。他方、女子の八六・〇一歳は、あいかわらずの日本一であり、一九七五以降（統計のある限り）一貫して日本一の長寿を維持し続けている。ただ、一九九五～二〇〇〇年の間の伸び方をみると、男子は〇・五五年で全国三九位の、女子は〇・六一年で全国の四六位と、その伸長は停滞ぎみと化している。

つまり沖縄男子の平均寿命については、一九八〇年（七四・五二歳）、八五年（七六・三四歳）と全国第一位の長寿県であった。ところが、九〇年に七六・六七歳で、長野（七七・四四歳）、福井、岐阜、神奈川につぐ第五位に転落した。長野県男子はその後も第一位を維持し続けている。

ついで二〇〇〇年には七七・六四歳で全国平均値の七七・七一歳よりも短くなり、第一位の長野の七八・九〇歳よりも一・二六歳も低く、全国第二六位にまですべり落ち、「二六ショック」ともいわれている。二〇〇五年にも全国の七八・七九歳より低い七八・六四歳で、全国第二五位にあまんじた（表2―6の付表参照）。

女子についても八五年には他の都道府県と二歳以上の差があったが、〇五年は二位の島根県に〇・三一歳差まで迫られて、県は「首位陥落は時間の問題」と危機感を募らせている。

表２—６　沖縄県の平均寿命の推移：1921～2005年

	沖縄		全国	
	男	女	男	女
1921－25年	46.32	50.53	42.06	43.20
1925－29	45.97	50.49	44.82	46.54
1935	47.23	51.82	46.92	49.63
55	66.41	72.54	63.60	67.75
60	68.　02	74.65	65.32	70.19
65	68.91	75.64	67.74	72.92
70	—	—	69.84	75.23
75	72.15	78.96	71.79	77.01
80	74..52	81.72	73.57	79.00
85	76.34	83.70	74.75	80.75
90	76.67	84.47	76.04	82.07
95	77.22	85.08	76.38	82.85
2000	77.64	86.01	77.71	84.62
05	78.64	86.88	78.79	85.75

注：2007年「簡易生命表」によると全国男79.19歳、女85.99歳、男はアイスランド、香港についで第3位、女は世界一

出所：厚生労働省『都道府県別生命表』による。人口センサスを基に1965年から調査実施
琉球政府計画局統計庁1960・65年生命表

付表　都道県別平均寿命：2005年

男		順位	女	
都道府県	平均寿命		都道府県	平均寿命
全国	78.79		全国	85.75
長野	79.84	1	沖縄	86.88
滋賀	79.60	2	島根	86.57
神奈川	79.52	3	熊本	86.54
福井	79.47	4	岡山	86.49
東京	79.36	5	長野	86.48
沖縄	78.64	25		

出所：表２—６と同

沖縄長寿にあやかろうと、都心をはじめ各地に沖縄料理店の開業が目についていたが、沖縄タイムズが「沖縄が長寿でなくなる日」というテーマで取材するなどして、全国的にも食生活の変化など何が要因なのかと広く関心がもたれている[2]。

こうした沖縄最長寿県のかげりの要因は何であろうか。沖縄の食事スタイルの変貌（米国式食材の浸透）、つまり「肉製品の輸入量が急増するなど急速な食生活の変化で全国より肥満が進んでいること」や自殺率の急増等々（六〇歳未満の年齢層の死亡率が高まる異変が生じており、特に四〇代後半の死亡率が女子は全国一位、男子は二位と高い）、種々の議論は周知の通りである。

厚生労働省は二〇〇三年三月に、二〇〇〇年時点の最長寿市区町村の初の調査公表を行った。全国の市区町村別平均寿命（生命表）をみると、男子は各地域にばらついたが、女子は沖縄県がトップ三〇位の内三分の一を占めた（**表2—7**参照）。男子最長寿は岐阜県和良村の八〇・六歳を筆頭に、都道府県別で一九九〇年以降トップの長野県（七八・九歳）の男子は市区町村別では六位の下条村と一〇位の佐久市に食い込んだが、全体としては地域的なばらつきが目立った。

女子では、最長寿第一位は、沖縄県豊見城村（現、豊見城市）が八九・二歳で、二位北中城村八八・五歳、七位今帰仁村八七・三歳、九位東風平町八七・二歳と並ぶ。都道府県別でトップを示す沖縄県女子は上位一〇位中の四、三〇位中の三分の一をも占めている（一九九三年四月、大宜味村老人クラブ連合会は「長寿村日本一」宣言をしたことがあるが、変動がある点に注意をようする）。

沖縄県内で地域末端の住民運動調査をすると、どこでも元気な〝おばあ〟達のパワーに驚かされるが、平均寿命の推移はまさに九〇歳に近づかんとする長寿地域・県として今後も脚光を浴び続けられるか否かであり、「長寿沖縄」のブランド崩壊は主要産業の観光にも影響を及ぼしかねない。

表2—7　市区町村別平均寿命：2000年

	順位	男		女	
		市区町村（都道府県）	平均寿命	市区町村（都道府県）	平均寿命
上位10市区町村	1	和良村（岐阜）	80.6	豊見城村（沖縄）	89.2
	2	国府町（岐阜）	80.4	北中城村（沖縄）	88.5
	3	青葉区（神奈川）	80.3	猪名川町（兵庫）	88.4
	4	三鷹市（東京）	80.2	壮瞥町（北海道）	88.0
	5	清和村（熊本）	80.1	嬉野町（佐賀）	87.5
	6	下条村（長野）	80.1	平生町（山口）	87.4
	7	天竜市（静岡）	80.0	今帰仁村（沖縄）	87.3
	8	益城町（熊本）	79.9	大竜村（北海道）	87.3
	9	大東町（静岡）	79.9	東風平町（沖縄）	87.2
	10	佐久市（長野）	79.8	菊陽町（熊本）	87.2
下位5	1	西成区（大阪）	71.5	天龍村（長野）	80.9
	2	大鰐町（青森）	73.6	一宇村（徳島）	80.9
	3	大間町（青森）	74.0	東祖谷山村（徳島）	81.1
	4	中区（神奈川）	74.1	銚子市（千葉）	81.8
	5	増毛町（北海道）	74.2	神栖町（茨城）	81.8

注：平均寿命が同じ場合、小数点2位以下で順位づけ
05年の人口や04～06年の死亡数などをもとに算出した新値では、最も長いのは

男	1	横浜市青葉区	81.7歳	女	1	沖縄県北中城村	89.3歳
	2	川崎市麻生区	81.7歳		2	兵庫県猪名川町	88.7歳
	3	東京都三鷹市	81.4歳		3	長野県高森町	88.5歳
	4	東京都国分寺市	81.4歳		4	沖縄県里見城市	88.5歳

出所：厚生労働省人口動態統計　2000年センサスによる市区町村別確定人口を基に算出

3　一〇〇歳以上人口

沖縄県の長寿についての一指標として、人口一〇万対の一〇〇歳以上人口割合をみよう（表2—8、2—9参照）。全国では一九六三年に一五三人、九七年に八四九一人から二〇〇七年に三万二二九五人と一〇年間に四倍に増大しており、〇七年の男四六一三人、女二万七六八二人と女子が八五・七％を占める。一〇万人あたりで全国は二五・二八、沖縄五七・八九で、第二位の高知五二・九八、島根五一・〇二を大きくひきはなす。図2—2は全国と沖縄県との対比である。沖縄県の伸びは全国以上に著しく、二〇〇八年の人口一〇万人あたりでは、全国が二八・三九に比し、沖縄県は六一・〇三と二倍以上である。性別では、全国が男対女が一対五に対し、沖縄県は一対八（〇八年の女性比率は全国は八六・〇％、沖縄は八八・八％）と、女子長寿者が顕著である。

沖縄県は一人あたり県民所得が最低で、平均身長も最も低く、乳児死亡率は近年はほぼ全国並みである。にもかかわらず戦後女子の平均寿命は最高である。なぜ常識的には恵まれない条件下で他県よりも長寿なのか。中高年期における死亡率の低さは、成人病、特に脳血管疾患による死亡率の低さによるところが大きいといわれる。他方、細菌性疾患による死亡率は全国平均より高い。新生児死亡の登録漏れなど人口統計の評価も気になるところであるが、特に漏れが多いという兆候はないといわれる[3]。

4　自殺率と離婚率

男子平均寿命のかげりの要因として沖縄県における自殺率の上昇が一つ考えられる。一九七九年に出版された琉球新報社編『沖縄ピンキリ物語』（琉球新報社）によると、沖縄県の自殺率は全国一低く（一九七四年一〇万人あたり沖縄は

表２－８　男女別100歳以上高齢者数の年次推移：1972～2008年

（単位：人）

	沖縄県				全国			
	男	女	計	人口10万人当たり	男	女	計	人口10万人当たり
1972年	5	9	14	1.44	78	327	405	
1973	7	21	28	2.81	91	404	495	
1974	8	18	26	2.55	96	431	527	0.48
1975	6	22	28	2.68	102	446	548	0.49
1976	5	22	27	2.65	113	553	666	0.59
1977	2	29	31	2.89	122	575	697	0.61
1978	5	19	24	2.31	132	660	792	0.69
1979	8	23	31	2.83	180	757	937	0.81
1980	6	30	36	2.89	174	794	968	0.83
1981	8	32	40	3.57	202	870	1,072	0.91
1982	10	34	44	3.89	233	967	1,200	1.01
1983	12	46	58	5.06	269	1,085	1,354	1.13
1984	11	57	68	5.86	347	1,216	1,563	1.30
1985	11	65	76	6.45	359	1,381	1,740	1.44
1986	22	68	90	7.58	361	1,490	1,851	1.52
1987	19	78	97	8.09	462	1,809	2,271	1.86
1988	18	100	118	9.77	562	2,106	2,668	2.17
1989	21	126	147	12.10	630	2,448	3,078	2.49
1990	19	139	158	12.93	680	2,618	3,298	2.67
1991	25	147	172	13.98	749	2,876	3,625	2.92
1992	30	163	193	15.79	822	3,330	4,152	3.36
1993	34	172	206	16.64	943	3,859	4,802	3.86
1994	40	191	231	18.52	1,093	4,500	5,593	4.48
1995	47	216	263	20.89	1,255	5,123	6,378	5.10
1996	50	232	282	22.14	1,400	5,973	7,373	5.87
1997	54	261	315	24.55	1,570	6,921	8,491	6.75
1998	66	297	363	28.12	1,812	8,346	10,158	8.05
1999	61	304	365	28.06	1,973	9,373	11,346	8.97
2000	57	344	401	30.56	2,158	10,878	13,036	10.29
2001	55	402	457	34.67	2,541	12,934	15,475	12.19
2002	58	467	525	39.50	2,875	15,059	17,934	14.09
2003	64	505	569	42.49	3,159	17,402	20,561	16.13
2004	77	558	635	47.07	3,523	19,515	23,038	18.05
2005	84	615	699	51.43	3,779	21,775	25,554	20.01
2006	74	666	740	54.37	4,150	24,245	28,395	22.23
2007	75	717	792	57.89	4,613	27,682	32,295	25.28
2008	94	744	838	61.03	5,063	31,213	36,276	28.39

注：1973年は、海外在住邦人も含む。各年とも9月30日時点における年齢を基礎とした100歳以上の者の数。調査時点は各年9月11日

表2—9　各都道府県の100歳以上の高齢者数：2008年

	総人口（千人）	100歳以上高齢者数（人）	男	女	人口10万人以上当たり100歳以上高齢者数
沖縄県	1,373	838 (17)	94	744	61.03 (1)
島根県	731	430 (30)	67	363	58.82 (2)
高知県	782	423 (31)	58	365	54.09 (3)
熊本県	1,828	864 (14)	114	750	47.26 (4)
鹿児島県	1,730	813 (18)	98	715	46.99 (5)
山口県	1,474	692 (19)	78	614	46.95 (6)
佐賀県	859	394 (38)	44	350	45.87 (7)
愛媛県	1,452	656 (20)	90	566	45.18 (8)
岡山県	1,953	857 (15)	133	724	43.88 (9)
宮崎県	1,143	496 (27)	70	426	43.39 (10)
富山県	1,106	461 (29)	50	411	41.68 (11)
広島県	2,873	1,165 (9)	162	1,003	40.55 (12)
香川県	1,006	405 (34)	63	342	40.26 (13)
長崎県	1,453	579 (23)	69	510	39.85 (14)
長野県	2,180	841 (16)	126	715	38.58 (15)
鳥取県	600	231 (47)	29	202	38.50 (16)
徳島県	800	308 (43)	37	271	38.50 (17)
新潟県	2,405	918 (13)	126	792	38.17 (18)
山梨県	877	331 (42)	51	280	37.74 (19)
和歌山県	1,019	383 (40)	48	335	37.59 (20)
福井県	816	299 (44)	33	266	36.64 (21)
京都府	2,635	950 (12)	135	815	36.05 (22)
石川県	1,170	406 (33)	46	360	34.70 (23)
福岡県	5,056	1,703 (4)	213	1,490	33.68 (24)
山形県	1,198	396 (36)	72	324	33.06 (25)
大分県	1,203	396 (36)	71	325	32.92 (26)
群馬県	2,016	606 (32)	89	517	30.06 (27)
兵庫県	5,589	1,601 (5)	213	1,388	28.65 (28)
岩手県	1,364	387 (39)	67	320	28.37 (29)
北海道	5,570	1,570 (6)	237	1,333	28.19 (30)
奈良県	1,410	397 (25)	58	339	28.16 (31)
福島県	2,067	567 (24)	81	486	27.43 (32)
静岡県	3,801	1,041 (10)	142	899	27.39 (33)
三重県	1,876	492 (28)	58	434	26.23 (34)
東京都	12,758	3,215 (1)	463	2,752	25.20 (35)
滋賀県	1,396	342 (41)	63	279	24.50 (36)
岐阜県	2,104	509 (26)	83	426	24.19 (37)
秋田県	1,121	271 (46)	42	229	24.17 (38)
宮城県	2,347	545 (25)	79	466	23.22 (39)
大阪府	8,812	1,934 (2)	238	1,696	21.95 (40)
茨城県	2,969	646 (21)	85	561	21.76 (41)
栃木県	2,014	415 (32)	65	350	20.61 (42)
神奈川県	8,880	1,794 (3)	293	1,501	20.20 (43)
青森県	1,407	281 (45)	29	252	19.97 (44)
千葉県	6,098	1,169 (8)	182	987	19.17 (45)
愛知県	7,360	1,251 (7)	180	1,071	17.00 (46)
埼玉県	7,090	1,008 (11)	139	869	14.22 (47)
全国	127,771	36,276	5,063	31,213	28.39

注：(　) 内は順位。100歳以上高齢者数は、9月30日時点における年齢を基礎として100歳以上のものを計上している。
出所：総人口は総務省統計局「2007年10月1日現在人口推計」

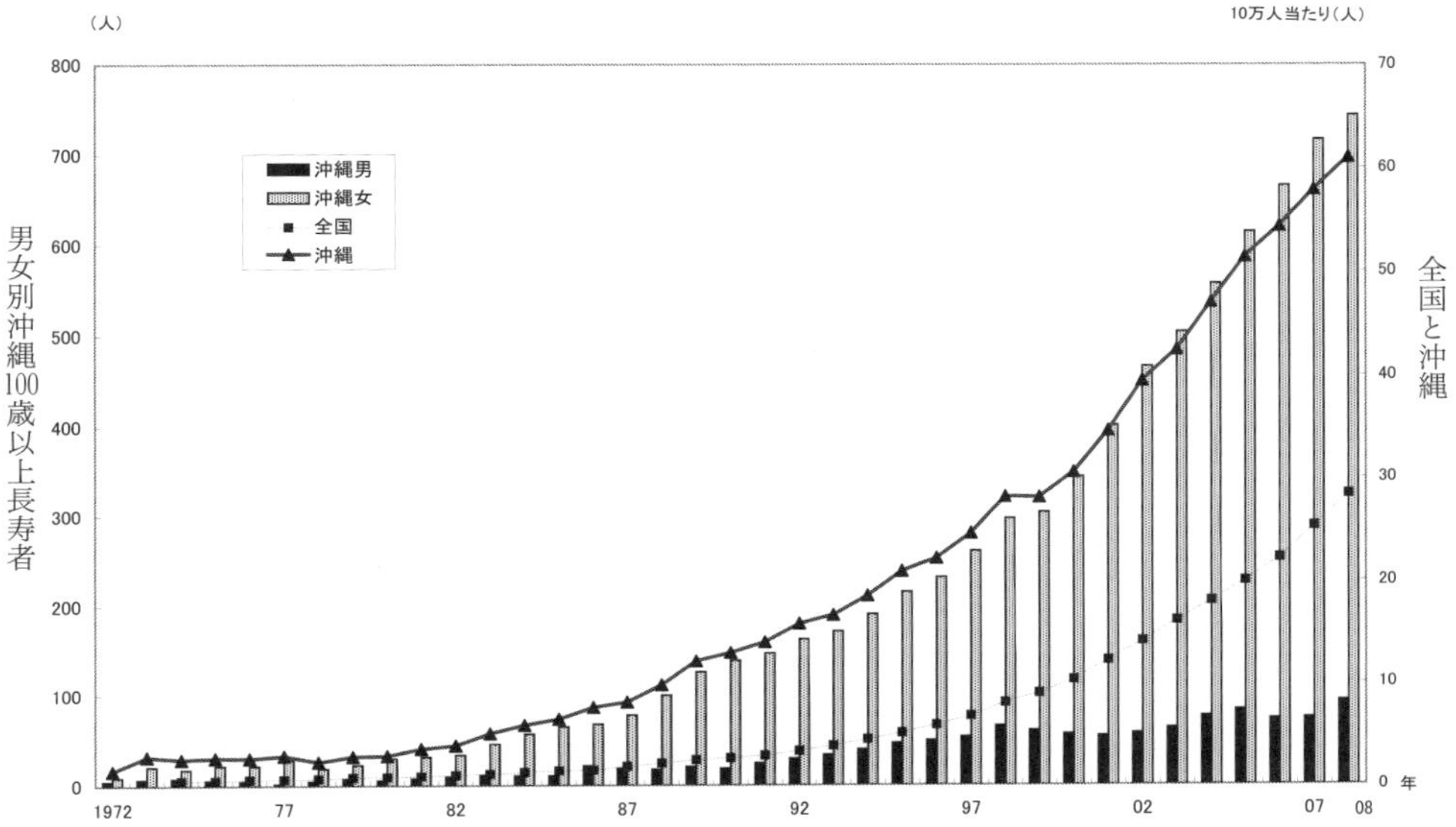

図2—2　100歳以上高齢者の推移　沖縄と全国：1972～2008年

出所：調査時点は各年9月1日現在

一二・九で最低、七五年は一四・二で第二位の低さ）、自殺とは程遠い、しない南国として紹介されており、筆者は長い間沖縄県民をあくせくしない県民として認識していた。ところが時がたち、**図2—3**でみるように、特に一九八五年以降、四〇～五〇代男子は急上昇して以前と様変わりしつつある。ゆったりと時が流れる南の島に、いったい何が生じ始めたのか。男子平均寿命のかげりの裏に、この自殺率の増大は気になるところであるが、最下のところ明解な答がみつかりにくい。

県内自殺者は、八〇年代二一〇人、九八年に三五〇人、二〇〇〇年には三四七人（人口一〇万あたり二六・五）で全国の二四・一よりも高く第一〇位となる。男子についてみれば、全国で二〇〇〇年に三位、なかでも四〇～五四歳、六〇～六四歳では全国一位と、中高年男子の自殺率は深刻である（図2—3参照）。一般的に日本は高齢者の自殺率の高さに特色がある。近年中年層の高さが全国的な特色と化してはいても、高齢者をしのぐものではなくこの沖縄とはパターンが全く異なる。

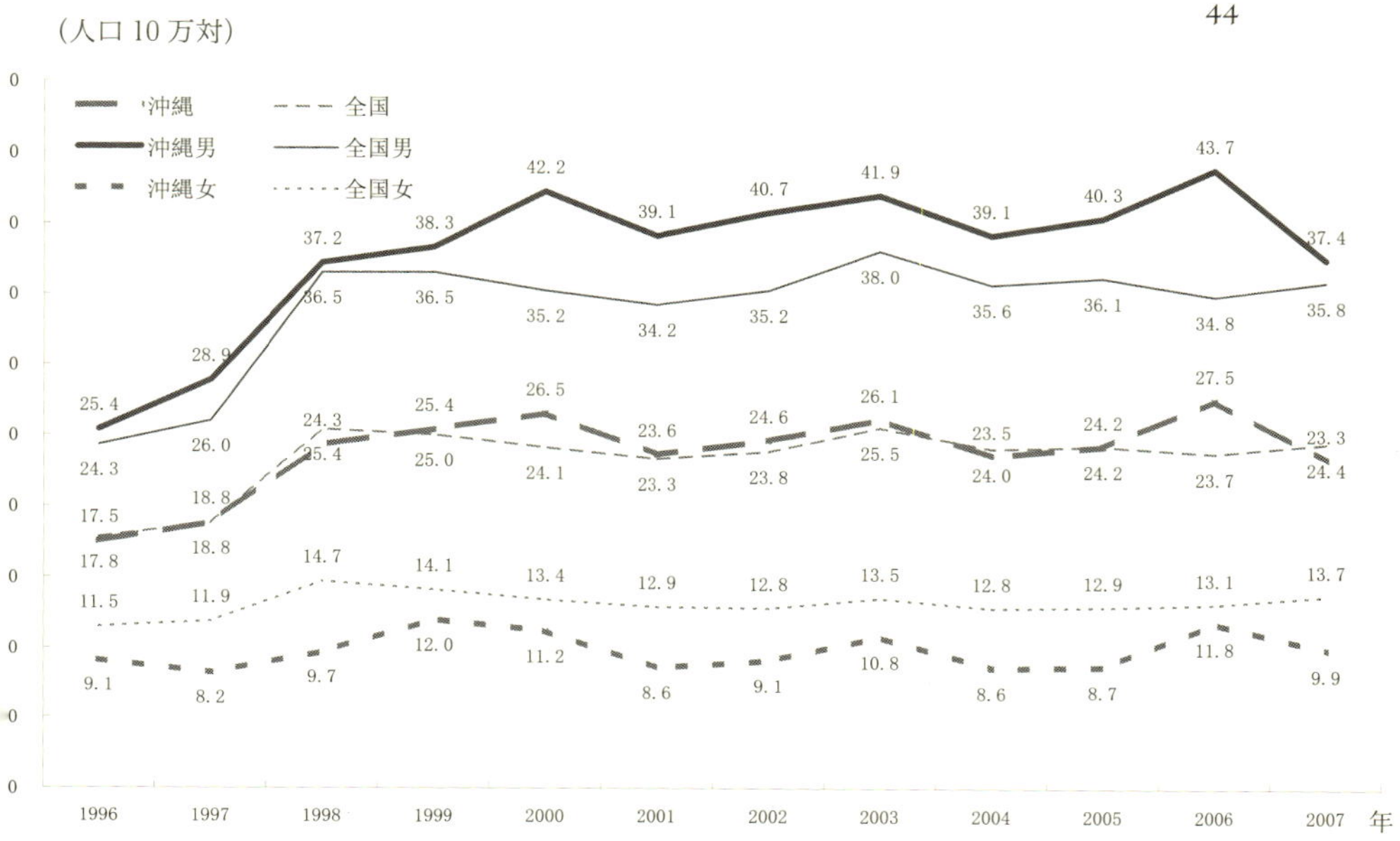

図2—3　自殺率　沖縄と全国：1996～2007年

出所：厚生労働省『人口動態統計』

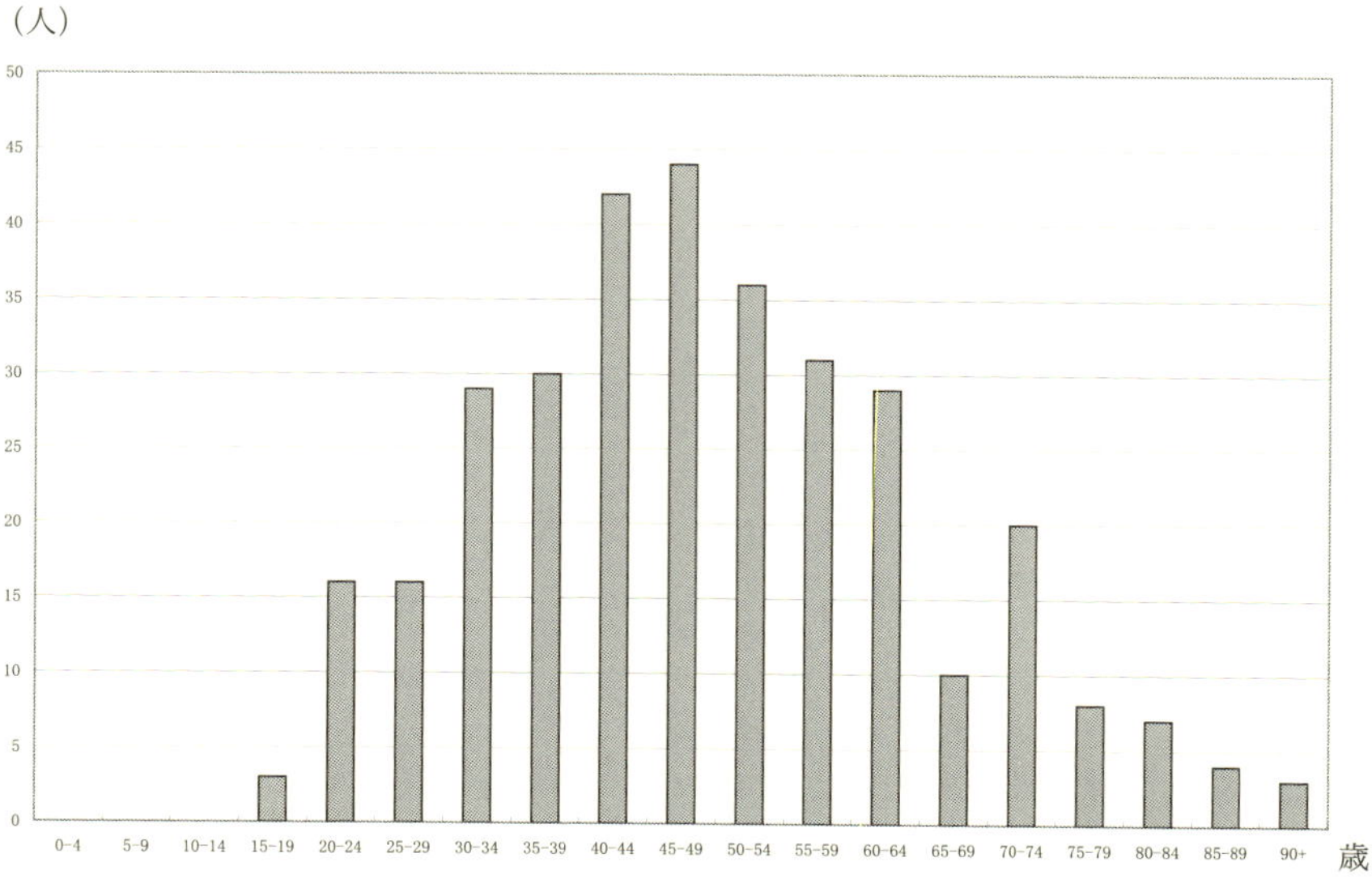

図2—4　沖縄県における年齢階級別自殺死亡数：2005年

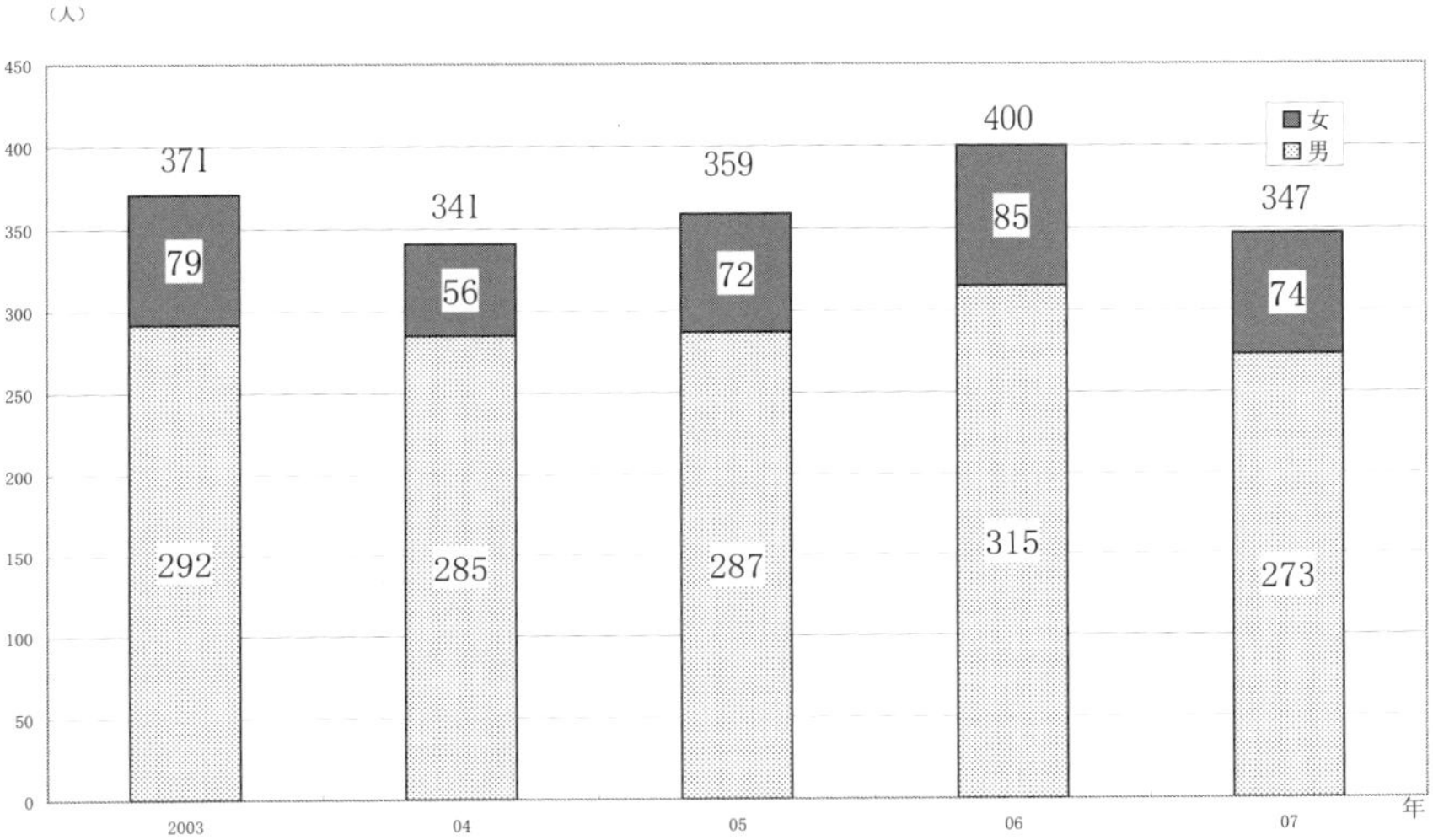

図２―５　沖縄県における男女別自殺死亡数：2003-07 年

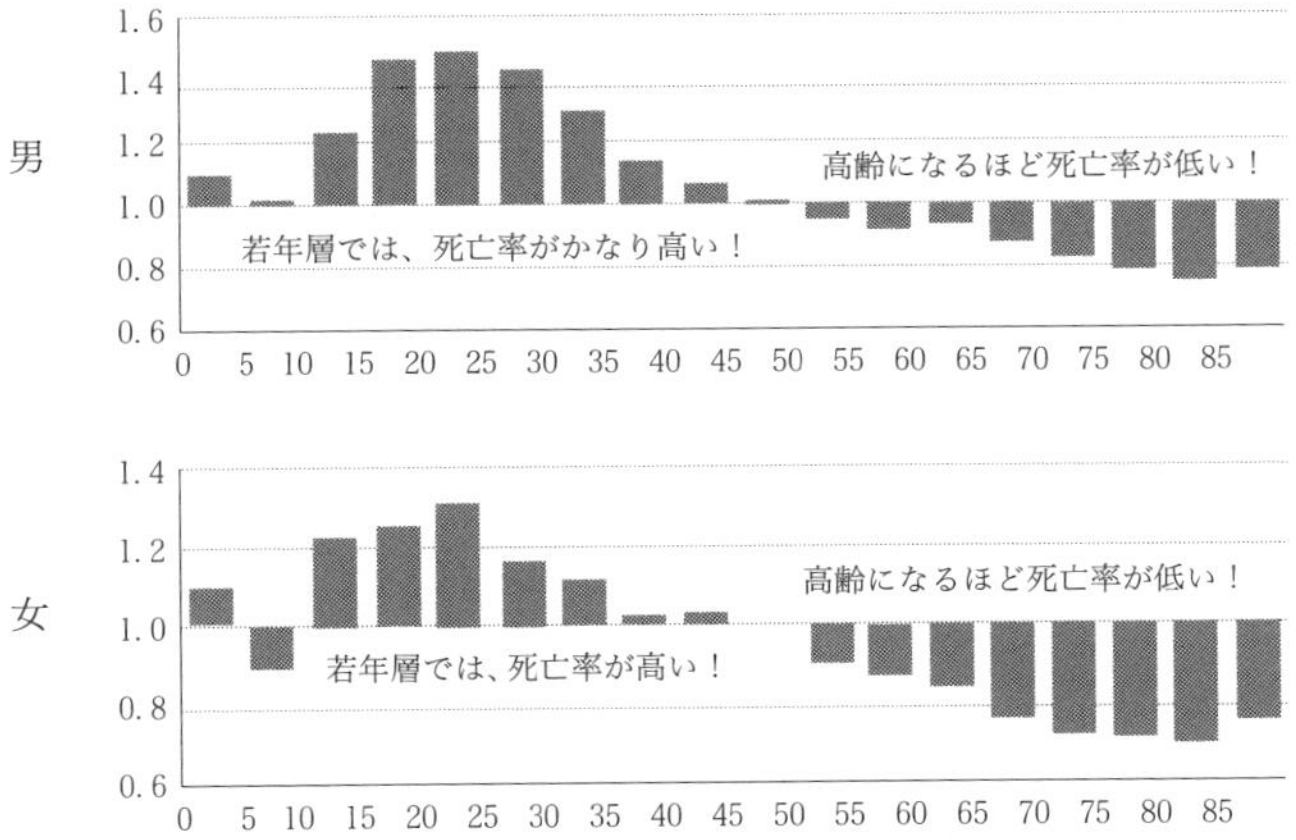

図２―６　沖縄県性別年齢別死亡率比：1973 ～ 1992 年

注：死亡率比は全国死亡率を１とした値（県死亡率／全国死亡率）
出所：沖縄県「健康長寿をめざして若いうちから健康づくり―成人病疫学調査検討委員会」1997 年

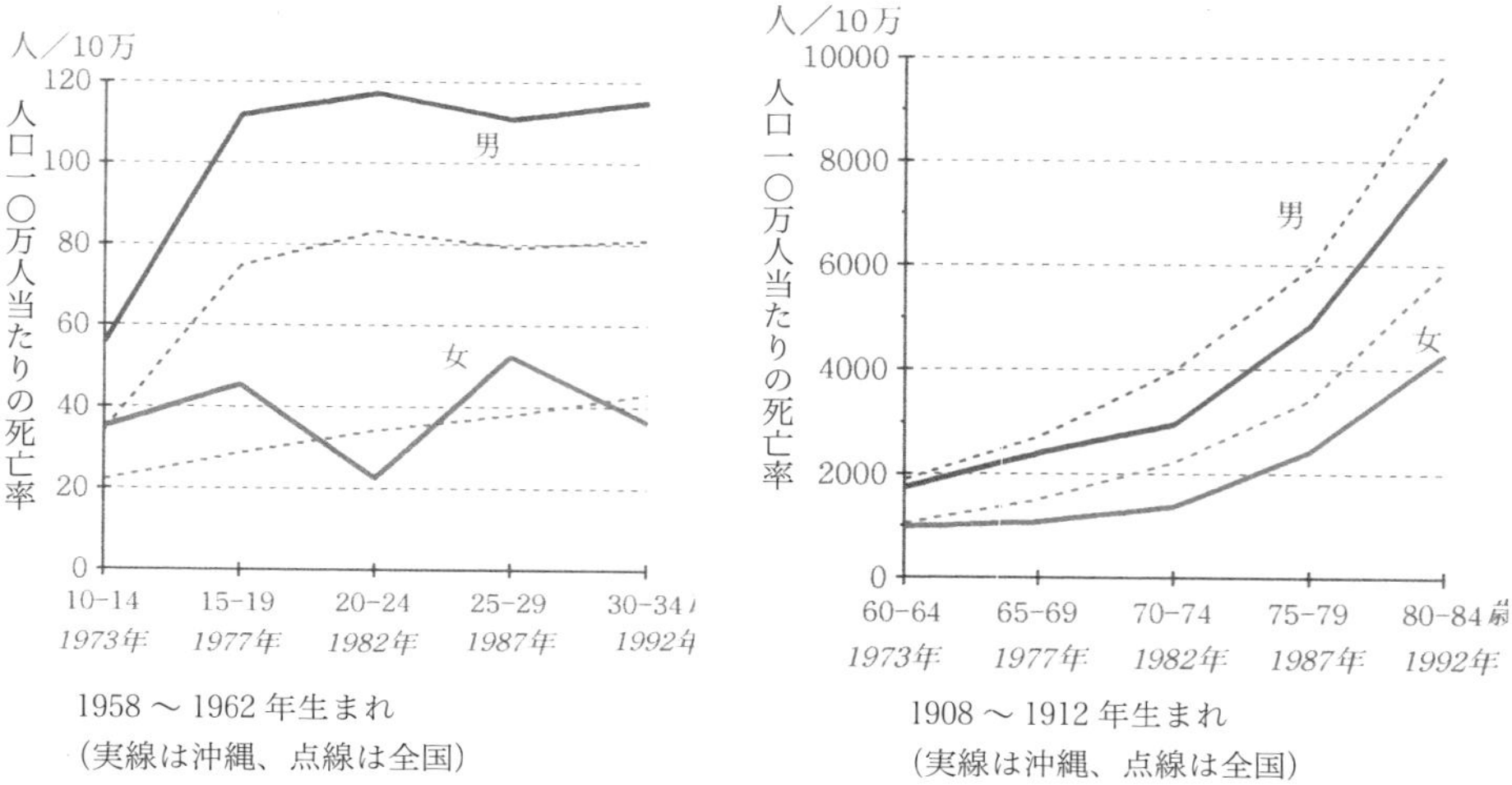

図2―7　出生年別にみた死亡率の推移　沖縄県と全国（コーホートによる差）：1973～1992年

出所：沖縄県「健康長寿をめざして若いうちから健康づくり―成人病疫学調査検討委員会」1997年

さて、自殺率、人口一〇万対について、性・年齢階級別の推移をみてみよう（**図2―4、2―5、2―6、2―7**参照）。一九五〇年には男女ともに二〇歳代で一つの山を形成していたのが、一九七〇年に消失しまうのは全国と同様で（一九五五年男子でみると八四・一から二〇〇三年に二一・五と四分の一に）、若者の恋愛や結婚等の悩みによる自殺がみられなくなる。

かわって一九九〇年頃から四〇～五〇歳代中年男子の自殺の山がみられ始め、二〇〇三年にはよりはっきりとした高率を示す（一九五五年に四五～四九歳男子は三二・一から二〇〇三年に五六・三に急増）。これは女子には見られず全国的にも倒産や失業など経済的金融危機要因や中間管理者に多いと指摘されている。

また欧米などと異なり、わが国の特色である、高齢者ほど高自殺率となるのは、沖縄においては一九五〇年には男女ともみられるものの、その後は、とりわけ七〇歳以上の低下傾向が顕著である。沖縄のおばあたちのおおらかな長寿命をここでも裏付ける根拠となろう。男子自殺率が対全国比を上回るのは、一九九〇年値あたりから大きく差が拡大している。

中年期の沖縄死亡率の高さにやはり影響しているとみるべきだろう。

なお保健所所管による厚生労働省「人口動態統計」死因とは別に、県警察よる自殺統計（数値が若干異なる点要注意）によると自殺要因がわかる。

一九九八年の三五〇件の内訳は、病苦一〇〇、精神障害六二、経済問題六二、家庭問題二八、勤務一五、男女問題一三、学校三、不詳三三、その他三〇であった。

フランスの社会学者デュルケームの『自殺論』（一八九七年）以来、自殺は時代や社会を映《うつ》す鏡といわれるが、男子二〇～四四歳まで、女子一五～三四歳までが死因の一位を占めることからしても近年の沖縄を表す一つの寿命低下要因として要注意である。

自殺率の増加は、失業で追いつめられた求職者が増えたためだろうか。本土からクレジットやサラ金業者が入り、高金利の日掛け金融業者に借金づけとなり、それへの公的救済策ができていないためか。精神病との医療連携の欠如か――いずれにせよ幅広いネットワークづくりによる自殺予防が課題となろう（二〇〇四年の自殺率全国第一位、一〇万人あたり四四・六〇であった秋田県が最近自殺予防活動により急低下した例もある。二〇〇七年に前年より△六・三ポイント減少し、ワースト一位の座を返上した[4]。沖縄も△三・七ポイントで大都市圏での増加が目立った）。

沖縄といえば、元気な〝おばあ〟が活躍、明るく、たくましく、おおらかな高齢者のイメージが広がる。亜熱帯特有ののんびりした雰囲気の沖縄長寿の突出した高さであった女子寿命の伸びもかつてほどではないといわれる。

歴史的にみて、マラリアなど風土病との壮絶な闘いが展開されてきたのがこの沖縄である。島ぐるみの撲滅運動の経過をへて、長寿がもたらされ、獲得してきたものであると記憶に留めるなら、近年のこの寿命における〝二六ショック〟、高自殺率は沖縄人口を考えるにあたって、軽視できない側面である。

障害者率

沖縄の離島をたずね調査のために集落内を歩いていると、また各世帯別人口調査をして分析していると、障害者比率の高さに気づくことがある。一九六六年六月調査によると、精神障害者は二・四万人、人口一〇〇〇人当たり二五・七人の有病率は、全国一二・九人（一九六三年調査）の約二倍におよぶ（『おきなわピンきり物語』琉球新報社、一九七七年、二〇〇頁）。

海に囲まれた閉鎖的社会・離島内で近親結婚がくりかえされている影響はないか。専門家による最新結果はどうなっているのか等々気になるところである。近親結婚は、とりわけ近年では避けられるようになっていようが、一九九七年三月に調査にいったある孤島の全戸調査では気になった。中国では一九八〇年の婚姻法によって一人っ子政策の優生―健康な子供を生むため、いとこ同士、四親等内の結婚禁止が法制化されるようになっていることが頭をよぎる。

生涯未婚率

沖縄県の人口動態の特色の一つとして、一九九〇年代以降、近年の生涯未婚率が高いことが挙げられる（**図2―8、表2―10参照**）。東京など大都市圏の高いことはよく知られるとしても、特に男子については一九二〇～六〇年値および二〇〇五年値（二二・二九％）では、東京（二一・二〇％）をぬいて全国一の高さと化し急増が著しい。

女子についても二〇〇五年値九・七三％は、東京の一二・五六％についで第二位と高率で、必ずしも女子の県外流出・嫁不足だけでは説明がつかない。

離婚率

沖縄県人口動態の特色の一つは、離婚率の高さである。一九七〇～七五年の復帰前後には、全国平均以下だった

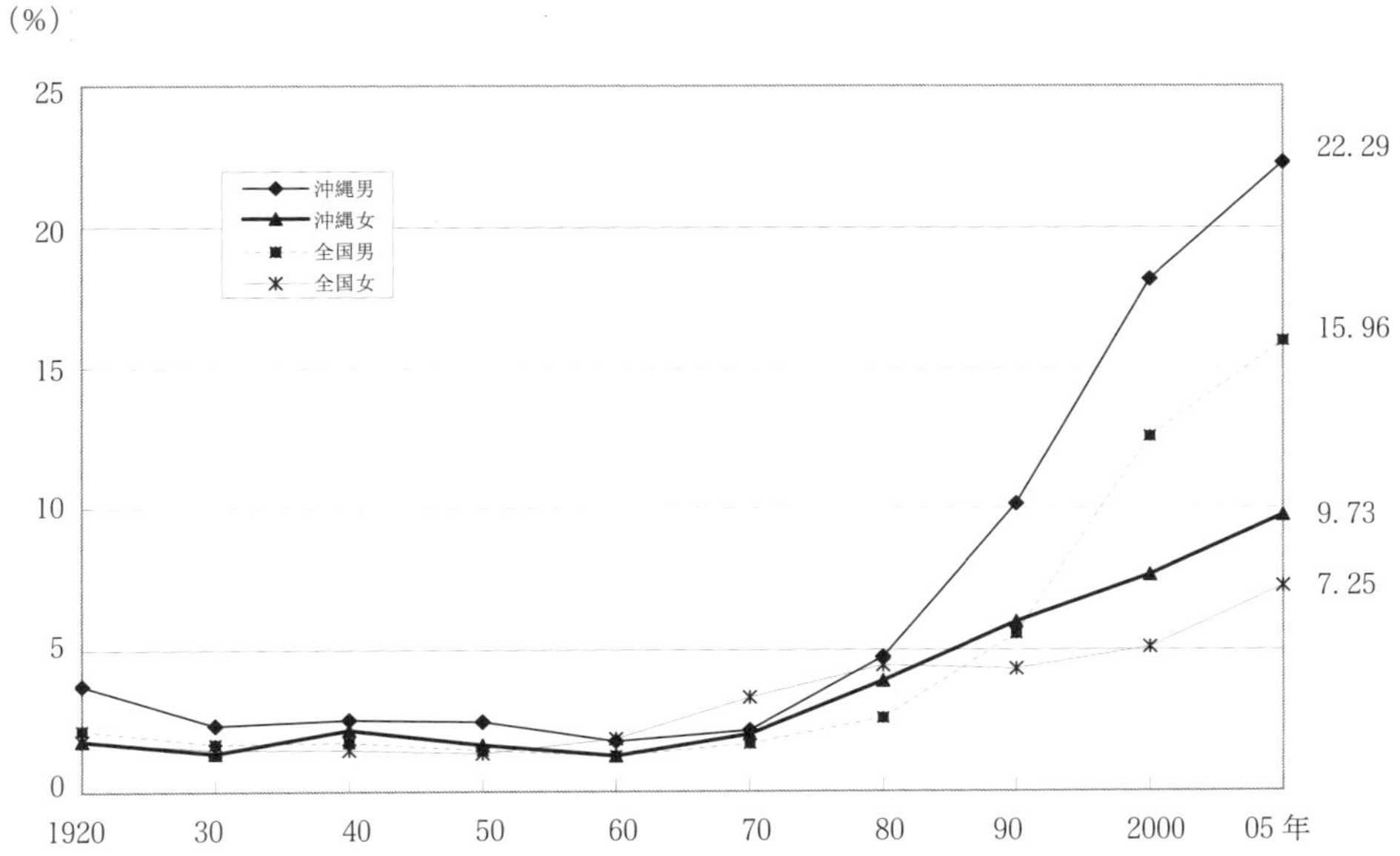

図2—8　沖縄県生涯未婚率の推移：1920～2005年

のが急増、とりわけ八五年以降、全国水準の約一・五倍程の最高全国第一位の離婚率をきざむ。ちなみに、一九八〇年の一・八四（全国一・二二）、二〇〇五年二・七一（全国二・〇八）と最高値である（図2—9、表2—11参照）。なお国際的には米国三・六〇（〇六年）、ロシア四・四二（〇四年）、中国一・二八（〇四年）、日本二・〇四（〇五年）であり、近年はロシアが米国をぬいて高いことが注視される。

沖縄での結婚披露宴は、一族郎党、多勢の親族をよんで盛大に開かれることが多く全国的に有名であるが、他方離婚に対しては寛容な県民性である。離婚した女性が実家に戻っても生活の面倒をみあう、かたをよせあう共同生活に拒否反応は弱い。

「嫡出でない子」（法律上の結婚関係にない女性から生まれた子）の出生数と割合は、一九九七年に三・六％で、全国平均の一・四％より二・五倍である。その一九歳以下の母親は一六・六％で、全国の一三・七％よりも高い。「未婚の母」、「母子世帯」の一〇分の一が、沖縄だけで全国の一〇分の一強（一九七八年全国二万八四四八人中の二九七八人）を占める点等も沖縄の一つの顔である[5]。このように

表2―10　沖縄県生涯未婚率の推移：1920～2005年

（単位：%）

	沖縄		全国	
	男	女	男	女
1920年	3.74	1.80	2.17	1.80
30	2.34	1.36	1.68	1.48
40	2.54	2.18	1.74	1.47
50	2.47	1.65	1.46	1.35
60	1.78	1.27	1.26	1.87
70	2.17	2.03	1.70	3.33
80	4.75	3.91	2.60	4.45
90	10.14	6.00	5.57	4.33
2000	18.17	7.65	12.57	5.10
05	22.29	9.73	15.96	7.25

出所：各人口センサスより作成

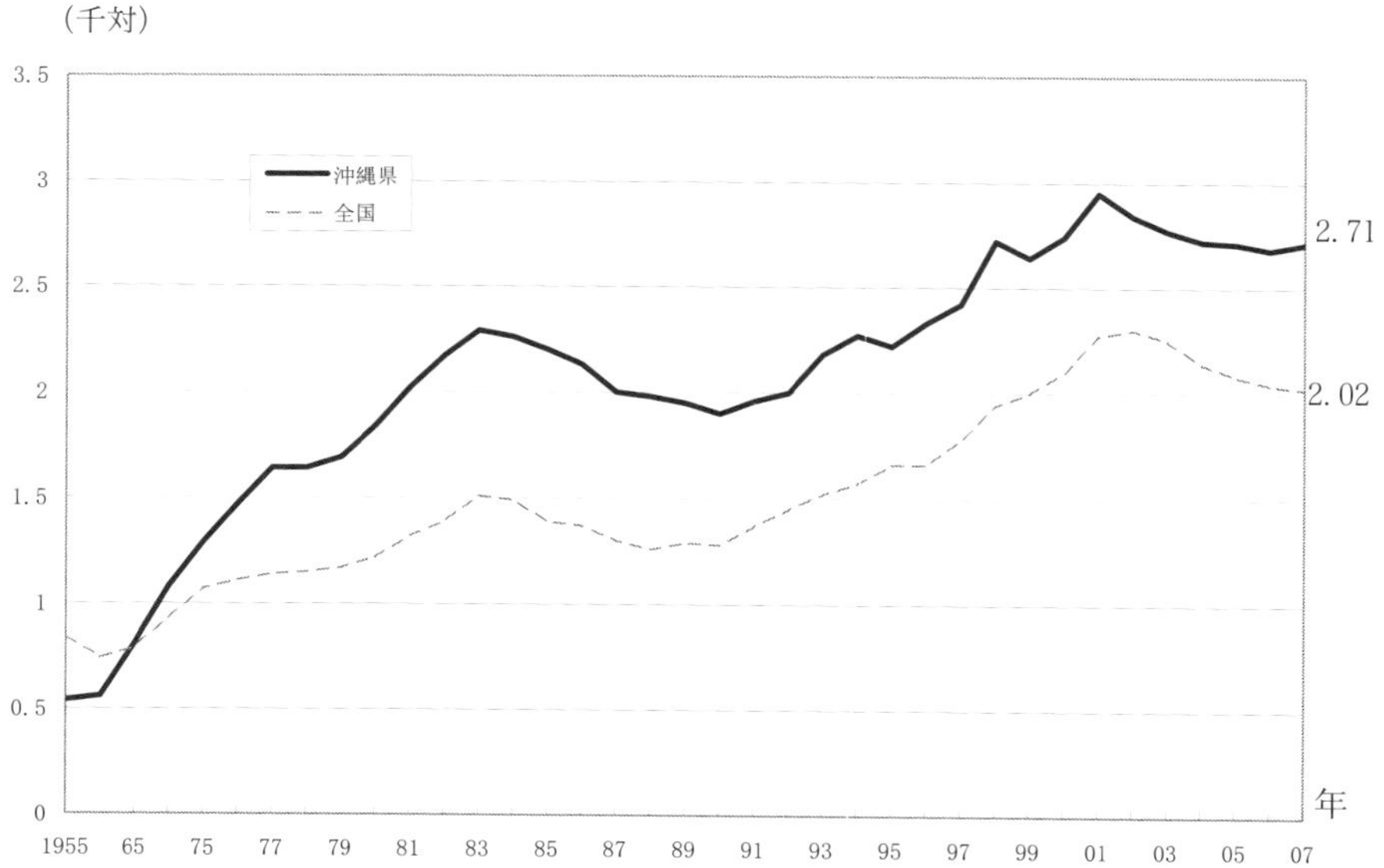

図2―9　離婚率　沖縄県と全国の対比：1955～2007年

出所：厚生省「人口動態統計」より作成

表 2 ― 11　離婚率　沖縄県と全国の対比：1955 〜 2007 年

（単位：‰）

	沖縄県	全国
1955 年	0. 54	0. 84
1960	0. 56	0. 74
1965	0. 81	0. 79
1970	1. 08	0. 93
1975	1. 29	1. 07
1976	1. 47	1. 11
1977	1. 64	1. 14
1978	1. 64	1. 15
1979	1. 69	1. 17
1980	1. 84	1. 22
1981	2. 02	1. 32
1982	2. 17	1. 39
1983	2. 29	1. 51
1984	2. 26	1. 49
1985	2. 20	1. 39
1986	2. 13	1. 37
1987	2. 00	1. 30
1988	1. 98	1. 26
1989	1. 95	1. 29
1990	1. 90	1. 28
1991	1. 96	1. 37
1992	2. 00	1. 45
1993	2. 18	1. 52
1994	2. 27	1. 57
1995	2. 22	1. 66
1996	2. 33	1. 66
1997	2. 42	1. 78
1998	2. 72	1. 94
1999	2. 64	2. 00
2000	2. 74	2. 10
2001	2. 95	2. 27
2002	2. 84	2. 30
2003	2. 77	2. 25
2004	2. 72	2. 14
2005	2. 71	2. 08
2006	2. 68	2. 04
2007	2. 71	2. 02

注 1：1920 年　沖縄 1. 47（全国 0. 99）
　　　1940 年　沖縄 1. 31（〃 0. 66）
　　　1950 年　沖縄 1. 47（〃 1. 01）
　2：1980 年　北海道の 1. 86 につぐ第 2 位
　　　1990 年　東京　1. 53
　　　2000 年　〃　　2. 28
　　　2005 年　〃　　2. 19
出所：厚生労働省『人口動態統計』

離婚率にしろ、未婚の母にせよ、よい意味で〝社会の歯止めが弱い〟ともいえようか。

また二〇〇三年一二月に実施した「沖縄県ひとり親世帯等実態調査」によると、全一般世帯に占める「母子世帯」の割合は、二〇〇三年沖縄県は五・三九％（全国二・六八％）、母子世帯となった原因は、「未婚の母」は沖縄県八・七％（全国五・七％）、また同全世帯に占める「父子世帯」の割合は沖縄〇・九〇％（全国〇・三八％）と高い。

名護市嘉陽小学校を調査で訪れた時、児童数一五人中五人が片親しかいないために、「父親参観」とか「父親学級」という語はタブーであり使えないと区長は筆者に語ってくれた。

国際結婚の比率も全国水準の三・八％に対し、沖縄県は四・四％、全国では妻が外国人のケースが高いのに対し、沖縄県では夫が外国人であるケースが六九・五％、夫の国籍の八四・三％が米国にあり、米国軍人駐留という沖縄ならではの影響も明白である。二〇〇五年人口動態統計によると「夫外国妻日本」のケースは全婚姻中、沖縄では三・四九％（全国一・一七％）、「夫日本妻外国」は一・四二％（全国四・六四％）、残りは日本人どうしという組み合わせである。後述のアメラジアンを参照のこと。

こうした海外移民からの帰国、帰郷、本土出稼ぎをしてUターンしてきた青年たち、離婚してあるいは就業先での事故などで障害をおって戻ってきたケース等々、沖縄家族類型がより多様化し傍系親族を入れ込む要素は実に寛容である。このことは同時に、本土からの多様な流入者・他者をもゆるやかに広く包み込むことにもつながる。筆者は大都会で傷つき、離婚、自殺未遂寸前でたどりついた辺境の島・与那国島で明るく元気に働いている母子と出会ったこともある。沖縄がもっている風、光、空、海は癒しを与えてくれ、人と人とを結びつける不思議な魅力をもっていると表現されることもある。家族や郷をめぐる地縁・血縁共同体社会の絆や形態は、本土の何倍かの強さを感じさせられる地域、それが沖縄である。

注

1　厚生労働省大臣官房統計情報部『平成一〇年～平成一四年 人口動態保健所 市区町村別統計 人口動態統計特殊報告』二〇〇三年、参照。
　なお二〇〇九年度一月末には二〇〇三～〇七年の市区町村別TFRが新しく発表された。それによると鹿児島県や沖縄県などの島嶼部が上位の大半を占めた。

　奄美大島徳之島の伊仙町二・四二、天城町二・一八、徳之島町二・一八、沖永良部島の和泊町二・一五が一～四位。他方低いのは、東京都目黒区の〇・七四など東京二三区の内、一三区が下位三〇位に入った。今回多良間村は一・九四で二四位であった。また標準化死亡比の女性上位三〇位の内、一七を沖縄県市町村が占めている。

2　沖縄タイムズ〝長寿〟取材班編『沖縄が長寿でなくなる日—食、健康、生き方を見つめなおす』岩波書店、二〇〇四年、章扉の図はこれに二〇〇五年を追加作成した。
・沖縄県「長寿県沖縄に黄信号？—健康長寿をめざして若いうちから健康づくり」一九九七年（パンフレット）

3　河野稠果「沖縄の平均寿命の統計的研究」日本人口学会第五〇回大会一九九八年六月発表のレジメより。

4　本橋豊編『心といのちの処方箋—秋田大学自殺予防研究プロジェクト』秋田魁新報社、二〇〇五年、参照。
・本橋豊編『総合自殺対策学の創生にむけて』（非売品）二〇〇八年

5　沖縄県福祉保健部「平成九（一九九七）年 衛生統計年報」（人口動態編）一九九九年、参照。

関連文献

・沖縄県企画開発部編『一〇〇の指標からみた沖縄県のすがた』沖縄県統計協会、二〇〇四年
・沖縄県企画開発部企画調整室「沖縄振興推進計画—二一世紀沖縄新たな振興に向けて（平成一四年度～平成一六年度）」二〇〇二年
・沖縄県福祉保健部長寿社会対策室、「平成一六年度 長寿社会対策ハンドブック」二〇〇四年
・琉球新報社編『おきなわピンキリ物語』琉球新報社、一九七九年

第三章　歴史的視点からみた沖縄人口

宮古島平良市の「人頭税」岩

ぶばかり石（賦測石）ともいわれ、この石で背たけを測って、この石の高さに達すると税を賦課されたという伝承がある

1　宮古・八重山の人頭税と人為・伝統的人口調整

一七〜一八世紀、琉球王朝期において用いられてきた悪法に「人頭税《にんとうぜい》」がある。一六〇九年の島津侵入の後、王府の八重山支配はいよいよ強いられ、人頭税制がしかれることとなった。つまり首里王府は王朝体制を維持・存続していくため、宮古・八重山統治を強化した。一六二九（八重山は一六三二）年、在番がおかれ、在地役人を介しての間接統治から直接統治へと変化した。人頭税が整備・強化され、数え一五〜五〇歳未満の男女が納税義務者として、男は粟（八重山は米）、女は上布を納めさせられる。これにより、一六三七（寛永一四）年から一九〇四（明治三六）年までの実に二六六年間もの長い間、沖縄、特に宮古・八重山の先島諸島の人々を苦しめてきた。琉球王府時代、本島の首里王朝が薩摩藩の収奪を先島諸島に転嫁するための苛酷な税制であった。

一五〜五〇歳の男女を対象に施行され、人口に増減があり、納額が一定していないので、一六五九（万治二）年にはいわゆる「定額人頭税」に切り換えられた。つまり、封建時代の年貢は、五〜六割と厳しいとはいえ、収穫高（不作であっても）の何割かであったのに、この人頭税は、成人一人に対して米（米納）あるいは反物（上布代納）いくらときめられて、不作時でも変わらなかった。税率は収入の八割ともいわれ、穀物税と貢布税（一反おるのに二ヵ月かかり一人当たり三反となると年半分は織機の前にしばりつけられる）で、障害者や病人であってもはずされない。

人頭税の苦しさからのがれるために、堕胎や嬰児殺し、自殺などが頻繁に行われており、定額人頭税の導入はそれを防止する目的があったのだが、しかし人口は増えても収奪はかえって強化されていくということになると、むしろ人口の少ないほうがましだということになり、その効果は少なく先島人口は減少傾向にあった。間引きや堕胎をおさえるために男五人以上、あるいは男子ばかり四人を出産すると免税されるという「多子免税法」が実施され、その第一回の適用は、八重山では一八五九（安政六）年であった。

ここに筆者が一九九八年一二月に調査にでかけた与那国島で、かってみられた人為的な人口調節の二つの代表事例を紹介してみよう。

その第一は「久部良割（クブラバリ）」、第二は「人升田（トングダ）」（トゥングーダとも）である。いずれも島共同体社会が考えついた人口調整の場所として、この「人べらし伝説」は、いまなお語り伝えられている。この「冷酷な掟《おきて》」は小さな島の民が生き延びるために必死に考えついたものだといえよう。

第一の「久部良割」とは、与那国島の久部良港近くにある幅二メートル、一五メートル、深さ二〇メートルの大岩石の割れ目である（**口絵写真**参照）。そこに島中の妊婦を集めてその裂け目を飛び越えさせた。仮にかろうじて跳べたとしても激しい緊張と運動で流産や堕胎するきっかけになったことも多かった。多くは跳びそこねて落ちて転落死するという人口調節であり、脱島した者もいるといわれる。

第二の「人升田（トングダ）」は旧島仲集落の近くにある約一町歩の天水田である。そこに（一五～五〇歳の男子を）突然警鐘を鳴らして非常招集し、時間内にこの田に入れなかった者―病人、障害者、老人など、遅れてはみ出した者はみな、村人に惨殺されたという話が伝わっている。彼らも納税の義務を負わされていたからである。

谷川健一は「私にはそれは人頭税の共同負担に苦しむ部落の残酷な仕打ちでなく、苦しみを減らしてやるための思いやりにみちた慣習行為だったかもしれぬと考えられもする」[1]とうけとめている。

男は名子《なご》や盗賊になり、または他島に逃亡することもありえたが、女は人頭税の苦を逃れ役人の妾となるほかなかった。土地の私有制は、人頭税のためにまだ確立しておらず、土地よりも人間のほうがずっと確実な財産であった、ということだろうか。なお人頭税をめぐる論争は今日もなお継続されている。

薩摩が琉球に侵入したのは一六〇九（慶長一四）年であるが、その二年前の一六〇七年の人口は五五〇〇人と記録されている。侵入後薩摩は直ちに検地を行い、これにより琉球王の知行高を決定、税制の基盤を確立、その二八年後の一六三七（寛永一四）年に宮古・八重山に人頭税制を創設した[2]。さらには一七三〇年代から、王府の窮乏財政政策の一つとして人頭税の増収をねらった八重山開拓政策が強行された。この人頭税ならびに開拓政策は八重山住民に対して大変な悲惨を強いることとなった。しかしながら人口は、一七〇六（宝永三）年に九八七九人、一七五三（宝暦三）年に二万六二八五人と増大した。一七七一（明和八）年の八重山全域を襲った大津波で、当時の人口二万八八九六人の三分の一余にあたる九三一三人もが犠牲・遭難するという惨事があり、一万九五八三人にまで減少した。

津波の後も疫病・飢饉・マラリア、さらに人頭税の圧迫など自然的・人為的要因により人口はその後も減少し、一八五四（安政六）年には一万一二一六人と激減する。王府はこの危機を乗り切るべく、災害地への強制移住によって村の再興をはかるのだが、効果はあらわれ難く、人口の減退は続き、八重山全体が疲弊したまま近代を迎えることとなる。この後、一八七三（明治六）年を境に封建制度が終わり、マラリア有病地の開拓政策の強行（マラリアのためにほとんどが廃村となる）及び二六六年もの間住民を苦しめてきた人頭税制度から解放され、社会の安定化により人口は増加し始める。

また、移住する農民のメリットや条件は、以下の通りであった。

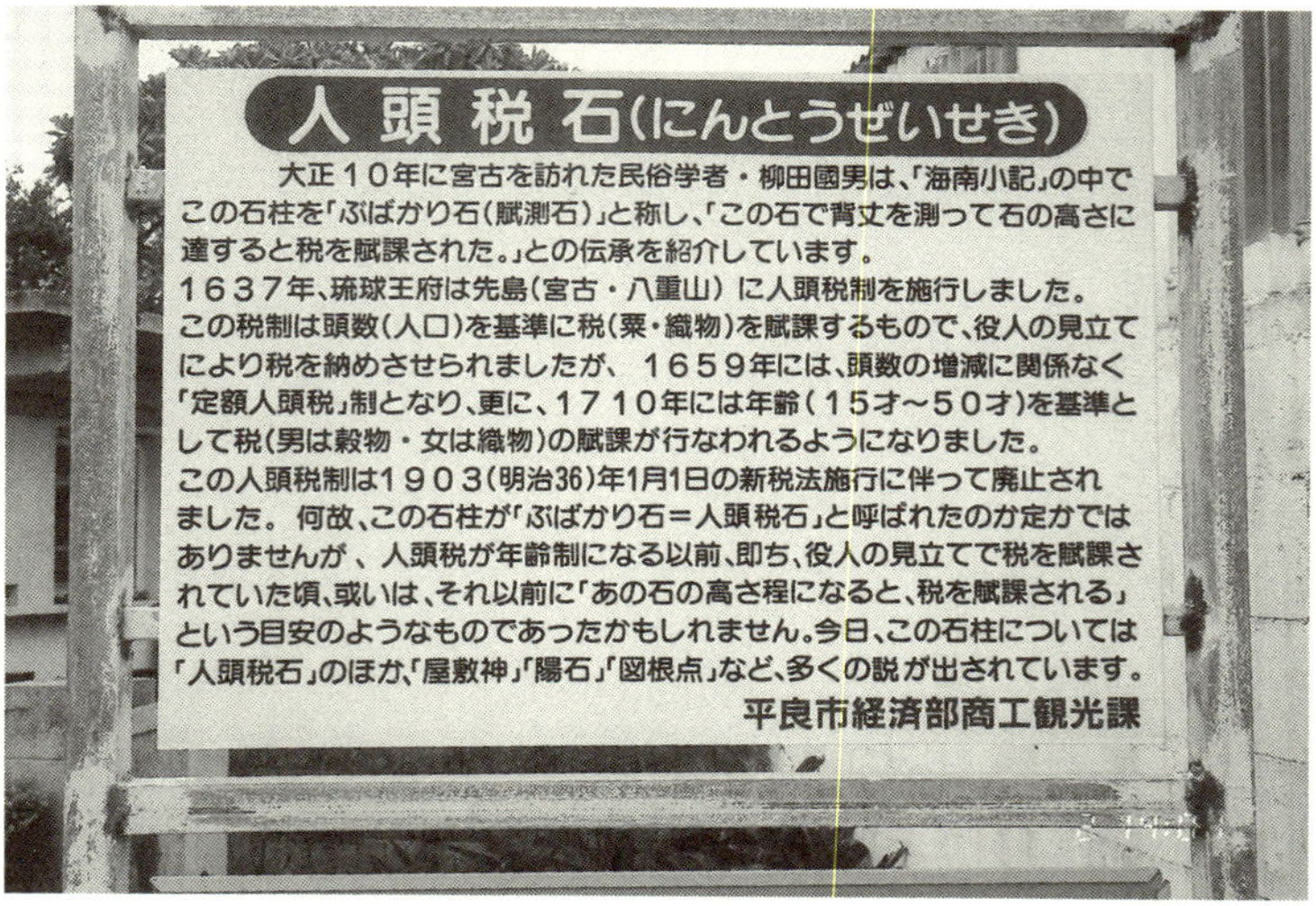

人頭税石の横にある平良市による説明看板

(1)宅地、住家、田畑を無償で給与し、住居は政府が建築する。
(2)衣服や食料(一人一日当たり五合、三ヶ月分四斗五升)を給与する。
(3)五年間は免税する。
(4)農具(鋤、鍬、鎌、斧、山刀)などを給与する。
(5)鋤、牛一頭に乗馬一頭給与する。
(6)帰村や住居の自由は絶対に許されない。

これにより一六九一～一八〇〇年代まで人口過剰の離島からの石垣・西表島への開拓移住が進んだ。島や島内集約ごとの移住形態をとり、分村、島分けともいわれた。その後移動の自由が認められるようになると、移住地人口は激減する所もあり、結果として寄百姓は、成功とはいえない。

一九二〇(大正九)年の第一回人口センサスでは、三万二〇六三人と明和津波前の人口規模に復することができた。一九四〇年には三・六万人、その後は戦争の影響を除いては人口は増大する。復員・引揚げとベビーブームにより一九六五年には五万二〇一二人を数え、七五年には四万二八〇〇人と谷を迎える。八重山は、沖縄本島のような多くの海外移民送出はみられないが、本土への中・高校生集団就職や家族ごとの本土への転出が一九七〇年の大阪万博の頃をピークに多くみられた。パイン産業、キビなどの農業収入の伸び悩み、物価高騰などの生活不安が背後にあろう。

一九七二年の本土復帰後は、本土からのUターンなどで人口は次第に増加する。二〇〇〇年センサスによる八重山圏域人口は四万八七〇五人、全県人口の三・七%を占める。

八重山人口史

さて、八重山の人口史は、「強制的移民政策」(移住)、自発的移住の開拓移民や人頭税と深くかかわっており、寄百姓によるドラスチックな変動を経験している。

寄百姓・「寄人」という農民の強制移住は、尚敬の国師（国王の教育係）・蔡温（一六八二〜一七六一年）が着手したといわれるが[3]、琉球政府の目的は、以下の七点といわれる。

（1）寄百姓（強制移住）政策により、良田地帯に新村をたて、稲作に主点をおき米の年貢の完納を期し、王府の財政を豊かにする。

（2）外国船の監視、遭難船、漂流船の救助、介抱に便利な所を選ぶ。

（3）離島や小島の過剰人口を調整する。

（4）そとやま（国有林）の造林保護育成や材木を搬出するに必要な人員を確保する。

（5）在藩、頭や諸役人の部落巡視上の便利な場所に新村をたてる。

（6）遠い農耕地への往復の無駄を省くために移住させる。

（7）人口の多い村から少ない村への強制移住させ、人口を補充する。

年表

一六三六（寛永一三）年　先島に初めて戸口調査

一六三七（寛永一四）年　人頭税施行

一六五一年　八重山　五二三五人（石垣以外に三一九二人）

一六七八（延宝六）年　多良間島で苛酷な人頭税に抗して農民蜂起、騒動発生

一六八九年　六七七六人

一七三七年　一万九九三九人　四三年間に二・九倍。周辺諸島から石垣島へ移住させられたため。

一七三七年周辺諸島に四二・五％、石垣に五七・五％。
一八五五（安政二）年　多良間島騒動発生、農民・役人の圧政を首里王府に直訴
人口増は人頭税が島の人口飽和量を低下。一七七一（明和八）年の大津波で、人口
二万八八九六人中死者九三一三人

薩摩藩による琉球支配は、明治政府の成立により終り、一八七九（明治一二）年の廃藩置県で琉球藩を廃し沖縄県となった。移動の自由ももどり、宮古では人頭税廃止運動がおこった[4]。

宮古島で人頭税廃止運動を指導したのは、中村十作、三〇歳にとどかぬ新潟県出身者である。一八九二（明治二五）年に真珠養殖の事業を開始するために宮古島にやってきた。宮古農民の苦悩をつぶさにみて、人頭税廃止運動の先端に立った。彼は官憲の妨害を排し、宮古農民代表をひきつれて翌九三年上京し、帝国議会に請願をくりかえし、ついに税の廃止をかちとった。

また人頭税については笹森儀助の名も忘れることはできない。一八九三（明治二六）年に津軽弘前から沖縄にわたり、宮古、八重山の島々の民情をつぶさに視察し、人頭税の重税にあえぐ先島民の姿を報告した。後に『南嶋探験―琉球漫遊記』（東喜望校注、平凡社、一九八二年）と題して刊行された。谷川健一によると、「この書は冷静な記録でありながら、その一方で告発の書であり、日清戦争前年の社会を活写したものとして今も不朽の価値をもっている」（「私の履歴書」『日本経済新聞』二〇〇八年六月二〇日）という。

注

1　谷川健一『南島論序説』講談社、一九八九年、一七頁。

・谷川健一『沖縄―その危機と神々』講談社学術文庫、一九九六年
・与那国町『日本最西端 交響する島宇宙―よなぐに―町制施行五〇周年記念与那国町勢要覧』一九九九年
・与那国町史編集委員会事務局編『与那国沈黙の怒涛、どうなんの一〇〇年』町史別巻1記念写真集、与那国町役場、一九九七年

「嬰児殺し」は人類史的には普遍的にみられる現象で、未開社会などでは容認されている社会もあり、人口調整の一方法として一般的であったともいえる(障害児など異常児に対しても含めて)。日本の近世でも間引きの風習はかなりあり、殺すのではなく、まだ人間になっていないものを神に返すといった観念が認められており、子殺しを黙認する文化的風土があったとみてよい。柳田国男「捨て子の話」にも通じる。

ところで東北地方の民芸品に「こけし」がある。いくつかのいわれ説の中に、「子消し」、水子供養の信仰が人形の形となったというのがある。「わが子の姿を求める母親の姿や東北地方の怨念的な間引きの歴史と結びついているといわれる。必死に子供の霊に対して償いをし救いを求めようとする母親としての女性は、水子に対する大義名分をもてぬまま、罪の念にかられ、水子供養を続けていく」と説明され、日本の伝統文化の中にもある一面である(一九七〇年頃、水子地蔵の建立や金銭による供養など、一部のあくどい商業主義に利用された水子供養ブームは論外である)。さらには伝統的出生抑制は地方により多々ある。ここで紹介したクブラバリとトゥングダはその代表である。

中国少数民族・瑶族の人口抑制について記した社会学者・費孝通の論もこうした人為的人口調整に通じる。

「花藍ヤオが最も特色ある人口抑制の伝統をもつといわれる。……堕胎法を知らない女は馬鹿者だといわれる。彼らは貧困状態に陥らないよう人口を制御して人と土地の比率が変化せぬようにしている。限られた狭い耕地をめぐって、強い漢民族と争わないように、扶養力に適応するための少数民族自らの厳しい人口数の抑制をする社会慣習、および公式の結婚以外の半公開の〝情人〟制度によって、民族の人口資質の向上を暗に図ろうとしている。」(拙著『現代中国の人口問題と社会変動』新曜社、一九九六年、二七八～九頁)

2

「人頭税」は、人口増減にかかわらず定額であったので、人口の多い村から人口の少ない村へ移住させて人口過剰と過疎とを防いだ。こうして小浜島を除けば、みな無病地であった八重山の離島の島民を、マラリアの巣窟である水田地帯に移住させたが、その村移しは見事に失敗に終わり、むごたらしい悲劇をもたらすことになった。強制移住は、八重山だけでなく宮古にもあった」(牧野清著・発行『八重山歴史』一九七二年、六七頁)

一七二九年の八重山人口は一・七万人に達し、人口調整が必要な状況にあった。

新城島――黒島と西表島との間にある――では、人頭税の外に、物産税としてジュゴン（人魚）の献上を命じられていた。新城島にはジュゴンがとれるように祈願する「いそおがん」という御獄（うたき）の拝所がある。干瀬に野葡萄のつるでつくった網をはり、ジュゴンを何日でも海上で待ってとった。米や粟は人頭税にとられてしまうので、漁に出るときは芋をすりつぶして丸くねり固め、一週間も海の上でこれを食べた。かびがつくと、その部分はすり落として食べて命をつないだといわれる。

3

八重山の「寄人」（寄百姓移民）制度は、人頭税と深くかかわりあい、過剰人口の調整のためのものである。人頭税のため疾病のために人口が減少した村に、人口の多い村から移住を強制して補充策を断行した。

一七二八（享保一三）年、国政をにぎった蔡温は、八重山に目をつけて、首里王府の財庫を富ますために「強制移民政策」を実行に移した。その理由は、王府の貢租をふやすことを目的に良田地帯に新村をたてた。それには遠い農地へ往復して耕作している農民たちの労を省くために移住を強制した。役人監督がゆきとどくよう、人頭税は人口の増減にかかわらず定額であったので人口の多い村から人口の少ない村へ移住させて過剰と過疎とを防ぐ。小浜島を除けばみな無病地であった八重山の離島の島民をマラリアの巣窟である水田地帯に移住させたが、その村移しはみごと失敗。強制移住は八重山と宮古に一六八五（貞享二）～一八一四（文化一一）年に新しい村立てが行われたが、それらの村はマラリアのため、おいつかず廃村になっていた所であった。

自発的自由移住も戦後入植で始まり一九六〇年頃ピークを迎える。

関連文献

・金城朝夫『ドキュメント　八重山開拓移民』あーまん企画、一九八八年
・黒島為一「八重山嶋地船上着公事帳旦上国役人公事帳写」『八重山博物館紀要』第一六・一七号合併号、一九九九年
・高良倉吉「近世末期の八重山統治と人口問題―翁長親方仕置とその背景―」『沖縄史料編集所紀要』第七号、一九八二・八三年
・渡久山寛三『島燃ゆ―宮古島人頭税廃止運動』月刊沖縄社、一九八五年

2　父系・男系原理、トートーメーと出生行動

沖縄県の合計特殊出生率が毎年日本一の高さを維持し続けているその理由はなにか。その解明の一仮説として、沖縄における家族形成規範が男系原理・父系であるが故に、それが出生を促進させる効果につながっているのではないかという考えをとってみる。

つまり家族形成の過程で常に男児を念頭においた出生行動が意識されており、男児選好が先行し、それが達成されなければ何人かの子供を続々と男児が生まれるまで生み続ける（つまり　出生を促進させる効果）という慣習である（今日の中国で一人っ子政策の実施で農村では現実には一子策は困難であり、出生性比不均衡や多子につながるという類似した問題がある。第一子が女児の場合、また第一・二子が女児の場合には、第二子ないし第三子の出産を許可している計画出産条例をもつ省市が多い）。

沖縄においてその最大の慣習が〝トートーメー（位牌）継承問題〟である。一五世紀に士族家譜が作られた頃から一門の制度としてトートーメーが登場したといわれる。女性というだけで実の娘が何人いても親の葬式で喪主になれないこと、トートーメー（位牌）を遠い親戚の男子に継がれても黙って従わざるをえないこと、などの慣習がなお今日の沖縄に残存している。沖縄の宗族は共同体の血縁と一体になっている観がある。特に男系・嫡子の継承が重視されるトートーメー（位牌）は、供養に多大な労働と金銭を割かれる日常に息づく独特の形となっている。

財産をも伴うトートーメーの継承には、次のような大昔からの約束ごとがあるのだという。

（1）家（家督祭祀）の継承者は長男でなければならない。二・三男ではだめ（嫡子押し込み）。
（2）父系血族以外（たとえば娘婿）に「家」を相続させてはならない（他系混淆）。
（3）兄の跡目を弟が継いではならず、弟の息子に継がせるべき（兄弟重複）。

（4）ある時期から女子が自分の先祖の位牌を継いではいけないことも加わる（女元祖）。

これらの四点がトートーメーの継承タブーである[1]。

こうした継承のタブーに対して、女性と慣習を考えるグループは、人権を尊重し、時代の要求に耐える継承のあり方として「多様に自由に家族が決める」と、一九九五年九月に北京にて開催された第四回世界女性会議で提案されたりもした。しかしその抜本改革、慣習の消滅はこの沖縄においても容易でない。

筆者が二〇〇三年にヤンバル名護市東海岸の久志地区、三原集落で四人姉妹の一人にインタビュー・ヒヤリングを行ってみても、この慣習は今日なお根強く人々を拘束していることが実証された。どんなに立派な娘が四人いようが五人いようが、男子・息子がいない時には遠い親戚に位牌をあずけなければならないと女性達はくやしがる。「長年にわたってそうやってきたものだからしかたがない」とあきらめ黙って従ってきた面もあろう。

さて、沖縄県総務部知事公室が二〇〇〇年に県民意識調査を実施したが、その中に「トートーメーは長男が継ぐべきだ」という考えについて尋ねた項目がある。男女計では「それぞれの家にまかせる」が最も多く四二・一％、次いで「誰が継いでもよい」一六・九％、「血縁なら女子でもよい」一五・一％、「長男に限る」一二・四％の順になっている（表3―1参照）。女子回答者では男女計と同類の回答傾向を示してはいるが、男子回答者は、トートーメー継承は男子に限るとの意識が女子に比べてより強いことがうかがえる。つまりトートーメーの継承について「長男だけ」というのは女子が九・八％、男子一五・九％となっており、性間で意識の差をみせている。「血縁なら女性でも」とする女子が一六・六％、男子で一三・一％となっており、ここでも性による意識の差が表れている。年齢別では「長男に限る」という回答が概ね年齢が高くなるにつれて多くなっている。しかしながら見方を変えると、若年齢層でさえも全くトートーメーを否定していないという結果が示されている点は驚きである[2]。

このように子どもの数それ自体よりも、「男子を期待するという」男児選好の出生行動は、結果として子どもの性別

表3—1　性・年齢階級別にみたトートーメー（位牌）の継承について：2000年

（単位：%、人）

	性別			年齢階級別					
	計	男	女	20歳代	30歳代	40歳代	50歳代	60歳代	70歳代
1　長男だけ	12.4	15.9	9.8	10.0	8.6	8.6	13.3	23.6	33.3
2　血縁男子	5.3	7.3	3.8	3.6	5.6	5.0	3.3	11.3	7.1
3　血縁なら女子でも	15.1	13.1	16.6	10.0	12.2	16.7	19.6	19.7	11.9
4　それぞれの家に任せる	42.1	38.6	44.7	46.1	46.7	44.3	40.0	31.0	16.7
5　誰が継いでもよい	16.9	16.7	17.0	19.6	16.8	18.7	17.4	7.9	21.4
6　継ぐ必要なし	2.1	2.1	2.0	1.4	3.6	1.9	2.6	3.4	4.8
7　その他・DK・無回答	6.1	6.3	6.1	9.3	6.5	4.8	3.8	3.1	4.8
計	100.0 (1,434)	100.0 (617)	100.0 (817)	100.0 (280)	100.0 (304)	100.0 (359)	100.0 (270)	100.0 (203)	100.0 (42)

出所：沖縄県総務部知事公室男女共同参画室『男女共同参画社会づくりに関する県民意識調査報告書』2001年、p.14

による差別出生力を生じさせ、戦後沖縄の高出生力水準の維持に貢献してきたといえるであろう。つまり西岡八郎が指摘するように、父系・長男の男系を軸とした家族形成規範が出生への促進効果——厳格な男系継承主義のもと男児の誕生まで生み続けること——を与えてきたといえよう[3]。

さて、門中は父系親族集団を意味し、かつて死去したら門中墓に葬られるが、門中はこの墓を中心として強く結ばれていた。祖先祭祀の時には門中一族が墓の前に集まり飲食しあう（**写真**参照）。現行宗族の理念的モデルとしての門中は、共通の始祖をもち、その意識のよりどころとなる家譜を有し、かつてはその家譜の創生に由来する中国的な姓を共有し、始祖の墓所と共通の門中墓の前で定期的な祖先祭祀を行い、父系血縁による帰属原理を貫く上で、婿養子を取ることなく養子は同門中から取り、先祖の位牌の祭祀権は長男が排他優先的に継承すること、などを目指している集団ということになる。

この門中は土地共有制のため、本土のような経済的主従関係が本分家関係にはみられない。また本土と比し「いえ」意識も弱く、家族に対する家父長的支配も弱かった。

もともとシマ社会は、字《あざ》単位の村落共同体をさしており、明治

今帰仁城跡にて（1997年）

末までは「地割制」という土地共有制、御嶽《うたき》とよばれる共同の拝所、井戸、山林、池などの共有地を基盤とした同質性の高い社会であった。沖縄でシマとは、島という以外に自分の生まれた土地、集落、村落という意味がある。

洗　骨

沖縄における男尊女卑の古くからの慣行のいまひとつとしてトートーメーと並ぶ問題に、〝洗骨〟がある。洗骨の風習は沖縄で戦後まで（島によってはごく近年まで）続いた。亡くなった人をお棺のまま墓に収め、何年か後にまた墓から出して骨を洗い清める、という葬り方である。腐敗した肉親の遺体から骨をより分けて洗う。時には凄惨な作業ともなるこの辛い仕事が元来昔から女の役目であった。この洗骨の慣習を止めて火葬に切り替えたいという望みが戦前から女たちの悲願となっていたが、慣習の根強さや祖先崇拝の宗教との関わり、また男にとってはさほどの苦痛ではなかった事情もあり、容易には変わらなかった（男は墓の前での準備その他の作業があるが、洗骨は女の仕事と区分されたのである）。

堀場清子著『イナグヤ　ナナバチ—沖縄女性史を探る』（ド

メス出版、一九九〇年）は、ヤンバル大宜味村の喜如嘉集落の婦人会が、大山幸をリーダーとして火葬場設置運動を展開し、一九五一年、人口二〇〇〇人にみたないこの小さな字が独自の火葬場を建設するに至った。これが口火となり、その後の一〇年間に葬制は火葬に移行した。こうした女たちの運動の事実経過が記された好書である。

沖縄家族の特色として、本土家族ほどに直系家族型の形態を強くもっておらず、傍系親族などを広く含み入れ込む要素を相対的にもっている。つまり非血縁者を容易に受け入れる「その他の親族世帯」の構成比が高いことに気がつく。本土東北農村の「家」制度、直系家族型とはかなり距離のあるゆるやかな枠である[4]。

離婚率、国際結婚、母子世帯、無国籍児などどれも沖縄県の数値は高率である。さらには、都会生活での疲れをもってようやく本土からたどりついた辺境の南国というか、沖縄の島々では、多様な人々がかたをよせあって生活、同居しているという感を強くする。

与那国町比川集落を一九九八年一二月に調査訪問して世帯・人口分析を行ってみた際、非血縁同士の同居の多さに驚いたことがある[5]。

注

1　那覇市総務部女性室『なは・女のあしあと、那覇女性史（戦後編）』琉球新報社事業局出版部、二〇〇一年、五六九頁参照。あわせて以下も参照のこと。

・那覇市総務部女性室・那覇女性史編集委員会編『那覇女性史（近代編）なは・女のあしあと』ドメス出版、一九九八年

・「戦後五〇年沖縄女性のあゆみ」編集委員会『戦後五〇年沖縄女性のあゆみ』沖縄県、一九九六年

2　沖縄県総務部知事公室『男女共同参画社会づくりに関する男女共同参画室、県民意識調査報告書』二〇〇一年、一四頁、参照。

・琉球新報社編『トートーメー考―女が継いでなぜ悪い』琉球新報社、一九八〇年

3　西岡八郎「戦後沖縄の出生率はなぜ高いのか—結婚行動・出生行動に与える家族形成規範の影響」厚生労働科学研究費補助金 政策科学推進研究事業『韓国・台湾・シンガポール等における少子化と少子化対策に関する比較研究』二〇〇三年度総括研究報告費、二〇〇四年、一六九〜一八一頁、参照。

4　沖縄の「その他の親族世帯」を比べてみると、沖縄の家族は本土の家族にくらべて傍系親族を入れ込む要素を相対的に強くもっており、それに対し、本土のように「いえ」制度の残存形態ともいえる直系家族型の家族形態を本土の家族ほどは強くもっていないといえる（戸谷修『アジア諸地域の社会変動—沖縄と東南アジア』御茶の水書房、一九九九年、一六二頁）。
・新崎盛暉・大橋薫編著『戦後沖縄の社会変動と家族問題』アテネ書房、一九八九年、一〇四〜一〇七頁

5　与那国町比川集落の世帯分析としては、東京農工大学若林敬子研究室『沖縄ヤンバル過疎農村における人口高齢化と海上ヘリ基地問題』二〇〇〇年、一一八〜一二二頁に一九九八年一二月調査の分析の一端を記している（本書第六章七節参照）。

関連文献

・伊藤幹治『沖縄の宗教人類学』弘文堂、一九八〇年
・沖縄心理学会『沖縄の人と心』九州大学出版会、一九九三年
・北原淳・安和守茂共編『沖縄の家、門中、村落』第一書房、二〇〇一年
・瀬川清子『沖縄の婚姻』岩崎美術社、一九六九年
・外間守善『沖縄学への道』岩波書店、二〇〇二年
・田村浩・与那国暹『沖縄の村落共同体論』至言社、一九七九年
・仲松弥秀『神と村』伝統と現代社、一九七五年
・比嘉政夫『女性優位と男系原理—沖縄の民俗社会構造』凱風社、一九八七年
・柳田国男『海上の道』岩波書店、一九七八年（初版は筑摩書房一九六一年）
「海南小記」は一九二〇（大正九）年一二月から二一年一月まで九州から島伝いに旅歩きした旅行記

3　八重山への戦後開拓移住史―米軍の土地接収による

石垣島は閉鎖された辺境の地ではなく、辺境であるが故に今も昔も海を通して人の出入りが盛んな地域であった。広大な未開拓の土地をもっていたので、近世から琉球王府による移民が継続して行われ、明治以降も開拓の野心をもった移民が流入した。

一八世紀および第二次世界大戦の終戦後、八重山には数多くの村民移住があった。一七一一～一七五二年、琉球王府は他の島の住民を八重山諸島に強制的に移住させ、新村を建設し、田を開くことで税収の増大をはかろうとした。一七三二年、王府は黒島の全人口約一三〇〇人中の四〇〇人を石垣島の野底へ、一七三四年には波照間島の全人口一四七〇人中の四〇〇人を西表島の南風見《なえみ》に移住させた。しかしマラリアなどで廃村になった所もある。これらについては、本章一節で既述した。ちなみに**表3―2**は戦前の島別人口の推移である[1]。一八世紀後半に八重山の人口は二・七万人近くに急増した。

一九四七年三月、当時の八重山支庁は「八重山における米穀生産・土地開拓計画」を策定し、八重山群島外から四一八〇戸の移住者受け入れ計画を立案した。つまり一九四七年一月一日、食料人口急務で琉球列島「米穀生産土地開拓庁」が開設される。〝食料の自給化〟を図る目的で開拓事業が実施され、宮古・八重山両群島政府の斡旋により一九四八年一月から入植が開始された。

一九四八年四月には琉球政府の創立に伴い、資源局八重山支局が設置されて本格的な八重山開拓移住計画が推進、沖縄本島において米軍に土地を接収された農家の保護救済措置の一環として行われた。西表島の四地区一三二戸、石垣島の一四地区五五四戸、群島政府時代の四地区の計は二二地区、七六三戸に及ぶ。

移住者の多くは、米軍に土地を接収された人々であり、それまでの自由移民から政府の携わった計画移民となった。

表3―2　戦前における八重山の島別人口推移

(単位：人、戸)

	石垣	竹富	黒島	小浜	新城	西表	鳩間	波照間	与那国	計
1651年	192	209	―	152	323	223	―	616	124	5,285
1737	1,634	1,071	1,048	544	705	2,020	381	1,144	477	19,352
1753	15,728	1,095	1,417	713	653	3,683	450	2,069	477	26,285
1761	16,280	1,026	1,537	769	682	4,066	513	1,442	477	26,792
1873	7,259	714 (124)	438 (104)	370 (76)	167 (37)	1,351 (324)	110 (35)	580 (127)	1,327 (267)	11,926 (2,434)
1892	9,030	956 (161)	585 (132)	585 (132)	229 (60)	1,067 (335)	163 (40)	665 (130)	2,102 (391)	15,139 (3,372)

注1：計人口は他の島もある(有人島は11島)のであわない
　2：政府移民は451戸、1400人
出所：高良倉吉「近世末期の八重山統治と人口問題―翁長親方仕置とその背景」『沖縄史料編集所紀要』第1号、1982年、p.27より作成

八重山の人口

1930年	33,451人
35	34,107
40	34,395
44	34,936
50	43,986
54	43,992
59	49,913
65	52,012
72(復帰年)	41,640

一九五三年度「八重山開拓移住計画書」が五〇〇〇万円を計上して作成される。大宜味村から西表島に入植した大富入植団の『入植記念二五周年大富開拓記念史』によると、開拓地への家族の引越し移動費、渡航費はすべて政府が支給したという。**表3―3、3―4**は自由移民・計画移民別の石垣市集落別人口の推移である。増減が激しい点を注視されたい。**表3―5**は西表島への計画移民である。

つまり一九五〇年代(一九五〇～五八年)に行われた移民には、「計画移民」と「自由移民」とがある。

「計画移民」は一九五七年の最後まで計七六二戸、三二五三人(石垣島二六七三人、西表島五八〇人)、集落二三におよび、政府の政策により実施された。他方、「自由移民」は、四四九戸、二一〇六人、集落二〇におよび、寄留民と区別しにくく主に農業開拓者として移民した。両方あわせて一二一一戸、五三五九人を数える(一九六一年三月時点で石垣島には五九三戸、三三九一人、西表島には一六三戸、九二四人が入植していたといわれるが、退団・撤退の変動あり正確には把握しにくい)。当

時の八重山人口は一九五〇年四万三九八六人から一九五九年に四万九九一三人、九八五三戸であるから約一二%（農家の三〇%）を占めたとみてよい。

土地買占め

干ばつ、台風などの天災に加え、土地の買い占めなど本土復帰前後の混乱期は悪夢の連続であった。移民全体が四〇一戸、二二五三人が入植時よりも減少。一九六五年の五万二〇一二人から復帰年には四万一六四〇人へと一〇年間に一万人余が減少した。耕地面積は、一九六四年の一・一万ha、開墾で七二年に一・三二haへ、七四年にわずか四一六一haへと二年間に減少したとも言う。

政府計画移民の移住地がまるごと「本土」企業に渡ってしまったところもある。竹富島の耕地は、一九七二年の一三六八ha、内六三%が買い占められたという。一九六一年から一九九七年にかけて人口が激減した集落がみられるが、それには廃村による例も含まれる。

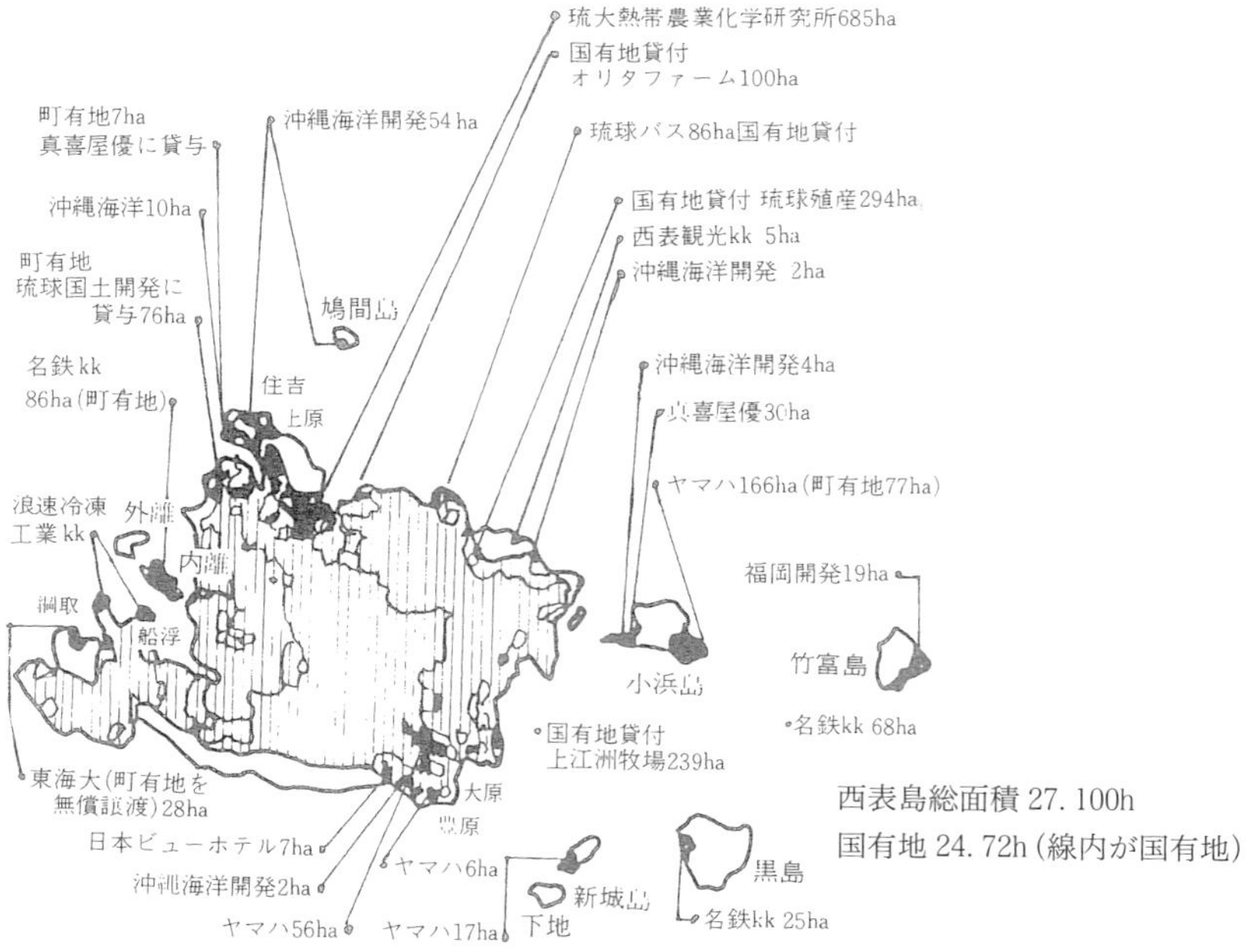

図3―1　竹富町土地買い占め状況（1975年現在）

注：黒くぬられたところが買い占められた、あるいは貸された土地
　　沖縄海洋開発は復帰前に申請ズミで農地法にふれない
出所：金城朝夫『ドキュメント八重山開拓移民』あーまん企画、1988年、p. 277

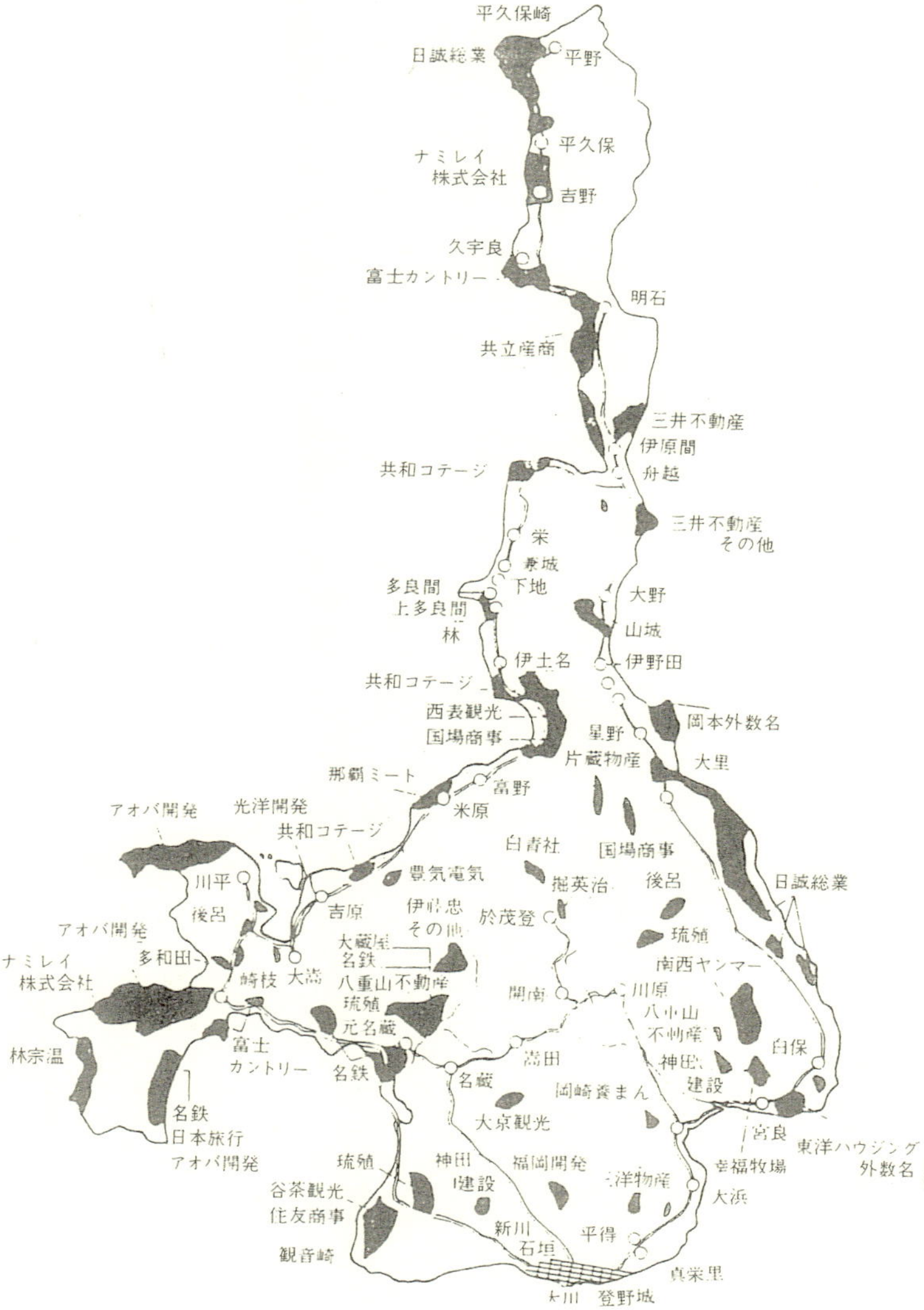

図3―2　石垣島の農地買い占め状況

出所：新崎盛暉他『観光コースでない沖縄』高文研、1983年、p. 288

表3—3　石垣市内「自由移民」の人口推

（単位：人）

地区	入植時	1957年	1997年
名蔵	44	227	302
崎枝	44	220	120
嵩田	20	138	125
元名蔵	17	88	32
富野	22	96	10
大嵩	17	67	25
伊原間	—	204	118
磯辺	—	203	558
三和	23	116	109
仲筋	—	28	14
大野	—	106	13
大里	93	42	19
小計	280	1, 282	887
合計 （増減） （増減比）	280	4, 739	2, 282 2, 457減 48％

出所：牧野清著・発行『新八重山歴史』1972年、p. 412（友寄英正の2001年12月整理も参照）

表3—4　石垣市内「計画移民」の人口推移

（単位：人）

地区	入植年	入植時	1961年	1997年
星野	1947年	105	153	212
勝連	1950	63	10	—
伊野田	1951	138	198	171
米原	1952	131	166	77
吉原	1953	228	291	142
大里	1953	116	138	128
多良間	1954	199	214	49
下地	1954	36	139	58
兼城	1954	163	163	38
越来・美野・栄	1954	358	447	59
明石	1955	349	400	163
久宇良	1956	254	328	38
吉野	1956	108	125	5
平久保	1956	151	167	74
伊土名	1956	79	102	27
平野	1957	80	301	68
於茂登	1957	115	115	86
計 （増減） （増減比）		2, 673	3, 457 784増 123％	1, 395 2, 062減 40％

表3—5　西表島への「計画移民」人口

地区	入植年	入植時	1966年8月
住吉	1948年	37人　(37戸)	151人　(19戸)
古見	54	53　(35　)	35　(　7　)
大富	52	238　(58　)	374　(65　)
ヤッサ	54	59　(10　)	61　(10　)
豊原	53	193　(47　)	213　(43　)
計		580　(187　)	834　(144　)

注：1952年から沖縄本島の大宜味村と久米島から50戸、竹富島や波照間島から9戸が西表島に入植して新たに大富集落を創設、1961年3月時点で西表島には924人、163戸が入植していた

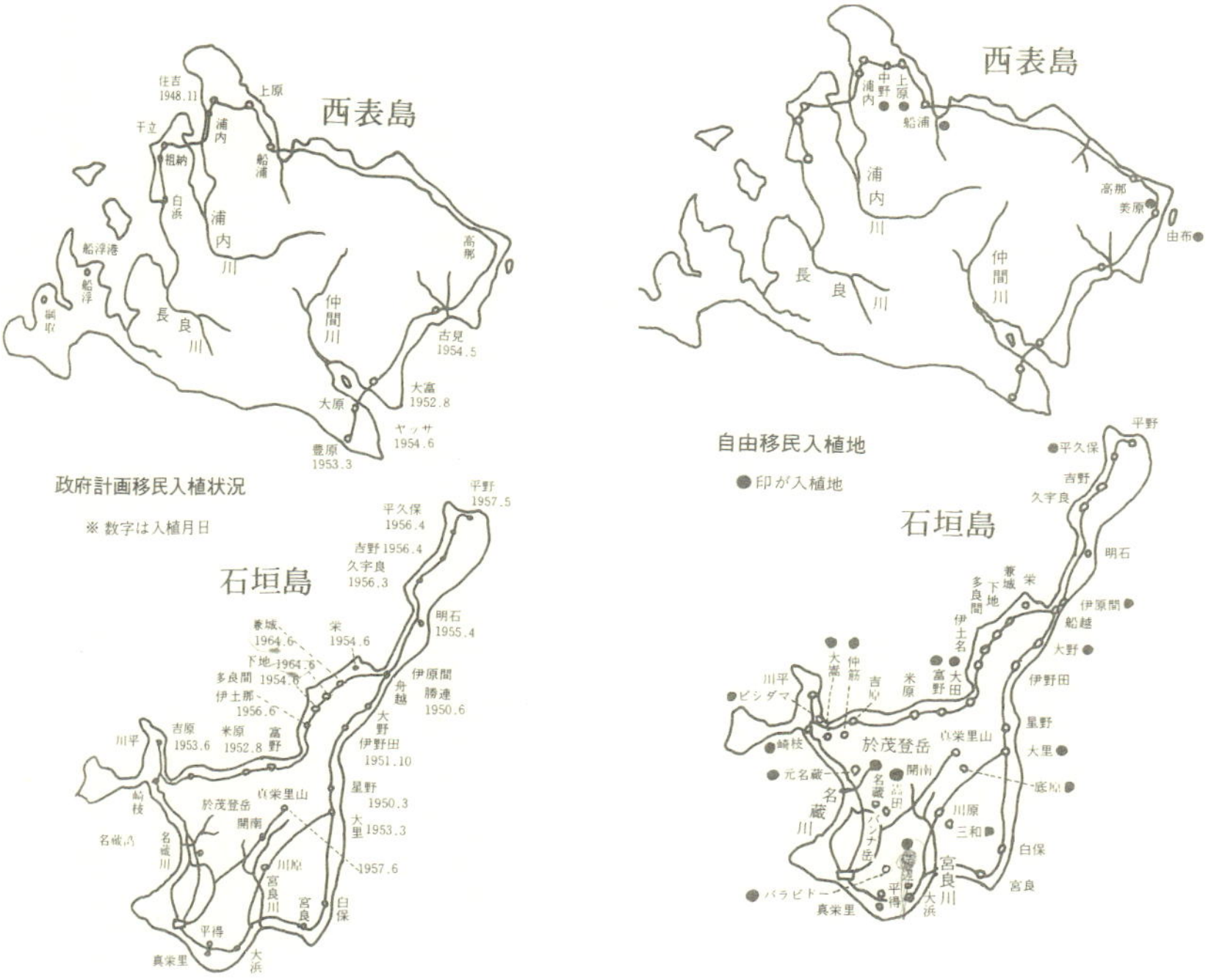

計画移民　　　　　　　　自由移民

図 3 — 3　八重山の廃村略図

出所：金城朝夫『ドキュメント八重山開拓移民』、あーまん企画、1988 年
　　p. 90，200，26 より各々引用
　　大浜信賢「八重山の人頭税」より

明石集落

さて、筆者ら若林研究室院生らは二〇〇一年一二月、石垣島北東部にある明石《あかいし》集落の調査に入った。ここには琉球政府時の一九五五年四月米軍による土地接収された人々、つまり本島の読谷村から一九人、大宜味村から一二人、玉城村から一一人、具志川村から五人など、本島の一三市町村から追いやられた計六三戸、三四九人が入植した。ここで玉城村出身で公民館長の井上富夫（四三年前の一三歳の時に入植した）よりヒアリングを行った（二〇〇七年現在人口一五〇人）。琉球政府から一戸当たり一・五haの未開地の土地が割り当てられ、人力と水牛を頼りに新天地の過酷な開拓作業が始められた[2]。

マラリア、ハブ、イノシシなどが出没する中で人々は苦労したが、しっかりした移住開拓計画があり、自治意識をもちながら集落を運営したと彼はいう。苦しい生活の中にあって、沖縄特有のユイマール「共同売店」[3]の果たした役割も大きかったといわれる。

共同売店は、沖縄の農村型生活協同組合のようなもので、生活必需品は一応間にあう。苦しい時にはツケで生活がつなげる。とりわけ、大宜味村からの移民には、競争の原理では生きにくい僻地の開拓生活の中で、共同売店の存在が生活の底力にもつながったといわれる。

ところで政府の補助金は営農資金一万五五〇〇円、住居一万円、開拓費一五〇〇円となっていたが、助成金の支給が遅れ開拓民らは苦労した。復帰前の天災による被害は著しく、本土出稼ぎに二〇人余がでかけた。簡易水道がようやく完成したのは一九六〇年のことである。この明石集落も復帰前後の厳しい経済情勢の中で、多くの農地が本土企業に買い占められ、耕地の四〇％、八〇haを企業（西武土地開発）に売却したが、開発せず放置されていたので、その二五％を買いもどした。土地買い占めの危機が迫っていた八重山では約二八〇〇haの農地が買い占められたが、ふるさとを守れとの「シマおこし」運動により一五〇〇ha近くの土地が買いもどされた」[4]という。最近はサトウキビ、野菜に加え、菊の栽培がされている。

注

1 牧野清著・発行『新八重山歴史』一九七二年に詳しい。

2 記念誌編集委員会編『明石入植三〇周年記念誌　土と共に』一九八五年、参照。
二〇〇七年一一月二五日、NHK「にっぽん家族の肖像」第五集で明石開拓村三代記をドキュメントした。

3 琉球（シマ地域共同体）最初の共同売店は一九〇六（明治三九）年に国頭村の最北端集落の奥区で設置された（写真参照）。株は一人一株を原則に出資しあい運営している、他地域の商人が村の林産物と日用品の交換を独占し村人が借金を抱えてしまったことへの対応策で始まった。「資本主義の侵入と圧力に対抗できない村落が自己防衛＝相互扶助の手段として設立した。……村落民全員が山林に対し平等の収益権を有していたこと」（国頭村役場編・発行『国頭村史』一九六七年、四九二～三頁）もある。
また沖縄の「公民館」も本土とはちがったシマの自治の中核的存在であることを、特記しておく必要があろう。

4 金城朝夫（本名友寄英正）『ドキュメント　八重山開拓移民』あ～まん企画、一九八八年、一四八～一五五頁・二七八頁に詳しい。
竹富町についての土地買占めは、一九八二年八重山支庁まとめ

国頭村奥集落の共同売店発祥の地

によると、竹富島三〇件一〇〇ha、黒島二件七七ha、小浜島一〇件一七七ha、西表島四七件五〇二ha、波照間四件四・七haで計八七四haにのぼった。竹富島の耕地一九七二年時点で一三六八haの六三%が買い占められたことになる。買い占めた企業は計三〇社、これらの土地が町振興計画に障害になったことはいうまでもない。

関連文献

- 石垣市総務部市史編集室編『石垣市史叢書12―大波之時各村之形行書・大波寄揚候次第』石垣市、一九九八年
- 石垣市総務部市史編集室編『石垣島 村むら探訪―野底・伊原間・開拓の村むら・桴海・安良』石垣市、一九九八年
- 石垣市総務部市史編集室編『石垣島故郷安良の原風景―その歴史と自然』石垣市、一九九九年
- 石垣市総務部市史編集室編『石垣市史叢書一三―八重山島年来記』石垣市、一九九九年
- 石垣市立八重山博物館『石垣市立八重山博物館紀要　第一六・一七号合併号』、一九九九年
- 伊野田部落三〇周年記念事業期成会記念誌編集委員会『伊野田部落入植三〇周年記念誌』一九八三年
- 記念誌編集委員会『嵩田―五〇年のあゆみ』一九九六年（本書第四章2参照）
- 名蔵入植五〇周年記念事業期成会編・発行『名蔵入植五〇周年記念誌―自由移民のあゆみ』一九九九年
- 平野入植三〇周年記念事業期成会記念誌編集委員会『入植三〇年周年記念誌』一九八七年
- 『星野入植五〇周年記念誌』星野公民館、二〇〇〇年
- 『八重山への移住―結成五〇周年記念誌』八重山在多良間郷友会発行、二〇〇一年

第四章　国際的視点からみた沖縄人口

石垣島の唐人墓　中国福建省出身者 128 人霊

1852 年、苦力（クーリー）400 余人がカリフォルニアに送られる途中に座礁した

1　海外移民

日本人の海外移民は、二・三世等を含むと現在世界に二七〇万人を数えると想定される。うち一世移民は全日系人の一割にみたない。国別にみると、ブラジルに一五〇万人、ペルーに九万人、アルゼンチンに五万人、ボリビアに一・五万人、パラグァイ一万人と、南米だけで計一六六・五万人、全日本人移民の六二％を占める。南米中心の沖縄県出身者は、二・三世も含めて今日約二〇万人を数え、一九七八年県現住人口の一〇八万人余に対し、その五分の一にも相当する（**図4―1**参照）。

沖縄県は移民社会であり、戦前・戦後を通して最大の移民送出県であった。沖縄の移民統計は明治期後半の一八九九年の政策移民開始後から集計され始めるが、それ以前から朝貢貿易、沿海漁業、漂流などにより、実質上の移民は行われていたといえよう。明治以降は国家の移民政策に密接に関係して進められた。その背後には各地で飢餓が生じ、多くの農村が窮地にあったことが挙げられる。沖縄から外国への移民は、本島から南米への移民の多さが特色である。戦前（一八九九～一九四四年）は七万五四二四人、戦後（一九四八～一九九一年）は一万七七二二人、絶対数で計九・三万人余（九・七万人の広島県につぐ二位）を数える。海外在留者数の現住人口に対する比率を出移民率としてみると、一九四〇年現在、沖縄は段突の第一位で九・九七％、熊本県四・七八％。広島県三・八八％、山口県三・二三％、和歌山県二・五七％と続き、全国平均は一・〇三％にすぎない（**表4―1**参照）。

沖縄県移民数の全国比は、初年の一八九九年は〇・一％であるが、一九〇四年に五・八％、翌年から一〇％を越える。二〇％を越えた年は一九二五年、一九三六年、一九三八年であり、概して全国六五・六万人の一一％（一二・六％とも）を維持し続けてきた。

行き先は**表4―2**でみるようにハワイに二万人、フィリピンに一・七万人、南米には戦後を含めると、ブラジル二万五二二八人、ペルー一万二四五一人、アルゼンチン六九三八人、ボリビア三四八七人、パラグァイ三二人と南米五ヵ国だけでも四万八二三六人を数え、各地に沖縄コロニーを形成してきた（沖縄県出身移民の占める全移民に対する比率は、ブラジル一〇%、ペルー七〇%、アルゼンチン七〇%、ボリビア六〇%と高い。**表4—3**参照）。

戦前は一八九九（明治三二）年のハワイ行き移民から始まるが、国家の「南進政策」とからみ、一九二二（大正一一）年に行政府としての南洋庁が設置され、南洋諸島とフィリピンへの移住が拡大していく。一九四五年の敗戦までの二三年間、日本の統治下にあったことや地理的に沖縄県が近かったこともあり、南洋への四万五七〇一人という数値も忘れてはならない[1]。

戦後に至っては一九四八年から再び海外移民が始まり（ブラジルについては一九四二年に国交断絶し、五二年まで移民の受入れ中止）沖縄県からだけでも一九四八～五四年に二九三二人、五五～六二年一万一八九〇人、六三～七一年二二八三人、七二～九一年六一七人、計四三年間に一万七七二二人が移住した。驚くべきは高度経済成長期に

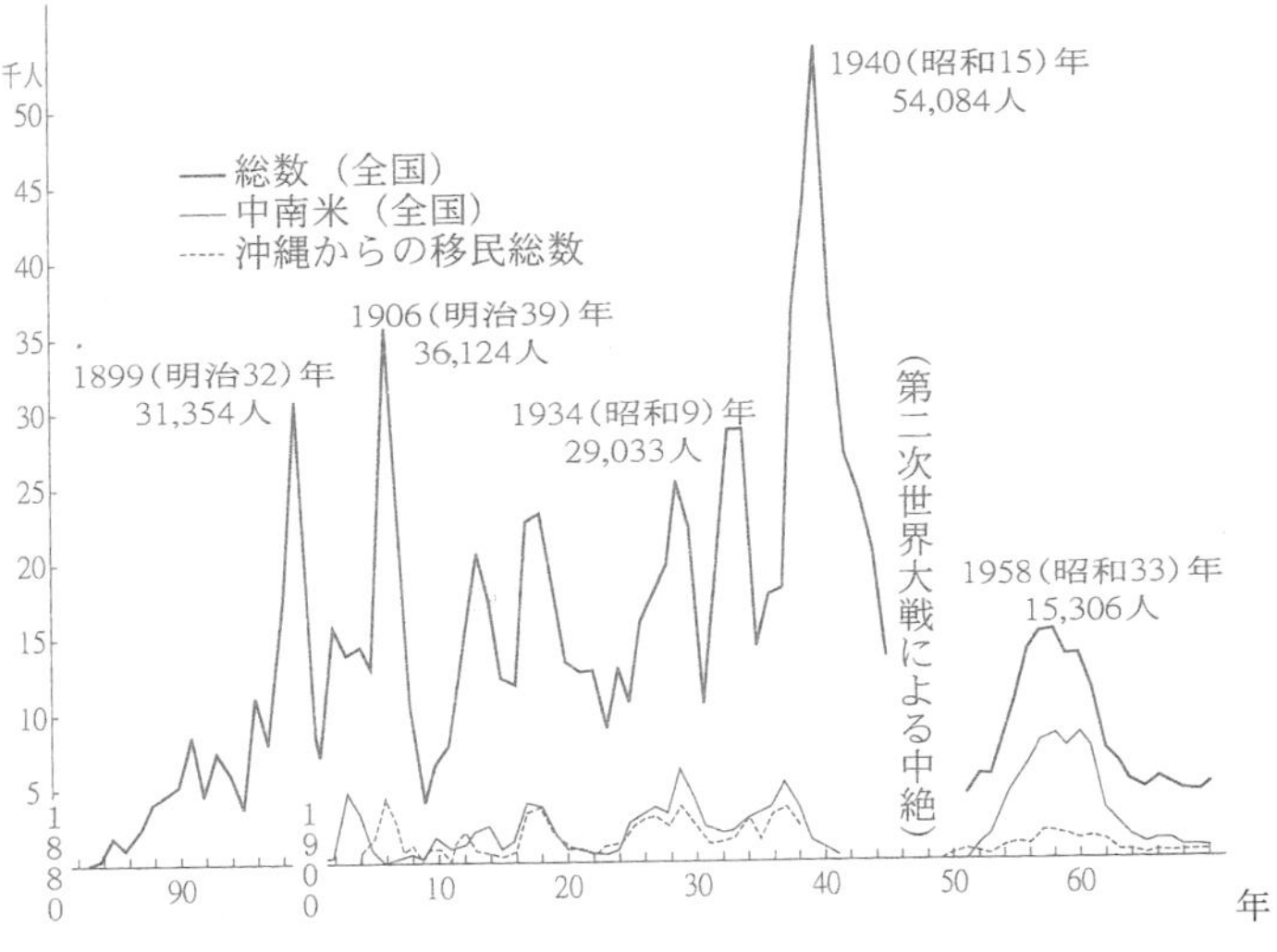

図4—1　年別、地域別、海外移住者数の推移

出所：浜下武志『沖縄入門—アジアをつなぐ海域構想』筑摩書房、2000年、p. 165より
（『わが国民の海外発展』1971年、外務省刊から作成）

表４―１　県別にみた海外在留者および現住人口数と比率：1940 年

	海外在留者数（A）	現住人口数（B）	海外在留者数の現住人口に対する比率（A/B × 100）
沖縄県	57,283 人	574,579 人	9.97%
熊本県	65,378	1,368,179	4.78
広島県	72,484	1,869,504	3.88
山口県	41,788	1,294,242	3.23
和歌山県	22,268	865,074	2.57
佐賀県	14,592	701,517	2.08
長崎県	26,323	1,370,063	1.92
福岡県	55,492	3,094,132	1.79

出所：（A）外務省調査局『昭和 15 年海外在留本邦人調査結果表』1943 年
（B）は人口センサス 1940 年 10 月現在

入っての一九五五～六二年の八年間にも一・二万人もが送出され続けたことである。ようやく一九九四年に計画移民事業が廃止されて移住送出は消滅する。国・県をあげての移民政策がとられる一九六〇年頃、沖縄県立高校には拓殖科が設置されていた[2]。

移住者の県内市町村別分布は、**表４―４**でみるように本島に集中している。一九二〇（大正九）～一九三一（昭和六）年、大恐慌の大正末～昭和初期には〝ソテツ地獄〟ともいわれ、海外移民に加えて、本土、とりわけ阪神地域への出稼ぎ（鉄工所や紡績女工としてが多い）など、〝地域的に特化した形で送出〟されている。北部の国頭郡では人口の二五％、中・南部の中頭・島尻郡では二〇％程もが、海外移民や県外流出したというから、かなりの高流出率である。

一八九九（明治三二）～一九〇三（明治三六）年にかけて「地割制」が廃止され、土地私有制の施行により、それ以降村落共同体の弛緩、激しい社会変動、人口過剰の中で海外移民が急増したといわれる。貧しい沖縄農村にあって、海外各地から沖縄家族に送られてくる金は、一九一一（大正一〇）年以降毎年一〇〇万円以上にのぼり、一九三六（昭和一一）年には二八九万円にも達した。この時期の県税収入が五〇～八〇万円であったことから、海外からの送金がどれほど県民の生活を支えたかが推し量れよう。

表4—2　沖縄県海外移民行先地別渡航人員

（単位：人）

	戦前（1988 〜 1940 年）1994 年 1 月現在	戦後（1948 〜 1991 年）
計	75,424	17,727
ハワイ	20,622	
フィリッピン	17,228	
ブラジル	15,734	9,494
ペルー	11,618	733
アルゼンチン	3,045	3,893
シンガポール	2,843	
ニューカレドニア	941	
北米合衆国	834	
メキシコ	785	12
ボルネオ	547	
カナダ	415	102
セレベス	352	
ジャワ	288	
キューバ	113	
スマトラ	87	
ボリビア	39	3,448
大洋島	322	
パラグァイ	32	
その他	118	8
南洋	45,701	
満州	1,810	
三灶島	400	
計	123,842	

注 1：その他は木曜島 34、ペナン 15、フィジー 20、ニューギニア 5、チリ 1、その他 43

注 2：日本からブラジル移民は 2008 年に 100 周年をむかえた。過去に約 26 万人が海を渡り、ブラジルで暮らす日系人は 150 万人を数える。移民の出身地は、50 周年時に調査されたが、それによると 1）熊本 23,261 人、2）福岡 19,280 人、3）沖縄 19,100 人で、第 3 位に多い県であった。

出所：戦前は『沖縄県史』第 7 巻移民に石川友紀作成を末に追加

戦後は沖縄県国際交流課『国際交流関連業務概要』、2000 年

表４―３　在外日系人数と沖縄県人数

（単位：人）

国名	戦後移住者（注１）	在留邦人数（注２）					
		永住者	長期滞在者	計	日系人数（推計）（注３）	沖縄県系人の占める割合	
						%（推定）	県人数（推計）
ブラジル	71, 372	72, 644	2, 674	75, 318	1, 300, 000	10	13, 000
アメリカ合衆国	134, 842	109, 608	188, 360	297, 968	1, 000, 000	8	80, 000 (ハワイ 49, 000)
ペルー	2, 615	12, 22	588	1, 810	80, 000	70	56, 000
アルゼンチン	12, 066	11, 063	741	11, 804	32, 000	70	22, 400
ボリビア	6, 357	2345	300	2, 645	14, 000	60	8, 400
カナダ	11, 226	20, 486	13580	34066	68000	2	1, 360
メキシコ	671	1, 570	2, 588	4, 158	15, 650	5	782
その他	22, 929	66, 089	317, 854	383, 943	32, 700	6	1, 962
計	262, 078	285, 027	526, 685	811, 712	2, 542, 350	―	300, 904

注１：1989 年 12 月末現在。「外務省旅券発給統計」（永住目的の旅券数）及び「米国施政権下の日本旅券によらない沖縄（県）人の移住統計」に基づく。但し、併記者数（15 歳未満の者は親の旅券に併記される場合が多い）を含むが一部推定。また、定住のための再渡航ものを含む

注２：2000 年 10 月 1 日現在。外務省領事移住部発行の「海外在留本邦人調査統計」に基づく。永住者とは、当該在留国より永住権が認められている者で、日本国籍を有する者

注３：長期滞在者とは、3 ヵ月以上の滞在で永住者でない邦人

出所：沖縄県国際交流課『国際交流関連業務概要』2000 年、p. 113

表 4 — 4　沖縄県市町村別移住者数：1954 ～ 1993 年

（単位：人）

那覇市	1,702	具志頭村	298
沖縄市	932	勝連村	278
名護市	865	国頭村	253
中城村	768	南風原村	243
具志川市	688	今帰仁村	236
読谷村	633	与那城村	225
糸満市	597	王城村	219
大里村	539	大宜見味	213
西原市	423	金武村	209
浦添市	418	恩納村	200
宜野湾市	403	豊見城村	192
東風平村	305	その他	1,985

出所：国際協力事業団沖縄支部『沖縄県と海外移住―ブラジル移住 70 周年記念』1979 年から作成

沖縄県民は、海外の移民先でも、また本土他県でも、流出先地での血縁・地縁の結束は強固である。家族のみならず親族、門中《むんちゅう》（始祖を共通にした父系血縁で結びついた父系血縁集団）、シマ、ムラさらには郷友会、県人会、ウチナーンチュ（沖縄の人、ヤマトウンチューに対する語）など何重にもわたる社会的ネットワーク、絆の形成によって移民母村ともつながっている。

郷友会も沖縄の同郷ネットワークの結びつきを語る上で忘れてはならない。小字単位、旧村単位、市町村単位と何重にもつくられ重層的である。構成やメンバー数など多様であり、親睦を目的とするもの、あるいは事業資金調達の模合いなどもある。一九五〇～六〇年代にかけて多く結成されたその背景には、米軍の基地建設で強制退去させられ、母村のミニ村落となったこともある。運動会、敬老会の行事や活動もあり、強固なネットワークを保つ。

「これまで移民は、経済的な貧しさが労働移民を排出する動因であるとされてきたのではあるが、そこには前提として、移民を可能にする条件である社会的な結びつきが問題とされなければならない。すなわち、血縁や地縁による結びつきの強さが必要であるということである」[3]と浜下武志はいう。

沖縄における移民の父ともいわれる當山久三（一八六八年に金武町間切で出生）が引率者となり、たえず団結して全員気心の知れた同村出身農民で構成するとした（家族を単位として移住し、かつ割りあて土地が用意された）。こうした狭小な土地・資源に対する過剰人口に対して移民送出を行ってきた人口問題・沖縄特有の移民誌については、近年各自治体がこぞって資料編集と出版に力をいれ、膨大にして詳細な歴史的事実が浮上されつつある。今改めて移民とは、沖縄県史にとって何であったのかが問われているといえないだろうか。一九〇八（明治四一）年、笠戸丸がブラジルについてから本書執筆時の今年二〇〇八年はちょうど一〇〇年が経過、満州の軍とはちがって「共存共栄」をあげ、コーヒー農場の労働力不足として渡航したわけであるが、その苦渋の歴史は今日の人口を学ぶ私達につきつけられるものがある。

今日、沖縄県人会は、(1)ハワイに七二〇〇人、(2)ブラジルに三七〇〇〇人、(3)北米に二六〇〇〇人、(4)アルゼンチンに一五七一人、(5)ペルーに一五〇〇人、(6)ボリビアに二四六人、(7)メキシコに二三五人等を数える。一九九〇年には第一回世界のウチナーンチュ大会が開かれ、海外から二四〇〇人が参加した。第二回は一九九五年に三四〇〇人、第三回はサミット開催のため、一年延期して二〇〇一年一一月一～四日に開催された。世界に広がったウチナーンチュがふるさと沖縄に集まり、県民らとの交流を深めようと世界三〇ヵ国から四五〇〇人（第四回は二〇〇六年一〇月に二一ヵ国・三地域から三三〇〇人）が集まってきた。世界的には中国の客家《はっか》の集会が広く知られるが、沖縄県人の海外移民も、そのグローバルな人的ネットワークの拡大発展、促進の広がりに改めて驚かされる[4]。

名護市羽地の海外移民

筆者が、名護市内、とりわけ羽地《はねじ》地区の町内会調査などで調査訪問していると、アルゼンチンからの帰国者など多くの移民経験者に出会う。羽地は移民母村として中城、西原、金武、勝連、大里とともに知られている。

この名護市旧羽地村は、一八九九（明治三二）年から一九〇三（明治三六）年にかけて地割制が廃止され、それ以降村落共同体の弛緩、激しい社会変動のなかで当地域において海外への移民が急増したといわれる[5]。

地割制は農民の農地に対する私的所有権を認めず、村落の共同所有とされるもので、一定の年限ごとに割変えが行われた。明治期以前には日本の各地に存在しており、村落共同体の基盤の一つとなったものである。貢租に対して「シマ」の共同責任をとらせるための制度でもあったといわれる。

一九三五（昭和一〇）年時点で海外に住む沖縄県人は約四・三万人を数えるが、その内名護市出身は一割強の四六七一人（羽地三二五一人、旧名護一一三三人、久志二八七人。人口一〇〇〇人あたりでは羽地二八九、旧名護八一、久志六四）と多い。

その行先は、**表4―5**でみるように（1）ブラジル二〇五五人、（2）ハワイ九三四人、（3）ペルー八〇八人、（4）フィリピン二八六人、（5）アルゼンチン二二五人、（6）米国一八六人、（7）メキシコ四六人、（8）その他一〇六人という内訳である。羽地については、三二五一人中、ブラジルに五四・六％が集中している。旧植民地の南洋、台湾には、旧名護市の八〇三人が多い。

戦後一九四八年には、アルゼンチンとペルーへ、五二年からはブラジルへの移住が再開され、五四年にはボリビアへの集団移住が開始された。

名護市東海岸の久志地区では、一九九五年一二月調査によると、（1）ブラジルに一〇三人、（サンパウロ、一九二九年にはアマゾンまで）、（2）フィリピン八九人（その七割は沖縄から）（3）南洋五一人（サイパン、テニアン島）、（4）ハワイ三七人（明治元年組官移民）（5）カナダ九人、（6）ボリビア九人、（7）ペルー七人、（8）メキシコ三人等、計三〇八人を数える。いずれにせよ、沖縄において海外移民は日常的であったといえよう。

表4―5 戦前期名護市出身者の海外・県外在住状況：1935年

(単位：人)

区分	国・地域		計	(旧)名護	羽地	久志
区分	同年人口		30,316	14,483	11,391	4,442
区分	計		8,764	3,106	5,032	626
海外在住者	小計		4,671	1,133	3,251	287
海外在住者	北・中米	ハワイ	934	205	713	16
海外在住者	北・中米	米国	186	66	78	42
海外在住者	北・中米	カナダ	26	12	12	2
海外在住者	北・中米	メキシコ	46	37	7	2
海外在住者	南米	ブラジル	2,055	147	1,775	133
海外在住者	南米	アルゼンチン	215	126	86	3
海外在住者	南米	ペルー	808	257	465	86
海外在住者	アジア	フィリピン	286	208	76	2
海外在住者	アジア	満州国	9	—	9	—
海外在住者	その他		106	75	30	1
旧植民地	小計		1,225	803	297	125
旧植民地	南洋		1,040	719	212	109
旧植民地	台湾		171	82	80	9
旧植民地	朝鮮		11	—	5	6
旧植民地	樺太		3	2	—	1
旧植民地	満州		9	—	—	—
本土在住者	小計		2,868	1,170	1,484	214
本土在住者	九州	福岡	172	82	84	6
本土在住者	九州	その他	118	57	53	8
本土在住者	中国・四国		76	7	62	7
本土在住者	近畿	大阪	1,292	298	884	110
本土在住者	近畿	兵庫	77	33	44	—
本土在住者	近畿	和歌山	257	176	66	15
本土在住者	近畿	その他	82	48	30	4
本土在住者	中部・北陸		234	127	69	38
本土在住者	関東	東京	211	109	92	10
本土在住者	関東	神奈川	316	215	85	16
本土在住者	関東	その他	8	8	—	—
本土在住者	東北・北海道		25	10	15	—

出所：「沖縄県外国・植民地・県外在住者調」(『沖縄県史』7、p. 26所収)から作成
在アルゼンチン名護会『旧名護町人アルゼンチン移住史』1994年、p. 26

注

1　南洋群島はミクロネシアの一部、サイパン島は一九一四年に軍事占領し、引き続き南洋庁が委託統治を行った。南洋興発（株）が沖縄移民を大量に雇用したこともあろう。南洋諸島の一九三五（昭和一〇）年人口は九万六六七〇人、一九三九年には日本人七万七二五七人、内沖縄出身は五万六九二七人（七三・七％）、他に原住民五万一七二三人、他の外国人一二四人という構成であった。

パラオ、サイパン、テニアン、ポナペ、トラック、ロタといった南洋諸島に具志川村、本部村、与那城村、那覇市から一九三一〜三八年経済的困窮下にあった沖縄から多くの農漁民移住があった。詳しくは本章執筆後に出版された宮内久光「南洋群島に渡った沖縄県出身男性世帯主の移動形態」などの入った蘭信三編著『日本帝国をめぐる人口移動の国際社会学』不二出版、二〇〇八年を参照のこと。

2　一九六〇〜六一（昭和三五〜三六）年、筆者の千葉房州の実家に、沖縄の農業高校から二人の学生が実習にきて一ヵ月程宿泊・研修していたことがある。一九七二年に沖縄が日本に復帰返還される一二年前のことである。彼らは公立高校（県立南部農林高校）内に設置されていた「拓殖科」コースの学生であり、卒業後の進路は親族らがすでに移住しているボリビアに渡航移民する予定であった。この時高校一年だった筆者は米軍支配下にある沖縄の歴史および農業高校の中に移民のための科がつくられていることに強烈な関心をもったことを昨日のことのように記憶している。そして高校の地理の授業で自ら好きな地域・国を選んでのレポート作成に沖縄を選んで調べたことが忘れられない。これが始めての沖縄との出合いであった。（その後、海洋博後の一九七三年、本部町伊豆見のパイナップル集落に農民意識調査に入ったのが、現地沖縄訪問の最初であった。間をおいて一九九六〜九八年、二〇〇〇〜〇六年度までの科研費分担による調査を継続する。）

さて、それから四〇年の年月が経過し、筆者は世界農村社会学会が二〇〇〇年七〜八月、ブラジルのリオデジャネイロで開催されたのを機会に、サンパウロの奥地一六〇キロ、日系移民が多く住む地イタペチ、スザノ＝福博村、およびピンニャル移住地、福井村を森幸一（サンパウロ人文科学研究所、現在サンパウロ大学）、二宮正人（サンパウロ大学、一九九三年にハワイにて開催された国際人口移動の会議で同席）らの協力によって日本村落研究学会の研究仲間らと調査訪問するチャンスに恵まれた。彼ら移民らが日本人以上の日本人の心を保持し続けている姿、たくさんの日本料理で我々を歓迎してくれる姿に心が大きく揺れ動き、胸を熱くした。

近年の一九八〇年代半ば頃から、特に一九九〇年に日本の出入国管理法改正により、日系人の就労制限がなくなって、南米日系ブラジル移民の二・三世らが外国人労働者として日本に出稼ぎにきている現実。それによって母国ブラジルの移民村が、人口流出によってコミュニティの破壊をガタガタに生じていること。こうした歴史から今改めて、日本、そして沖縄にとって移民とは何であったのかを真に考えずにはいられない我々につきつけられた課題である。沖縄研究の中にあっても、今日移民史の歴史的整理は、各自治体にとっても積極的に行われているが、過剰人口対策としてはたして意味をどれだけもつことができたのか否か難しい問いである。——もちろん大量の移民を島外に送り出すことで島内の人口圧力を緩和し、移民からの多額の送金を受けることで沖縄経済に意義をもったが。

3 浜下武志『沖縄入門—アジアをつなぐ海域構想』筑摩書房、二〇〇〇年より。

また次のような浜下の指摘も注視すべきである。

「二〇〇〇年に明らかになった公開文書で、日本政府が終戦直後、太平洋諸島やフィリピンからの引き揚げ者を対象として、沖縄県人を除外し、現地に残留させようとしていたことが初めて判明した。

一九四五年一〇月の『南方群島残留沖縄県民及朝鮮人の引揚に関する対策の件』によると『沖縄人が群島に残留を許容されるよう連合国側に交渉する』。その理由として『(現地は)沖縄県民の常食であるサツマイモの栽培に適し、自給自足できる』ことをあげている。同時期の別の外務省の文書も『大部分が労務者で食糧事情により出稼ぎ人として渡島』しており、『残留はかえって幸福』と言い切っている。当時の沖縄県内の食糧事情は極めて厳しかった。現地の移民たちは、豊かではないが、サトウキビ栽培などで生活は維持でき、地元民との結婚も進んでいた」同書、二六頁。

4 第三回世界のウチナーンチュ大会実行委員会『第三回世界のウチナーンチュ大会報告書』二〇〇二年

5 石川友紀『日本移民の地理学的研究』榕樹書林、一九九七年、三一一～三五〇、四二九～四六四頁、参照。

・石川友紀「海外移民研究の現状と課題—移民送出側の視点から」『移民研究年報』第五号、一九九八年も参照

関連文献

・安仁屋政昭「移民と出稼ぎ—その背景」沖縄歴史研究会編『近代沖縄の歴史と民衆』至言社、一九七七年

・イタペチ入植四五周年記念史編纂委員会編『イタペチ山脈は見ていた』イタペチ日本人会発行、一九九三年

・沖縄県『沖縄県史―第七巻　移民』厳南堂、一九七四年
・沖縄県総務部「南米移民地調査報告書―ブラジル・アルゼンチン、ボリビア、ペルー」一九七八年
・金武町史編さん委員会『金武町史　第一巻　移民・本編』金武町教育委員会発行、一九九六年、同『移民・証言編』一九九六年
・国際協力事業団沖縄支部『沖縄県と海外移住―ブラジル日本移住七〇周年記念』、一九七九年
・今野敏彦・藤崎康夫『移民史Ⅱ　アジア・オセアニア編』新泉社、一九八五年
・在アルゼンチン名護会編『旧名護町人　アルゼンチン移住誌』CLUB NAGO、一九九四年
・サンパウロ人文科学研究所編・発行『ブラジル　日本移民・日系社会史年表―半田知雄編著改訂増補版』日伯修好百周年記念(森幸一、宮尾進ら)一九九六年
・同『ブラジル日系人実態調査報告書』一九八七〜八八年
・鳥越皓之『沖縄ハワイ移民一世の記録』中央公論社、一九八八年
・『日本人移住一〇〇周年誌　ボリビアに生きる』ボリビア日系協会連合会・ボリビア日本人移住一〇〇周年移住史編纂委員会、二〇〇〇年
・藤崎康夫・今野敏彦『移民史Ⅲ　アメリカ・カナダ編』新泉社、一九八六年
・『ブラジル日本移民八〇年史』移民八〇年史編纂委員会、ブラジル日本文化協会、一九九一年
・ブラジル沖縄県人会『ブラジル沖縄人移民史　笠戸丸から九〇年、一九〇八〜一九九八』二〇〇〇年
・琉球新報社『郷友会』琉球新報社、一九八〇年
・ルッチ・コレーア・レイテ、カルドーゾ著、二宮正人編訳『家族構造と社会的移動性―サンパウロ州に在住する日本人に関する研究』一九九五・九八年

2　八重山における台湾移民—その国籍をめぐる翻弄

わが国最西端の与那国島は、台湾とわずか一一〇km程しか離れておらず、古くから石垣など八重山諸島と台湾などとの、海上をとおした人々の交流の歴史がある（章扉の唐人墓の写真参照）。台湾からの移民も日本が台湾を植民地としていた昭和初期において開拓を目的とした農民の入植から本格的に始まり、定着していった。

しかしながら、台湾のおかれた国際情勢の変化の中で、八重山へ移住してきた台湾移民の立場は激動の歴史、ライフヒストリーを歩むことになる。その歴史的節目の第一は、一八九五（明治二八）年日本の台湾植民地支配の開始から（一八九六年、台湾への内地人渡航許可、一九二〇年代から本格化）、第二次世界大戦の終りまでの五〇年間であり、その間台湾移民は植民地から沖縄への移住者として位置づけられ生活をすることとなる[1]。

その第二は、一九四五（昭和二〇）年、敗戦により日本による半世紀におよぶ植民地支配が終わり、外国として両国間に国境が敷かれ、また一九四九年の中華人民共和国の成立を背後にしつつも、中華民国・台湾が中国の代表として存在する時期である[2]。終戦直前、台湾人人口の急減、六〇年代のパインブームで台湾人労働者が移住、集住地域を形成（沖縄の本土復帰後にはパイン産業は壊滅）する。

第三は、一九七一年一〇月二五日の国連総会で中華人民共和国が招請され、台湾を追放した後のことである。つまり中国の議席が台湾から大陸に代替されたことにより、日台の国交は断絶され、台湾は国際社会から孤立させられた。このことにより、「海外に居住する台湾人の国籍までもが中華人民共和国に変更されてしまうのではないか」と懸念され、一九七二～七五年のわずか三年間に八重山に住む一七八人の台湾人が日本国籍を得ることとなった[3]。つまり、台湾はそれまで国籍離脱証明の交付を拒み続けてきたが、一転させて証明書を発行したために、〝大量の帰化〟が実現したのである（一九七二年九月二八日の日台断絶以前の台湾からの離脱証明が日本への帰化の条件となった。）。

名蔵入植50周年記念碑

このように、八重山に住む台湾人の処遇は、時には日本国籍の復活を求め、時には活路を求めて台湾人社会から逃げるというように、大きく揺れ動いてきた。彼らには台湾と大陸中国との緊張関係がついてまとわり、「母国（台湾）が国際社会で安定した立場を失っていくプロセスが、逆に石垣に住む台湾人たちの身分を安定させていったというのは皮肉としかいいようがない」[4]といえよう。

一九六五年一〇月（復帰前）の臨時人口センサスによると、八重山に中国国籍をもった外国人は石垣市内二二二人、竹富町八人、計二三〇人がいた（この時はまだ台湾人は日本国籍を取得できていない時期である）。沖縄県全体で九四〇人であるから、八重山の二三〇人はその二四・五％にあたる。一九三三（昭和八）年には西表島に五〇人、石垣市名蔵《なぐら》集落に約一〇〇人が入植したと記録されている。

石垣島嵩田集落にてのヒアリング

筆者は、二〇〇一年一二月三日、研究室の中国からの留学生・院生らと八重山の調査訪問中、石垣島嵩田《たけだ》集落に調査に入った。ここで台湾からの移民でマンゴー栽培を営む農家・島田長政のライフヒストリーについてヒアリングをする機会に恵まれた[5]。

島田の父は台湾彰化の出身で、姓は梁、母は福建省から台中市を経て、一九三五年に二〇歳の時、沖縄に移住してきた。島田の妻は宮古島出身の沖縄人であるので子供はハーフとなる。

一九三五～三七（昭和一〇～一二）年、台湾から多くの開拓農民が石垣に移住してきた。彼らはコロニーをつくらず、戦前は農業移民として入植、商売をする人は市街地に住み華僑会に参加する。戦後は一九五五～七四年、パイナップルブームの中で、台湾から栽培技術を導入、その後はマンゴーの栽培技術も台湾から導入、竹の防風林や水牛耕作法も石垣に伝えるのに寄与したという。

敗戦前後の一九四四～四五年には多くの台湾人が母国・故郷にひきあげたが、途中魚雷で遭難した人々もいるという。一九四七年からパイナップル栽培が再開され、五二年にパイン工場が建設され缶詰加工が始まる。一〇年後には八会社、一三工場まで拡大し、台湾や韓国から女工をよんでいる。

一九六二～六三年に島田の父親が破産後、マンゴーをいちはやく導入し、台中・台南市の農家と民間交流をしてこれまでに栽培を拡大して成功してきた。

一九四五年生まれの島田にとり、これまで台湾出身で日本国籍がない故に受けた差別として、農業高校の生徒の時、沖縄本島で開かれた発表会に出席させてもらえなかったことや、その他公的機関の利用制限、仕事や結婚にも不都合が生じた等の経験があげられる。台湾戸籍を取得するには兵役に服さねばならないために、パスポートが取れない。祖母が死亡してからは台湾語を使わなくてもよいというのが父親の方針であったという。

父親としては自分は台湾籍のままでよいが、子供は是非とも日本に帰化させたいとして一九六一年に二年をかけて書類を作成し、当時米国占領下の法務省の出先機関である南方連絡事務所の窓口に提出した。しかし成人した者しか対象とされず、無国籍のまま受理された。一九六三年にようやく兄家族と村内の他五家族が許可されたが、これは父親の粘り強い交渉による結果であった。島田自身も一九六五年に成人に達して申請し許可されたが、二歳年下の妹は台湾国籍の離脱証明の提示を要求された。

父親が台湾から石垣に渡ってきた一九三五年前後は、台湾は日本の統治下にあったので容易に流入できたが、敗戦により台湾からの移住者は国籍を失い台湾にも戻れずにいた。台湾の国籍を取得するには台湾に帰り兵役に服さなければならず、男子はその後四五歳になって初めて取得できる。そのために三〇〇人余の台湾人が帰国の道をとざされてしまった。

一九七二年、日本が大陸中国と国交を回復し、台湾と断絶する時、台湾は移住者らに離脱証明を発行、日本に帰化するように促した。その理由は、台湾・中華民国にとって八重山にいる台湾人が、大陸・中華人民共和国の国籍になるよりは、日本国籍になってほしいとの思惑からであった。その離脱証明書は、国連が中華人民共和国を認める前のものでなければならないために、即刻、市の協力を得て書類を整え、東京にもっていき認可されることとなった。まさに大変動する歴史に翻弄されたライフヒストリーであった。

台湾移民らは、日本語の文字が書けない者が多く、入植五〇周年祝典を一九九六年に行うまで、活字になったものはほとんどなかった。しかし、この祝典を契機に、新聞から嵩田集落に関する記事等を年代順に並べるなどして年表を作成した。終戦までは小作人として開墾、戦後は選挙権もないため、政治の光はあたらず補助金も支払われない。

一九三五〜四四年の昭和一〇年代に移住した者は、主に名蔵集落の平野を水牛をつかって開墾したが、マラリアに苦しめられた。公有地不貸与協定や、水牛やパイン苗の移入阻止などの台湾人排斥もあったという。その後嵩田集落に入植したところ岩石地帯であったが、彰化や阿里山からの移民は焼き畑農業の方法を知っており、パイン栽培にも成功した。一九六〇年代前半からは、パイン栽培の衰退からサトウキビや園芸に、八〇年代からはビワやマンゴー栽培へと品目の比重を換えて成功している。島田は今日も毎年三〜四回は台湾に出かけているという。

まさに歴史に翻弄され、母国・台湾が国際社会の中できりすてられていく中で、八重山台湾人は「日本人」として安定してきた、という皮肉なライフヒストリー（「日本人」であることをめぐる台湾と沖縄とのせめぎあい）である。

注

1 石垣島嵩田地区に最多の台湾人移民が居住している。彼らのルーツは一九三三(昭和八)年一〇月二一日付『台湾日々新報』によると、西表島へ五〇人、石垣市名蔵に一〇〇人の台湾人が入植したことによる(嵩田公民館記念誌編集委員会編『嵩田 五〇年のあゆみ』一九九六年、一〇二頁)。

その後一九三七年に台湾人三三〇人が移住するが、これは三五年に台湾台中市出身の林発が石垣島で大同拓殖株式会社を創立、パインナップルのもちこみ定着のためであった。彼らの多くは一九四四年を主に台湾に帰郷している。

2 一九六五年人口センサスによると、八重山地区には中国国籍をもった外国人が二三〇人いた。石垣市内に二二二人、竹富町に八人、この時はまだ台湾人が日本国籍を取得できていない時期である。県全体で九四〇人で八重山には内二三〇人、二四・五%とある(注1と同一〇二〜一〇三頁参照)。

3 国籍離脱証明を添付して日本国籍の取得を申請して一九七三〜七五年の三年間で一七八人が日本国籍を得た。石垣島四・三万人、外国人登録一七六人(内中国人三七人)、別に約六〇〇人の台湾人が帰化している。一九二九年台湾の基隆市から商売を始めた一人の移住者があった。その後何人かパイン栽培、台中市にあったパイン工場の経営者らが、パイン栽培に適した酸性土壌をもった石垣島に入植してきた。名蔵平野に住みつきパインを中心に茶やサトウキビの栽培を始める。労働者、小作人として移住してきた自らの意志で移民した人々、戦後も帰島せずに石垣に住み続けている戦後間もなくは、台湾と沖縄は国交がないために密航した時期もある。また、一九六〇年代後半にはパインで失敗する農家もでたという(名蔵入植五〇周年記念事業期成会編・発行『名蔵入植五〇周年記念誌―自由移民のあゆみ』一九九九年)。

4 松田良孝『八重山の台湾人』南山舎、二〇〇四年、一六八頁。

・小熊誠「石垣島の移民と民族集団―台湾系移民の果たした役割」『地理』古今書院、四〇巻九号、一九九五年九月号、三八〜四二頁

・琉球大学法文学部社会学研究室『沖縄における台湾引揚者の生活史』一九九九年度社会学実習Ⅰ・Ⅱ報告書、二〇〇二年

5 東京農工大学大学院国際環境農学若林敬子研究室『沖縄・八重山における人口・移民・環境』二〇〇二年五月、の中に中国からの留学生の院生ら全員で行ったヒアリング調査の結果を、呉娟が「嵩田集落における一台湾移民のライフヒストリー」としてまとめている。

3　米軍基地およびアメラジアンについて

沖縄戦は住民を根こそぎ動員、戦闘に巻き込んで悲惨な地上戦となった。戦没者は米軍も合わせて二〇万人余、その内一般県民の犠牲は九・四万人になるとされる（**図4―2**参照）。つまり、県民を総動員した地上戦により当時の県民の四人に一人が命を落としたという。地上戦は、一九四五年三月二六日に慶良間諸島に米軍が上陸し、その後、六月二三日に日本軍の組織的抵抗が終るまでの約三ヶ月間である（この日には日本軍の組織的抵抗が終ったとされ、今日も「慰霊の日」とされている）。

約五五万人の米軍は三月に慶良間諸島に上陸、四月一日には約一八万人で北谷から読谷にかけての本島中部の海岸に押しよせた。慶良間諸島や伊江島、本島読谷《よみたん》村の各地では、住民の「集団自決」も続出した。日本軍の約一〇万人の守備軍は日本本土決戦を少しでも遅らせるように持久戦を行ったという（**表4―6**、**図4―3**参照）。

それから二七年、ようやく一九七二年五月一五日に沖縄は日本に復帰するが、沖縄県民の共通の願いは、第一に基地経済からの脱却を図り、第二に本土との格差を縮小した「本土なみ」、第三

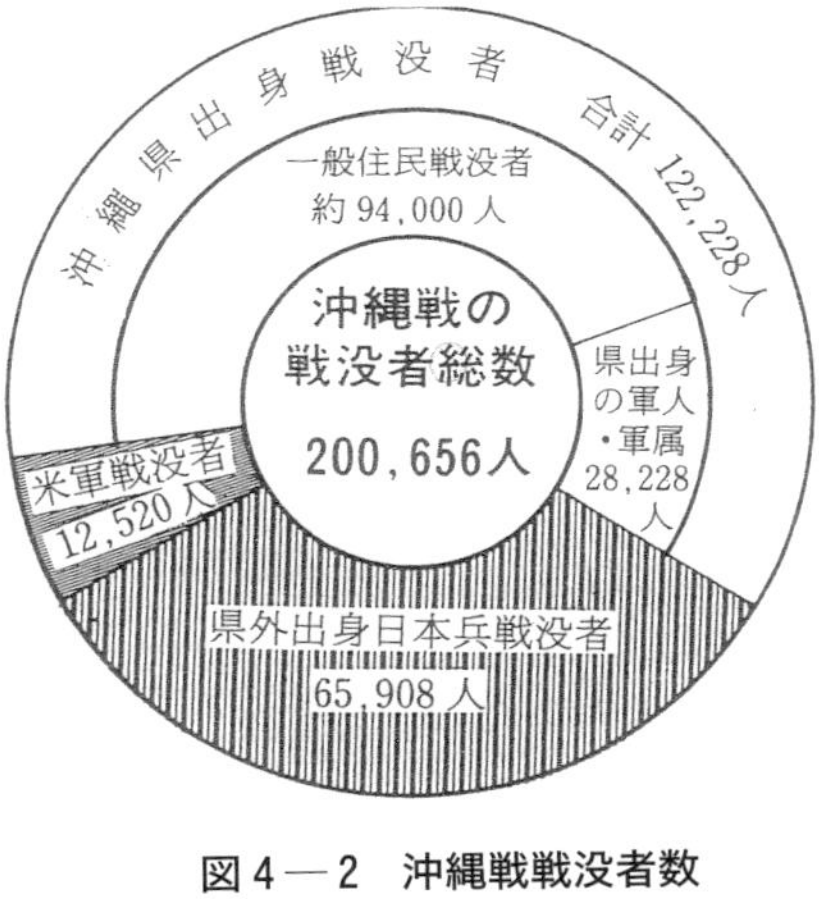

図4―2　沖縄戦戦没者数

出所：沖縄県援護課資料より

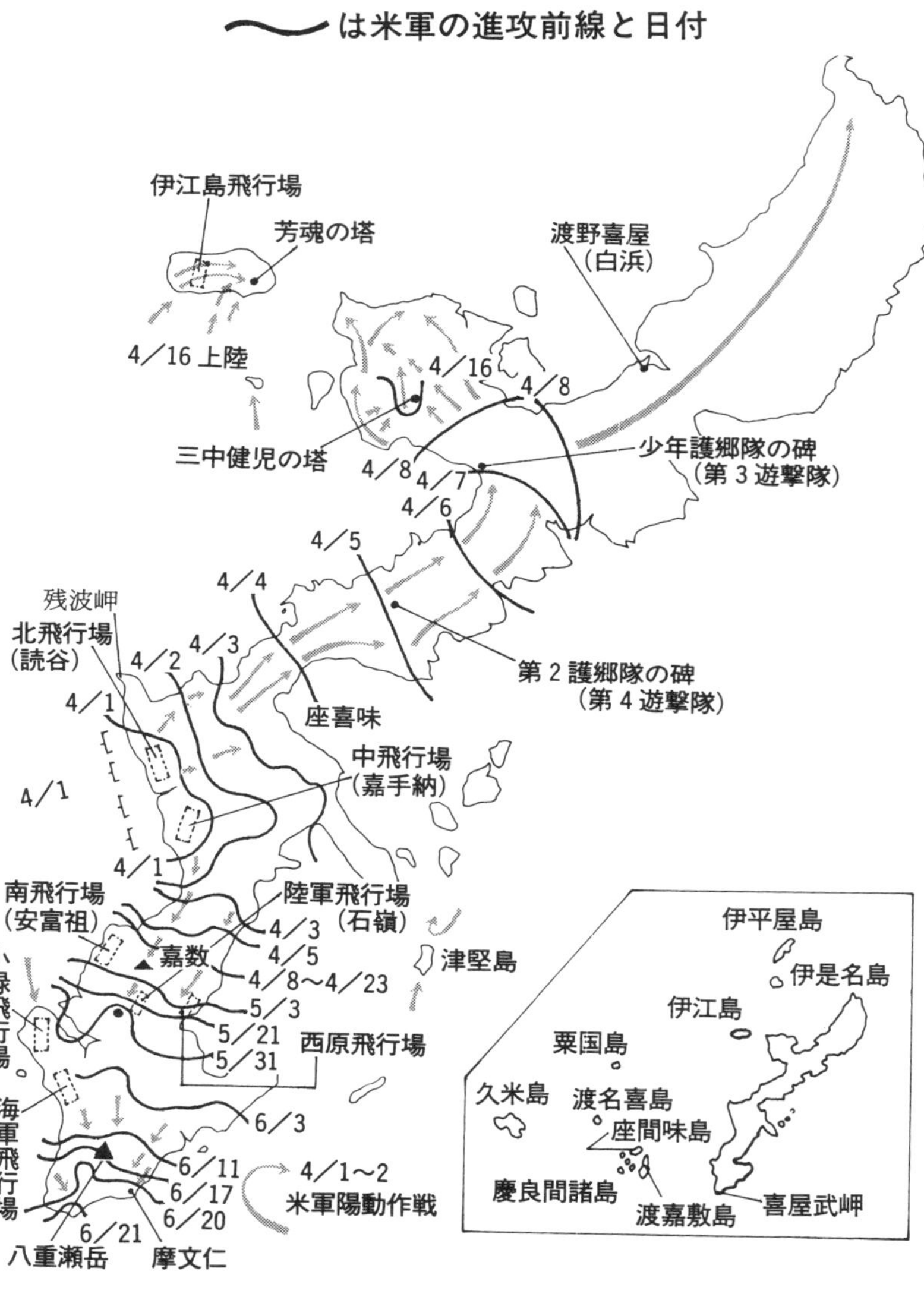

図 4 ― 3 a　沖縄戦の経過図

図４―３ｂ　沖縄戦での住民殺害と「集団自決」

に沖縄県人口の県外流出を防ぐというものであった。

国土面積の〇・六％にすぎない沖縄県に在日米軍専用施設面積の七五％が沖縄県に集中しているのである（**図4—4**参照）。

県土面積の一〇・四％（本島で言えば実に一八・九％）、面積に占める基地面積率は、嘉手納《かでな》町で八二・九％、金武町五九・三％、北谷町五三・五％、宜野座村五〇・七％、読谷村四四・六％、東村四一・五％が、四〇％以上の自治体である（**表4—7**参照）。

さて、米軍基地は、一九九九年現在で三八施設、面積二万三七五九ha、軍人二万四八四九人、軍属一三五五人、家族二万二四二四人、計四万八六二六人を数える。二〇〇八年一月末現在では、軍人二万二七七二人、軍属二三〇八人、家族一万九八八三人、計四万四九六三人、内基地外には二四％の一万七四八人が住んでいる。日本全体の米軍関係者は九万四二一七人で、沖縄にその四八％が集中していることになる。こうした高密度の状況にあり、土地利用上大きな制約となって、県民生活に様々な影響を及ぼしている。

県民総支出に占める基地収入の割合は、県経済の規模拡大を背景に年を逐って低下している。一九七二年には一五・六％が一九九八年に五・三％。しかし基地収入の絶対額は一八七三億円と復帰時の約三倍増となっており、重要な要素となっている。

戦後沖縄（とくに沖縄本島）経済は、基地の動向によって左右されてきたといわれる。一九五〇年代半ばからの島ぐるみ闘争の結果、地代が上昇した。一九五五～六五年の間、県人口が八〇万人から九三・四万人へと一六％増大したのも基地経済のために人口扶養力が増し、人口流出をさしとめたという指摘も確かにある。しかし、雇用効果、人口集積、経済的需要を生み出した反面、第三次産業の浪費型産業の比重をまし、市民の自治を侵害し、なによりも犯罪多発の社会不安というデメリットを生んだことも忘れてはならない。

表4―6　沖縄戦の経過と「集団自決」

1944年

3月22日	日本陸軍、沖縄守備軍として第32軍を創設
9月26, 27日	日本軍の海上挺進戦隊が慶良間諸島で駐屯開始
10月10日	米軍、上陸戦に向け、那覇などを大空襲

1945年

3月26日	米軍、慶良間諸島に上陸開始。座間味、慶留間《げるま》両島でそれぞれ約130人、数十人が「集団自決」
下旬	渡嘉敷島329人
4月1日	米軍、沖縄本島中部に上陸
2日	読谷村のチビチリガマで約85人
4日	具志川グスク（うるま市）で十数人
16日	米軍、伊江島に上陸
22日	伊江島・アハシャガマで100人以上
5月31日	米軍、日本軍司令部のおかれた首里地区を占領
6月23日	日本軍の「組織的抵抗」が終了
9月7日	南西諸島の日本軍が降伏文書に調印。 沖縄戦が正式に終結

注1：座間味、慶留間、渡嘉敷で約700人
　2：日本軍が配置されていた島でしか起こっていない
出所：金城重明『"集団自決"を心に刻んで』高文研、1995年などを参照して作成
　　下嶋哲朗『沖縄、チビチリガマの"集団自決"』岩波ブックレット、246号、1992年も参照

一九九六年一二月の「沖縄に関する特別行動委員会（ＳＡＣＯ）最終報告において普天間飛行場を含む一一の返還が実現すれば、米軍専用施設、区域面積の二一％、五〇〇二haが縮小することになるが、難航しているのは周知の通りである。冷戦構造の崩壊といえども、沖縄のアジアにおける地理的立地条件は、朝鮮半島三八度線や大陸と台湾との海峡にも近く、米軍にとってみると他にかえがたいことは言うまでもない。

ところで米軍の治外法権地帯となった沖縄では、米兵による沖縄女性への強姦が多発してきた。米軍上陸から一〇ヶ月後となる一九四六年一月から混血児が誕生し始め、望まない妊娠と結果として中絶を望む多くの女性を生み出した。一九四九年時点で、米兵と沖縄女性との間に四五〇人の混血児が生まれたと記録される[1]。

図４―４　沖縄本島の軍事基地

出所：沖縄県基地対策室『沖縄の米軍基地』2003年より

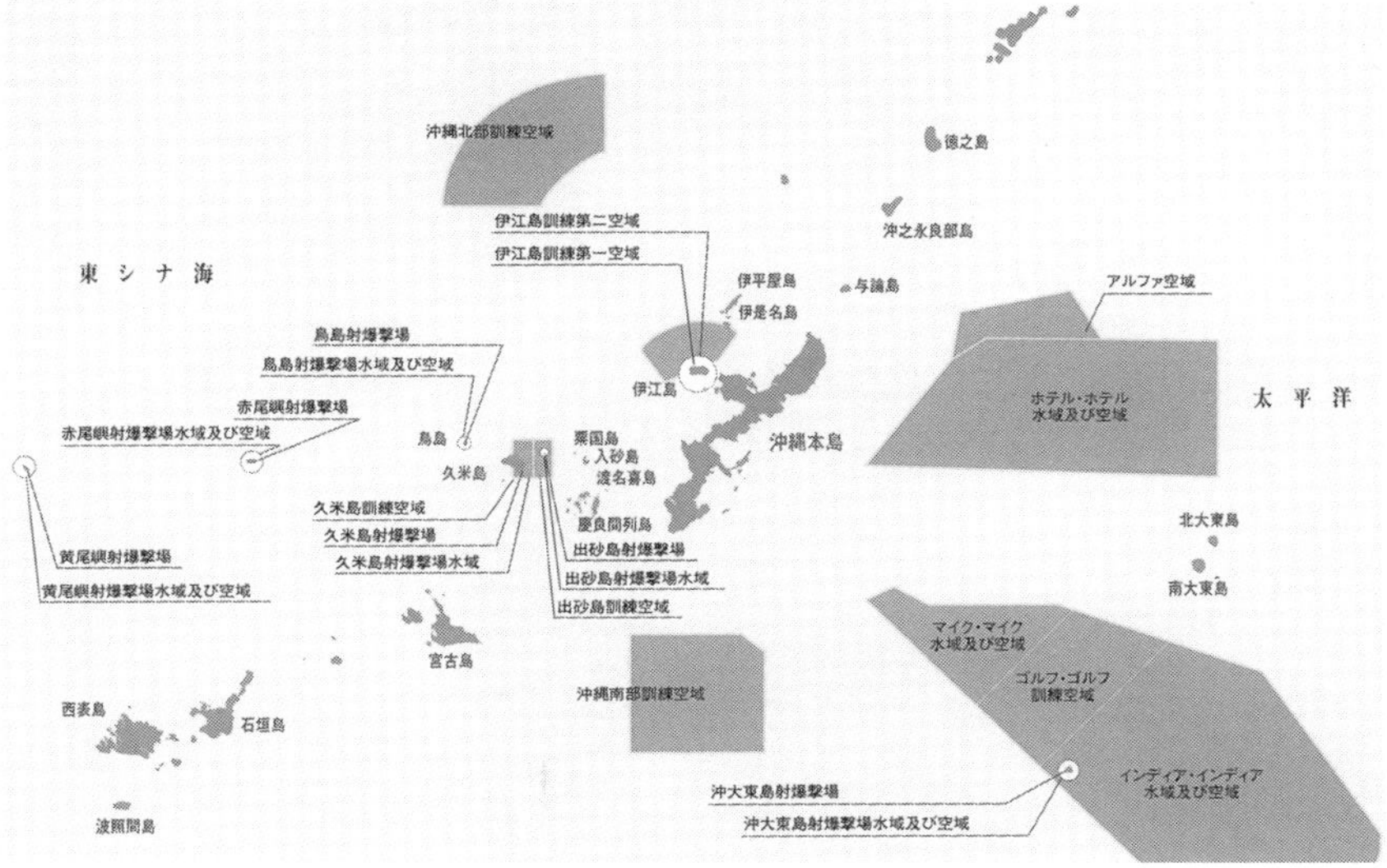

図4—5　沖縄周辺の米軍訓練空域・水域

軍政府は一九四八年四月一日に、「琉球住民と占領軍軍人との結婚に関する特別布告」をだして米軍人と地元の人々との結婚を禁止した。しかし、この布告は五ヶ月後の九月には解禁・廃止されるに至る。軍政下にあった沖縄では、軍当局は米兵と県人女性が親しくなることを好ましく思っていなかったが、人権上、修正せざるをえなかったのではないだろうか。

米軍基地と性暴力の問題はその後も多発した。一九九五年九月四日、小学生の少女が米兵三人により拉致され強姦されたというニュースがでてその後の大規模な県民集会に至ったことは周知のとおりである。県発表によると一九七二～九五年の二三年間に米軍人、軍属による犯罪件数は、四七八四件、内強姦事件は一一〇件を数える。

沖縄県における国際結婚数は、厚生省の人口動態統計によると**表4—8、4—9、4—10**に示される。日本全国における国際結婚は、日本人男性と外国人女性との間の者がその多くを占めるのに対し、沖縄県の場合は、日本人女性と米国人男性の国際結婚・離婚・出生がその八五～九〇％程を占めるところに特色がある（もちろん、近年中国等からの国際人口移動やフィリピン花嫁などもあり、沖縄県内の外国人人口は二〇〇〇年国籍別外国人は、

表4—7　沖縄市町村別米軍基地面積（割合の多い順に）：2003年

	市町村名	市町村面積（ha）	施設面積（ha）	市町村面積に占める割合（%）	全施設面積に占める割合	施設数
1	嘉手納町	1,504	1,246.5	82.9	5.3	4
2	金武町	3,784	2,244.7	59.3	9.5	4
3	北谷町	1,362	728.9	53.5	3.1	4
4	宜野座村	3,128	1,586.6	50.7	6.7	2
5	読谷村	3,517	1,567.7	44.6	6.6	5
6	東村	8,179	3,394.4	41.5	14.3	2
7	沖縄市	4,900	1,761.0	35.9	7.4	6
8	伊江村	2,275	801.5	35.2	3.4	1
9	宜野湾市	1,951	637.6	32.7	2.7	2
10	恩納村	5,077	1,492.9	29.4	6.3	2
11	国頭村	19,480	4,494.4	23.1	19.0	2
12	北中城村	1,153	210.9	18.3	0.9	1
13	浦添市	1,906	273.8	14.4	1.2	2
14	名護市	21,024	2,334.4	11.1	9.9	4
15	具志川市	3,203	297.5	9.3	1.3	6
16	石川市	2,112	138.4	6.6	0.6	1
17	那覇市	3,899	56.4	1.4	0.2	2
基地所在市町村		128,086	23,687.4	18.5	100.0	38
全県		227,213	23,687.4	10.4	100.0	

注：1．他に北大東村8.8%、渡名喜村6.6%、石垣市、0.4%、久米島町0.1%などを含む。計は四捨五入により符合しないことがある
2．読谷村は1972年基地面積は村の73%であった
3．施設面積は那覇防衛施設局資料、2003年による
4．　市町村の歳入に占める基地関連収入割合は、金武町33.2%、宜野座村29.9%、恩納村23.7%、嘉手納町20.3%、読谷村16.1%、伊江村15.9%、北谷町14.8%、名護市14.2%、名護市14.2%といわれる

出所：沖縄総務部知事公室基地対策室編『沖縄の米軍及び自衛隊基地（統計資料集）』2004年より作成

六六八九人中米国三九・〇％、中国一七・四％、フィリピン一六・二％と増大の途にあるが）。

沖縄県は『一九九九年度米国基地派生女性問題調査事業報告（概要）』をまとめたが、本土復帰の七〇年代中頃以降、国際結婚は減少してきたものの日本国籍妻・米国籍の婚姻件数は年間二〇〇件を越し（九四年は二八五件）、九八年値で全国平均〇・一七％に対して、沖縄県は二・五九％と全国平均の一五倍程の高さである。同国籍組の離婚も九八年に一四倍と同様に突出している。出生数も二四九人、九七年二六七人、九八年には二五七人で全県出生数の一・四七％を占め、全国の〇・一一％を一三倍と大きく上回る。

国際結婚数はこのように八〇年代後半から年間二五〇件前後を推移し、出生数は県推計で一九八七〜九八年の一二年間に二四八〇人、年平均で約二〇七人を数える。一五歳以下の子供三二〇〇人、一八歳以下でいえば三七〇〇人と推計される。これは父母が婚姻関係にあるいわゆる「嫡出子数」のため、父母が未婚の場合の出生数は含まれない。また出生後国外や県外に転出、または国外、県外からの転入もあるため、必ずしも現在県内に在住している米国籍関連の国際児の実数ではなく推計値である。

法務省「在留外国人統計」による沖縄県内の無国籍者数は、一九九四年五一人、九五年五二人、九六年五二人、九七年三三人、九八年三二人を数える。

米国人・軍属等との婚姻・内縁関係者の中には、離婚、未婚、行方不明、遺棄などにより、ひとり親家庭となって子供を養育している女性も多い。「父親から養育費の支払いがない」、「米国籍しかない子供の日本国籍取得や在留資格の問題」、「夫が行方不明のため離婚できない」、「アメラジアン・スクールの認可」、「公的な財政支援や施設整備」など多くの問題がある。

また「行方の分からない米国人父親の消息を探したい」「米国人夫と結婚する以前の交際期間中に自分に対する差別的な中傷ビラが近所に出回った」「子供が学校でいじめを受けている」等々の相談も多いといわれている。こうした〝差

表4—8　日本人女性と米国男性の国際結婚・離婚数・出生の推移：1991～98年

（単位：件、%）

		1991年	1992	1993	1994	1995	1996	1997	1998
結婚数	沖縄県	195 (89.0)	265 (89.8)	248 (89.2)	285 (91.1)	230 (87.5)	241 (86.1)	206 (85.1)	215 (84.3)
	全国	1,292 (21.3)	1,350 (21.0)	1,381 (21.0)	1,445 (21.9)	1,303 (18.8)	1,357 (18.8)	1,374 (18.7)	1,299 (17.4)
離婚数	沖縄県		41 (85.4)	48 (87.3)	57 (85.1)	55 (84. 6)	69 (82.1)	61 (89.7)	80 (85.1)
	全国		203 (13.2)	265 (16.5)	273 (15.7)	299 (16.3)	298 (15.5)	328 (15.9)	383 (15.7)
出生数	沖縄県		190 (87.6)	194 (84.7)	224 (87.2)	219 (83.9)	219 (83.6)	258 (84.6)	249 (85.9)
	全国		1,019 (16.7)	1,073 (17.3)	1,181 (17.0)	1,171 (17.0)	1,212 (16.6)	1,353 (17.0)	1,356 (16.2)

注：(　)は日本人女性と外国人男性の国際結婚・離婚総数にそれぞれに占める割合、および日本人母・外国人父からの出生総数に占める割合

出所：厚生省「人口動態統計」

表4—9　日本人女性・米国男性の婚姻数・離婚数・出生の割合：1998年

（単位：件、%）

		沖縄県	全国
結婚	婚姻総数（日本人同士含む）	8,316	784,595
	日本人女性・米国人男性カップルの国際結婚数と割合	215 (2.59%)	1,299 (0.17%)
離婚	離婚総数（日本人同士含む）	3,524	243,183
	日本人女性・米国人男性カップルの国際離婚数と割合	80 (2.27%)	383 (0.16%)
出生数	出生総数（一般含む）	16,928	1,203,147
	日本人母・米国人父からの出生数と割合	249 (1.47%)	1,356 (0.11%)

出所：厚生省「人口動態統計」

表4—10　在留資格別外国人（米国籍）登録者数：1999年

（単位：件、%）

在留資格	米国籍女性	米国籍男性	計	外国人登録者総数
日本人の配偶者など	378 (55.0)	858 (66.1)	1,236	2,008
定住者	53 (7.7)	104 (8.0)	157	549
永住者	23 (3.3)	50 (3.8)	73	233
未取得者	3 (0.4)	6 (0.5)	9	21
興行	4 (0.6)	2 (0.2)	6	367
特別永住者	0 (0.0)	0 (0.0)	0	70
その他	226 (32.9)	279 (21.5)	505	4,317
計	687 (100.0)	1,299 (100.0)	1,986	7,565

出所：沖縄県総務部知事公室男女共同参画室『平成11年度　米国基地から派生する女性の諸問題調査事業報告書』1999年、p. 6, 8, 11より

別〝をめぐる問題も、沖縄人口論の一側面として指摘しておかなければならない。

さて、アメラジアン（AmerAsian）とは、アメリカン（American）とアジアン（Asian）の間に生まれた子供のことであり、沖縄では父親が米国人・軍属であるケースが大多数である。

沖縄県アメラジアン人口を正確に把握することは難しいが、県総務部知事公室男女共同参画室では、一八歳（高校生）以下の子供を三七〇〇人とみ[2]、野入直美は三九〇〇人と見ている[3]。いずれも母親が日本人で父親が米国人である。子供の平均出生児数を基礎にした推計である。「父母が未婚の場合の出生数は含まれ」ず、また「出生後転居したり県外や国外からの転入等もあるため」に推計にならざるを得ない。

さて「アメラジアン・スクール・イン・オキナワ」（以下ＡＡＳＯと略）は、このアメラジアンの子供たちを対象としてつくられた民間学校である。

このＡＡＳＯ設立の発端となったのは、オキナワ・クリスチャンスクール・インターナショナル（ＯＣＳＩ）での異臭騒ぎであった。ＯＣＳＩは一九五八年に米国人宣教師により創設された民間のキリスト教系アメリカン・スクールであり、県内で唯一米国の学校協会から認定を受けていた[4]。四歳から一八歳までの幼・小・中・高の一貫教育で、教育内容は標準的米国教育にクリスチャン教育が加わったものである。

生徒達の多くはアメラジアンであり、当初浦添市港川にあったが、校舎の老朽化と生徒数の増加により、一九九六年六月、読谷村座喜味に校舎を新築移転した[5]。だがこの移転先はもともと産業廃棄物処分場跡地であり、移転後校内から高温異臭ガスが噴出する事件が発生、九七年四月一四日『琉球新報』がこの事を報道した。

これをうけ、県は環境調査を実施し、ダイオキシンの調査もされぬまま〝安全宣言〟がだされたが、しかし子供たちに頭痛、吐き気、目のかゆみなどの症状がでて、母親らは健康を心配して、自主退学をさせた。

ＯＣＳＩを退学した子供たちの教育の場として、この時、（１）日本の公立学校、（２）フリースクール、（３）在宅学習、(4)米軍基地内の学校DODDS(Department of Defenses Dependents School)の四つの選択肢があった。公立学校は、いじめ、教師の無理解に対する不安、英語教育がないなどで魅力がない。フリースクールは授業料の高額(一人当たり月四・五万円)さと無認可により、学歴や高校進学などに対し不安が生じる。在宅学習も親の指導には限界がある。DODDSは母子にとって最も魅力で、カリキュラムや高卒後に米国の大学進学も可能であるが、米軍人および米国本土から赴任された軍属の師弟以外は月一二〜一五万円の学費、年一五〇万円の支払いが必要で、シングルマザーにとってはこの経済的負担は重い。

こうした背景の中、「国際児をもつ母親の会」(国際児のための教育研究会)が発生し、DODDSへの入学ができるように国や県への就学援助制度の要請とアメラジアン・スクールの創設運動の二つを訴える行動をおこした。

一九九七年一一月、ついに母親たちは、「アメラジアンの教育権を考える会」を結成する。この概念には、〃米国人の父親に捨てられた貧しく可哀想な子供〃というネガティブな差別用語イメージがあったものを、あえてこのアメラジアンの語を用いて意欲的にそのイメージを変えていくという前向きの姿勢が窺われた。

こうした沖縄の〃ハーフ〃の子供たちの置かれている二重国籍、米国籍、日本国籍の三パターンを区別したくないという母親らの想いから、American(アメリカン)― Asian(アジアン)＝AmerAsian(アメラジアン)という二つの単語をかけ合わせた造語が考え出されたのである。通常なら二つ目のaは小文字になるところ、意図的にAの大文字とし、〃アメリカとアジアの血を受け継いだ一人の人間として、平等の権利を与え〃ようとの願いが込められたという。そして、共通理念として〃ダブルの教育〃、つまり〃米国人でも日本人でもあることに誇りをもち、胸を張って生きていける教育〃、英語と日本語の二つの言語(バイリンガル)、二つの文化を学校設立にかかげた。

一九九八年六月一日、アメラジアン・スクール・イン・オキナワ(AASO)は宜野湾市駐労センターで無認可のフリースクールとして開校した。当時の児童生徒数は八〜一〇人、家賃は維持費込みで月三万円。敷地は狭く設備も最

移転前のアメラジアン・スクール

悪。九八年八月末　母親五人で金をだしあい、数年前までは保育園として使われていた敷地面積二七〇坪、コンクリート二階建ての民家に移転した。それが二〇〇三年三月末まで利用された宜野湾市大山校舎である（**写真**参照）。寄付によりプレハブ教室も設置された。

二〇〇三年三月一七日、筆者は研究室院生の高橋智子と二人で移転まじかいこの学校を訪問した。翌一八日、琉球大学の野入直美とこのアメラジアン・スクールをめぐって懇談し、多くの教えを受けた[6]。ＡＳＳＯでは、高学年（五年〜中学三年生）、中学年（三、四年生）、低学年（一、二年生）、幼稚園の四クラスに分かれ、複式学級となっていた。授業はいずれのクラスも米国人の担任が英語、算数、理科、社会科を英語で教え、他の日本語、美術、音楽、体育は全てボランティアが担当。内日本語は定年後の元教師、美術は県立芸大の教員と院生、二〇〇一年二月からは、財団法人おきなわ女性財団からの日本語講師派遣事業により二人の教員が担当するようになり、公立学校との連携がとれるようになった。

運営は父兄が授業料として一人二・五万円の月謝と助成金、寄付金などで人件費、維持費、教材費をやりくりし、公的機関からの援助はない。月謝のほとんどは、英語教育を担当する外国人教師たちの給料で消える。

ＡＳＳＯ設立後に大きな問題となったのが、母親たちの知らない間に、子供たちの学籍が抹消されていたことである。一九九八年一二月時点で、通学児童生徒一七人の内七人が就学義務の猶予、免除の通知を受けていたことが判明する。「就学義務の猶予」とは「二重国籍を有する国際児が他に教育を受ける機会を保障されているという条件のもとで、日本の義務教育を猶予または免除できるという」制度である。当時ＡＳＳＯは「無認可のフリースクール」という制度的な位置付けであったにも関わらず、教育委員会はこうした通知を出していた。翌九九年一月、「アメラジアンの教育権を考える会」は、宜野湾市教育委員会に対して、就学義務免除の解消と学籍の回復を要求した。一週間後、日本国籍を有する子供たちの学籍は公立学校への編入学という形で回復することができた。八ヵ月後の九月、宜野湾市教育委員会は市内の公立小・中学校に対し、ＡＳＳＯへの通学を公立学校での「出席扱い」するとの正式通知を出した。これにより二〇〇〇年三月、二人の児童生徒がＡＳＳＯで初めての公立学校の卒業資格を得た。

二〇〇三年四月には、新校舎として宜野湾市人材育成交流センターの一階（写真参照）に移転、新たなスタートをきった。二〇〇四年七月、県からＮＰＯ法人の認証がおり法人化された。二〇〇五年二月に筆者はこの新校舎を訪問、教室数や子供数の増加に伴い前よりも施設は大幅に充実され、七教室、キャパシティ八〇人（二〇〇八年現在六五人）にまでふえていた。米国の日本財団ＪＡＰＡＮ　ＦＵＮＤから二人の米国人教師が派遣され、（財）倶進会からの書庫などの支援も喜ばれていた[7]。

このアメラジアン・スクールの活動を通じて、マイノリティ教育とその子供たちの教育権のあり方、外国籍の子供たちの学籍問題や進路問題、ダブルのバイリンガル教育、さらには二〇〇二年には韓国のアメラジアンとの交流など、沖縄のおかれた凝縮された特有な一側面が示されており、社会的現実と法のすき間について多くを学び、考えさせられる。

移転したアメラジアン・スクール

注

1　高里鈴代『沖縄の女たち―女性の人権と基地・軍隊』明石書店、一九九六年、二三八頁。

2　沖縄県総務部知事公室男女共同参画室編『平成一一年度米国基地から派生する女性の諸問題調査事業報告書』一九九九年、九頁。・沖縄県総務部知事公室女性政策室『おきなわ女性白書二〇〇〇』二〇〇〇年三月も参照

3　野入直美「沖縄のアメラジアン―教育権保障運動が示唆していること」山本雅代編著『日本のバイリンガル教育』明石書店、二〇〇〇年、二四五頁。ここで野入は、一九九二～九九年八年間の出生数を一三四〇人と割り出し、年平均二六一人を「幼稚園から高校まで一五年齢分として掛け算」して推計している。

4　上里和美『アメラジアン―もう一つの沖縄』かもがわ出版、一九九八年、六五～六七頁、なお一〇三頁によると、当時沖縄には小学校八、中学校二、高校二の計一二校のDODDSがあった。

5　照本詳敬・セイヤーミドリ・与那嶺政江・野入直美編著『アメラジアン・スクール― 共生の地平を沖縄から』ふきのとう書房、二〇〇一年。

6　高橋智子「アメラジアン・スクールの設立と現状」東京農工大学大学院農学研究科国際環境農学専攻国際地域開発学講座若林敬子研究室『沖縄における人口と環境レポート集』二〇〇五年三月。

7　（財）倶進会は千葉正士を中心に一貫して助成を重ねてきている。若林敬子「社会的現実と法のすき間―アメラジアンスクールと倶進会の理念」『倶進会の歩み』（財）倶進会、二〇〇八年、一五〇～一五三頁。

また、アメラジアンの教育権を考える会『アメラジアンの教育権を考える会、資料集』第一号(一九九七年五月~九九年二月)、第二号(一九九九年三月~九九年九月)、第三号(一九九九年一〇月~二〇〇〇年六月)なども参照のこと。

米国ではアメラジアンとはベトナム戦争の後にベトナムに米兵の血をひく子供達を指して用いられ始め、その後日本(沖縄)、韓国、フィリピン、タイ、ラオス、カンボジアでもアメラジアンの子供達は生まれ続けている。

関連文献

・沖縄県基地対策室『沖縄の米軍基地』二〇〇三年
・沖縄県教育振興会(財)沖縄協会「沖縄の混血児実態調査報告書」一九七六年
・沖縄県知事公室基地対策課『沖縄の米軍及び自衛隊基地(統計資料集)』二〇〇八年
・沖縄防衛局「普天間飛行場代替施設建設事業に係る環境影響評価方法書に対する追加修正資料(修正版)」二〇〇八年
・(財)おきなわ女性財団『日米結婚・離婚・子どものハンドブック』沖縄県総務部知事公室男女共同参画室、二〇〇一年
・澤岻悦子『オキナワ・海を渡った米兵花嫁たち』高文研、二〇〇〇年
・福地曠昭『沖縄の混血児と母たち』青い海出版社、一九八〇年

第五章　名護市東海岸の久志過疎集落と海上ヘリポート基地建設

ヘリポート基地を巡っての市民投票（1997 年 12 月）

1　観光資源とサミット開催

名護市には、国定公園として「沖縄海岸国定公園」(屋我地島海岸及び名護岳一帯)がある。このうち、屋我地島一帯については、陸域での農地開発等に伴う赤土の流入や海砂採取の影響と思われる海岸砂地部分の減少及び侵食が激しく進んでおり、国定公園としての質をかなり落としてしまっている。

一九九六年時点では、大型ホテル(収容人員三〇〇人以上)が五、中規模(一〇〇〜三〇〇人)が四、小規模(一〇〇人未満)一七を数えた。

その後一九九七年夏に、沖縄県名護市、恩納村、民間出資(沖縄ビジターズビューロー)による第三セクター方式の大型リゾートホテル「ザ・ブセナテラスビーチ・リゾート」が設立オープンし(一九九一年四月に発足)、本格的大型リゾートホテル時代に突入した。

一九九九年四月二九日には、二〇〇〇年サミットの開催地として、このブセナリゾートホテルのある岬の先端に「沖縄国際友好会館」がつくられて会場となる事が決定し、一躍世界の目がここに集まる場となった(名護市議会はサミット誘致を一九九八年一二月に可決しており、国際交流会館を建設したいとしていた)。

市の西南部、部瀬名岬海浜リゾート開発の対象面積は一一〇〇ha、開発面積五八三ha、ホテルは一七・三ha、一九八二年に開発が示され、総事業費は三八〇〇億円(用地は別)に達する。

海浜公園海中展望塔を中心にリゾートホテル四〇一室、コンドミニアム一六三〇ユニット、戸建九六区画、それにゴルフコース、マリーナ、ショッピングセンターが加わる。名護サザンヒル開発株式会社「ブセナサザンリゾート開発計画に係る環境影響評価準備書」が一九九八年一一月に作成されている。ブセナサザンヒルリゾートは、超高級リゾート開発で一九九七年七月にオープンした。従業員は三九五人(夏期期間は一〇〇人増加で五〇〇人近く)、内名護市

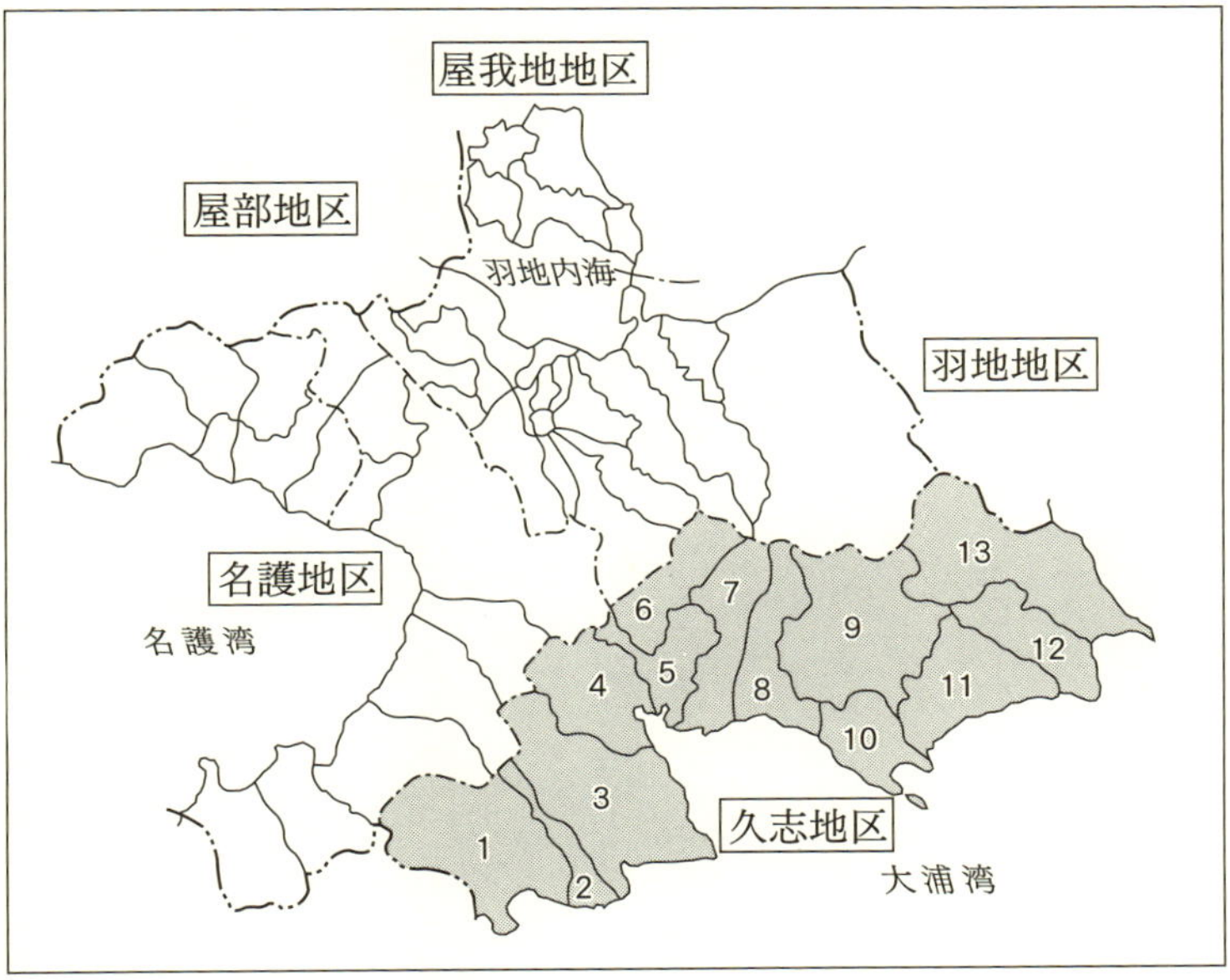

	行政区名
久志地区	1　久志
	2　豊原
	3　辺野古
	4　二見
	5　大浦
	6　大川
	7　瀬嵩
	8　汀間
	9　三原
	10　安部
	11　嘉陽
	12　底仁屋
	13　天仁屋
	小　計

(1999年10月1日現在、単位：㎢)

図5―1　名護市の行政区域

内地元雇用は五〇人、高卒二〇歳位で三分の二が女子、三分の一が男子である。従業員は本島中南部からが三四人、名護市内の寮に六〇人が居住する。正社員が三分の一、一年間の契約が三分の一、パート三分の一という内訳である。地元雇用五〇人の時給は六〇〇円、月給は約一二～一三万円。四〇〇室で八二〇人の収容が可能であり、稼働率は一二月末現在四八％、正月は一〇〇％で、客は東京からが約四〇％、本土からでいえば九〇％程となる。

ついで大型リゾートホテルとして「カヌチャベイホテル（Kanucha）＆ヴィラズ」が完成するが、東海岸の安部集落を中心にマングローブの自然群生林の八〇万坪に客室一三二室でコンドミニアムもある。素晴らしい東海岸がのぞめるブセナとならぶ高級リゾートである。なお「レキオホテル」は大浦湾のおくまった山頂にあり、ゴルフ専用のホテルであったが一九九八年に倒産した。ゴルフ場利用客がカヌチャベイホテルに宿泊できるようになったために影響を受けての経営難による。

その他、サンビーチリゾート（汀間集落、二五四ha、一九八九年着工）、リゾートアジュール沖縄（豊原集落、九六ha）、シャロンゴルフ場（汀間集落、一五七ha）、名護シーサイドカントリークラブ（数久田集落、一〇五ha）、海邦カントリークラブ（安富祖集落、一二〇ha、一九九二年着工）、山田カントリークラブ（山田集落、二九ha）、数久田集落ビーチリゾート（真栄田、一七ha、一九九〇年着工）などが次々と計画されていた。

海岸埋め立てと名桜大学─七〇年代市政の争点

一九七四年の市議会選挙の主な争点には二つがあった。その第一は、海岸埋立事業であった。市は本土復帰の時から約三〇haの海岸埋立事業をしていたのだが、その目的は公共施設と住宅分譲であった。一九七二年に約六億円の起債をして事業を開始したが、強い反対が生じ、翌七三年公共施設以外の土地は全部都市公園にするというプランに変更した。

「市民会館の用地、下水終末処理場の用地、漁業補償のために漁業組合に渡す土地以外の約一七haを全部公園にする」という案に野党が反対して猛烈な選挙戦に突入した。最大の問題は起債六億円（今にして二〇数億円にも）という大冒険だったこと。結果は市長の再選によりそのままおしきって、「二一世紀の森」公園にしたといういきさつがある。

第二は名桜大学の設立問題である。大学は一九九四年四月に開学したが、国際学部の下に国際文化学科、経営情報学科、観光産業学科の三学科があり、一期三八三人、二期四〇六人、計七八九人である。私立大学ではあるが、公設民営で出資金のほとんどは地方自治体であり、約七五億円の内五五億円は北部一二市町村の負担（山原）でスタートした。その大半の五二億円が名護市、残り一一町村で三億円、残りの二〇億円の内、県が一〇億円の負担分担であった。

計画はバブルの全盛期であり、その後のバブル崩壊により名護市は金を捻出できず、一九九三年度に五二億円のうち二四億円を借金起債した。

開校直後の一九九四年八月の市長選では、大学を潰してしまえとの野党側の攻撃があり、市行政の大きな問題と化した。留学生も多く入学し、日本語学校の設立も続いたが、ヘリポート建設問題での揺れの犠牲ともなった。

2　赤土問題とジュゴンの環境問題

名護市の環境問題で最も深刻なのは、赤土の流出問題である。度重なる実弾演習により、キャンプ・ハンセン内の着弾地周辺は広範囲にわたって緑が失われ、無残にも山肌を剥きだしにしており、環境保全の面からも自然の破壊はゆゆしき問題となっている。

赤土流出による河川・海域の汚染は一見して赤土による底質の汚れがわかり、近隣海域の汚染の原因となる。景観の損失や、生物生育環境の激変など、生活環境、自然環境の悪化を招き、また漁業などの産業振興にも大きな影響を及ぼしている。

特に米軍基地からの赤土流出は、主として演習によるものと、施設工事に伴うものの二つがあげられる。後者の第一は、恩納《おんな》村における都市型戦闘訓練施設建設工事が一九八九年一〇月、キャンプ・ハンセン内で行われたことである。これにより赤土流出が生じ、恩納村新川沿岸海域が汚染され、シャコ貝などの養殖にも打撃を与えた。これに対して一九八九年一一月、在沖縄米四軍調整官のヘンリー・C・スタックポール少将は一部米軍の責任を認めた。また日本政府予算による赤土流出防止のための環境整備工事を同時に行った。

第二は、キャンプ・シュワブ内連絡道路拡幅工事が一九九二年五月に行われ、名護市久志区の旧筒易水道取水源の赤土問題が表面化したことである。県調査の結果、工事造成された場所や工事中の場所において赤土流出対策が実施されているが、不十分であり、また沢への赤土流出の跡が確認されるなど、この工事が汚染原因の一つであるとされた。なお地元名護市が実施した久志大川ダム地質調査ボーリングポイントでも同様に赤土流出の跡がみられたため、複合的汚染であるとされた。

沖縄県では「赤土流出防止対策協議会」を設置し、県庁内各部局間の協議調整を行い、赤土流出防止対策の強化を図っている。一九九二年九月には、国（沖縄開発庁）、県、市町村が一体となって参加する総合的なネットワークを整備し、防止対策に取り組んでいる。そして一九九二年一二月に三者連絡協議会が開かれ、はじめての赤土流出の協議が行われた。

県からは米軍施設区域内においても、演習や施設工事などで赤土が公共用水域に流出しないよう流出源または流出の恐れのある場所においては、十分な防止対策をとるようになどの要望を出した。一九九四年一〇月には「沖縄県赤土等流出防止条例」を定め、一定規模以上の土地の改良などについては条例が適応された。

一九七五年に沖縄の赤土問題が社会的に認知されてから二一年、市としてやっと赤土防止条例が一九九六年に成立し、九七年より実施され、一〇〇〇㎡以上の開発には届出を義務化した。流出防止対策とは表土流出により侵食が拡大し、高濃度の渇水が発生することを防ぐため、工事区域の外周に小堤工を設け、土砂流出を防ぐことである。

あらゆる土木工事から流出する赤土による河川の汚濁と沿岸のサンゴ礁の死滅は、すでに一九五〇年代のパイナップル農業の導入以来大きな問題としてとりあげられながら、解決の途がみえなかった。農業基盤整備事業、土地改良事業は土地面積が最大で、雨のたびにそこから流出する土の量も莫大なものになる。表土の流出は決して不可抗力によるものではなく、むしろ沖縄の自然条件にあわないずさんな計画、施行によって生じた結果であるといえようか。

一九九三年に世論の高まりにおされて、県は赤土防止条約を用意すると表明。赤土の被害はサンゴ礁への物理的な沈殿が主なものとして考えられていたが、赤土粒子の海水中への流出と接触により、海水phの顕著な低下と生物に有害なアルミニウムイオンの溶出が起こることがわかった[1]。

名護市においても支流から入ってくるパイン園から集まり、下流の平坦地へ、上流で何かをすると対策は雨が降ると自然侵食する赤土汚染があり、打つ対策がないのが現状で、名護湾のサンゴ礁も今ではほぼ死んだに等しいといわれる。本土復帰の時すでに埋め立てられて「二一世紀の森公園」が建立。「二一世紀ホテル」と道路のところまでが本来の海岸線であり新道路は埋め立てによってできた土地である。

一九七二年の本土復帰の年、本島の海岸線調査を行っており、(1) 一九七〇年合併時に市の埋め立てを、(2) 一九七五年に海洋博・高速道路もそれにまにあわせて直線化した。漁港のシティ計画と県とのからみがあり県の管理になっている。

もし、もともとの二㎞の浜が現在の名護市に残されていたら今日最高だろう。今でも東海岸の嘉陽や安部の海は素晴しくきれいであるが、辺野古では泳げず、地元民には米軍基地内は夏の一週間だけ開放されて泳げるという(それ以外にはクリスマス時のピザ購入のためにのみ基地内に入るのが許されている)。

大雨に見舞われ各地の川で農地などから赤土が流出し海を赤く染める。海が真っ赤なのは土地改良事業実施地区あるいは施行の終わった地区から流れ出る赤土が大半である。これまで一〇〇〇ha以上の土地改良事業をやり、一九九五年も九地区で継続され、そこから大量の赤土が流出した。赤土は海を破壊し、サンゴを壊滅状態にさせる(サンゴの生育が悪化、閉鎖地域で死滅にいたることが多い)。

なお沖縄の土地改良の経費内訳は、国が七五%(本土では五〇%程)、県一二・五%。団体一二・五%の内六・五%は名護市がもつので、農家は残りの六%しかもたないこととなっている。それ故に一億円の工事をしても負担は六〇〇万円(仮に地主が二〇人いれば、三〇万円)であることから、本土復帰後の特別措置法に基づいて、土地改良事業がどんどん進められてきたという背景がある。

その規模も五〜七haでやれば赤土を流さなくてすむのに、高い国庫負担率が故に最低二〇haの土地をしないと高額の補助金がもらえないと山をきって谷を埋める土地改良がなされた。当然それは土地改良が完了してもずっと赤土を流出し続ける。このような補助のあり方により、本島北部地区において、土地改良事業が環境悪化問題につながったといえよう。「せめて総工費の一〇%を赤土流出防止対策にむけられればよいが」と、名護市の担当者は筆者に語った。

具体的被害として一九九五年一〇月末から一二月、市内許田地区で造成中のゴルフ場から除草剤、山の開発から赤土が流れ出し養殖のマダイ、はまふえふき(方言で〝たまに〟)が泥まみれになり、その後伝染病にかかり全滅した。被害は一・五〜三億円にも達した。赤土防止条例施行後の被害発生であり、本土なら当然裁判になろうが今のところその動きはなく、行政も動く気配がないという。その後(一九九七〜九八年度)、流れをかえて養殖場に直接土が流れないようにした。

このように水産業への被害が問われるが、名護市水産就業人口は、一九八五年に一六二人、九〇年一六一人、九五年一五〇人を数える。八八年の水揚総漁獲高は、一三五万kg、九三年に七九万kgが九五年には六〇万kgに半減以下となっている。

一九七二年の本土復帰後、沖縄の公共事業は国の援助で「本土並み」の産業基盤整備や社会資本の整備が始まった。復帰後一九九五年度までの二三年間に四・五兆円が沖縄に投入され、赤土汚染について県は公害であることを認めて、発生源の九〇％が既存の畑であるとの調査結果を発表している。

済井出集落の「愛楽園」（国立のハンセン病患者施設、後述）近くのマングローブが開発により我部集落のタイ養殖への影響が一九九〇年頃から、また運天原集落では内地の池で行っているえび養殖への影響も一九八〇年頃からはじまり、素晴らしいサンゴ礁の美しい羽地内海は近年環境問題が悪化してきている。羽地内海の護岸工事によって漁港は重要漁港の指定を受け、台風時の避難で大型船が入ってきて開発は難しい。

ゴミ処理場は三原集落にでき、約二〇年して嘉陽集落に処理場が移った。名護市の下水処理場の使用料の三分の一はオリオンビールの水を処理して入ってくる。

さてここでヘリポート問題が浮上して以降、沖縄経済自立をめざしてこれまで県が名護市で進めているプロジェクトを確認してみよう。

（1）国営灌漑排水事業、羽地大川地区——受益面積一三二〇ha、ダム一基、配水池八基、管水路三五・九km、揚水機場五箇所。期間は一九七七～八〇年に調査、八一～八四年に設計、八五～九九年着工～完成

（2）下水道事業

（3）名護市中央公園の整備

（4）名護第三地区土地区画整理事業

（5）宇茂在第二地区土地区画整理事業

（6）名護海岸環境整備事業

（7）人材育成センターの設置支援（名桜大学近く）
（8）古宇里大橋の建設（今帰仁への架橋工事、二〇〇五年完成目標）
（9）名護東道路の建設（国）
（10）国道三三一号二見バイパスの整備（国）
（11）県道一八号線の整備
（12）キク等優良種苗の増殖対策
（13）ＮＴＴ番号案内センターを中心とした名護市マルチメディア館の建設（国）
（14）国立工業高等専門学校の新設
（特に13、14はヘリポート建設問題の顕在化後、官房長官、開発庁長官が示した北部全域を対象としたもの）

名護市としては、高齢者三世代型で、避寒で本土からの湯治《とうじ》のイメージで、低廉な料理で長期滞在型を、つまり医者も含めた長期保養施設を計画中である。その他、許田漁港にヨットハーバーの話題、瀬嵩と汀間との境にゴルフ場つきホテル、豊原のゴルフ場つきホテルもすでに土地買収と整地完了という開発が進行中である。マングローブ地帯、東海岸漁協やモズク組合、民宿とエコツーリズム、海岸の囲い込み、海と関わる生活のその後の変化など開発の中で揺れている。

その後一九九七年度からの一〇年間で一〇〇〇億円ともいわれる国費が北部振興事業費、基地所在市町村にはＳＡＣＯ交付金、基地交付金、沖縄特別振興対策調整費、島田懇談会事業費等がだされたという。名護市に対する「金融特区」の認可、恩納村における「沖縄科学技術大学院大学」（世界最高水準の自然科学院大学。開校は当初二〇〇七年度の予定が二〇一二年度へと大幅に遅れており、研究者も集まらず足踏み状態）の設置、「マルチメディア館」「みらい一号・二号館」

「沖縄工業高等専門学校」など多々進展しているが、その全体像と評価はさらなる今後の調査をまって正確に記す必要がある。

ジュゴンの保護

沖縄の海は生き物の宝庫でもある。国際的に保護の対象になっているクジラやイルカだけではなく、その生態がほとんど知られていない生物も少なくない。今絶滅の危機にある生き物の一つがザンとよばれ、人魚伝説のモデルとして沖縄の人々になじみの深いあの海牛目ジュゴン科のジュゴンである。ジュゴンは草食性の哺乳動物で、オーストラリアやフィリピンなどに多く生息しているが、その生態はほとんど知られていない謎の動物である。沖縄のジュゴンは北限の地のジュゴンとして、生態を知る上でも極めて貴重である。

このジュゴンが一九七二年に沖縄の日本復帰の年に国の天然記念物として指定された。とはいえなぜかこれまでイリオモテヤマネコやヤンバルクイナの陰に隠れて、ほとんど語られることが少なかった。沖縄本島の東海岸に年一度くらいの割合で定置網にかかったり、死んで打ち上げられたりという無残な姿ではあるが、まるで「忘れないで」というメッセージのように姿をみせている。一九七九年一月から二〇〇二年八月までの二三年間に混獲が一〇件、死体漂着が七件、計一七件の記録があり、個体数が五〇頭以下と推定されている沖縄ジュゴンの絶滅が危惧される。

ジュゴンがどこにどのくらいいて、どのような生活・生態なのかはあまり知られていない。知られていないどころか国の天然記念物というのに調べようともしない（二〇〇二年にようやく環境省ジュゴン広域調査が開始される）。昼間は海に潜んでいて人目にあわず、どこにいるのか、探すのが難しい。

名護市東海岸の嘉陽集落から宜野座湾につらなる海――リーフ（サンゴ礁）の中の水深一〇ｍの浅瀬とジュゴンの好物アマモの仲間の繁茂は、ジュゴンのえさ場としての条件を満たしている。ジュゴンに津波を教えられたという伝説、中国や幕府への琉球王国からの献上物ともなってきたことなど、ジュゴンに助けられてきたことから、その絶滅の危機にある今こそ私たち琉球人は恩返しをしなければならないのだという声も聞かれる。

国営沖縄記念公園水族館の調べによると、一九七九〜九七年まで本島周辺（名護市宜野座村や金武町など）で一二例が確認されている。日本に生息する海生は哺乳類の一種で国家保護動物になっている。普天間飛行場代替施設の建設計画のある名護市辺野古はこの周年生息域のほぼ中央に位置している。ジュゴンの目撃頻度が最も高い海域である。ここに長さ二五〇〇メートル、幅七三〇メートルの軍事空港がリーフを埋立てて造成されると、辺野古海域におけるジュゴンの休息場所（リーフの外部）、採食場所（イノー海草藻場）、その移動経路（リーフのクチ）の大部分が破壊されることになる。海草藻場は直接的に埋め立てられなくても、工事中の赤土微粒子の沈殿や空港完成後の海流の変化等により衰退する可能性がある。また、軍事空港を使用して行われる各種の軍事演習は、生息地の撹乱を引き起こし、広い範囲のジュゴンに悪影響を及ぼすと考えられる。

一九九七年一二月のヘリポート基地住民投票の直前に辺野古海岸に現れ、全国紙に大きく報じられて、住民投票への間接的援護をしたことは記録に新しい。その後に東恩納琢磨をリーダーとしてジュゴン保護の環境視点から海上ヘリポート基地反対運動が展開されているのは周知の通りである。

3　戦中の久志への避難民、海外移住と開拓移民

名護市東海岸にある久志地区は、戦前は山仕事、薪や材木を産する地域であった。一九〇八（明治四一）年に人口六一〇五人、一三二〇戸、一九一四（大正三）年に七二〇四人。一九〇八（明治四一）年の「沖縄県島嶼町村制」の施行により久志間切から久志村に改称した。一九二三（大正一二）年には東村が分村した。一九二一〜二五（大正一〇〜昭和元）

年まで、久志村役場は一時汀間に置かれた時があった。

陸上交通が不便であった久志も、一九二一（大正一〇）年に瀬嵩から大浦を経て西海岸に通じる郡道が開通され、東西交通が便利となる。東海岸の道路整備は一九三五（昭和一〇）年に着手された。久志地区は明治の廃藩置県以来、首里や那覇、泊からの士族の寄留・定住が多い地域で、人口急増した久志地区内の集落を見ると、一九二五（大正一四）年には三原が汀間から、一九二七（昭和二）年には二見・大川が大浦から、戦中の一九四二（昭和一七）年には久志・辺野古から豊原がそれぞれ分離・独立して行政区を設置した。

一九四五（昭和二〇）年の沖縄戦下、久志地区は中南部から多くの疎開者・避難民を受け入れた。終戦時の収容所生活時期には、瀬嵩地区と久志地区の区域に分けられ、あわせて九万人を超える人々がしばらくの時期ではあるが、共に生活をした。同時期、辺野古の大浦崎は、伊江村・本部町・今帰仁村の住民の多くが収容されていた。同年敗戦後の一一月から、久志の両地区に収容されていた中南部の人々の帰村が始まったが、最終的には翌一九四六（昭和二一）年の六月までかかった（伊江村民はさらに遅れて、同一九四七年三月になって帰村）。

また戦火の激しくなった中南部住民を戦災から守るために県の疎開実施計画に基き、高齢者や女性、子供を対象に国頭郡各町村に疎開民の受け入れが割り当てられ、一九四五年二月九～一〇日頃に北部疎開命令が下された。疎開家族を「避難民」と称し、久志村役場を通して東風平村の住民を中心に受け入れた。食糧事情も悪化し、マラリアも発生した。一九四五年一〇月三〇日～一一月中旬にようやく避難民の帰村が許された。

一九四四（昭和一九）年一〇月一〇日の大空襲後、県庁では軍命によって南部住民を北部各町村に割り当てて避難するように令達した。このため、名護の久志地区も避難民の増大により、受け入れ配置や配給で苦慮した時期がある。二月四日、久志役場所在地の瀬嵩集落に機銃掃射があり、犠牲者も発生した。村から避難命令が発せられ村民は山中深くに非難した。空から見分けがつかない崖の下や木陰を頼り、雨露を凌ぐ粗末な掘っ立て小屋を構えて、夜となく昼となく煙が立たぬように気を配り、食料の不足と戦争情報に気を沈めて明け暮れた。

四月下旬には、食料不安で南部から移動の荷馬車の馬もついに犠牲に供せられ、蘇鉄取りや野生の葉や野菜集めに、六月下旬にはジープの往来も頻繁になり、七月二日には山中に集合して協議の末、生死を共にした集団にて下山することを決定した。

七月五日、南部から収容せられた住民が軍命で軍のトラックで移送させられて、各地区とも毎日人口が増加した。当時、瀬嵩と大浦崎の二地区・集落に米軍部隊が駐屯して、久志国民学校にも米国国旗が揚げられて、米軍が駐屯した。帰還が許されて移動し、人口も減少し民心も落ち着き安定してきたので、一九四六年一月五日、久志・瀬嵩の共同協議会を開き、二つを統合して久志村に改称することを決定した。

以下この時期の避難民の移動を年譜として整理すると以下の通りである。

一九四五年二月　避難命令出る

六月下旬　大浦崎に米軍が駐屯し、山中に避難していた住民下山を始める

六月末日　今帰仁・本部・伊江の住民は大浦崎に集団移動を命じられ、急ごしらえのテント小屋生活が始まる

七月初旬　山中の避難小屋から下山させられる

七月　汀間～天仁屋の住民ら、米軍によって追い立てられ一万余の人々が集められた

九月　市会議員選挙。瀬嵩市（瀬長潔市長）及び久志市（中里松吉市長）が成立

一一月一日　大浦崎への集団移住していた本部町、今帰仁村の元住民が帰還を許され、一一月一七日までに移

動完了
一一月九日　瀬嵩地区内移住の元糸満・玉城の両町民が初めて集団で元住地へ帰還
一一月二〇日　名護町の元住民が集団移動
一二月六日　豊見城村が元住地へ
一二月一五日　玉城村民五八〇人元住地へ集団移動
一二月一六日　同三七四人元住地へ集団移動
一二月一八日　同三六二人元住地へ集団移動
一二月二一日　大里村民、元住地へ集団移動
一二月三一日　東風平村民、元住地へ集団移動

一九四六年
一月一〇日　勝連、与那城、大里村民が元住地へ移動
一月一一日　佐敷村民が知念村へ集団移動
二月一八日　真和志村民が摩文仁へ集団移動
二月二三日　首里市旧市民が元住地へ移動
三月一一日　浦添村民が元住地へ移動
五月四日　糸満町民が元住地へ移動
六月一〇日　西原村民が二見より一二人、辺野古より六人、久志より九六人が元住地へ移動
六月二〇日　西原村民が瀬嵩より八一人、大浦より一一七人、大川より一六一人、二見より六九人、大浦崎より一四人、三原より三〇人、計四七二人が元住地へ移動

六月二九日　西原村民が嘉陽より七五人、安部より三二人、汀間より九六人、瀬嵩より一〇三人、計三〇六人が元住地へ移動

一九四七年

三月九日　伊江村民三二〇〇人余が元住区へ移動する

この大浦収容所の跡地には、一九五七年から米軍キャンプ・シュワブ基地が建設され、また久志岳・辺野古岳一帯の山々はその演習場となって現在に至っている。米軍基地に隣接する辺野古や久志では、基地建設が始まって以来、建設に従事する人々や米兵を相手にする民間の諸施設が建てられた。特に辺野古では、東の大地に新しく「基地の町」が出来あがった。一九六〇年代のベトナム戦争時をピークに〝大繁栄〟するが、その後は活気を失いつつある。一九七〇年八月には、名護町・屋部村・羽地村・屋我地村が共に久志村とも合併して一町四村で名護市となる。

4　基地問題と集落人口

米軍基地面積は二万三七五四ha、県土全面積に占める比率は一〇・四%、本島だけでみれば一八・九%と高い。国有地三四・二%、県有地三・五%、市町村有地二九・二%、民有地三三・三%と三分の一が民有地である。

基地関連人口の総数は二〇〇〇年現在で四万九五〇一人、内軍人二万四八五八人、軍属一四四八人、家族二万三一九六人。全施設面積に占める割合をヤンバル・本島北部でみると、国頭村では一九・〇%、東村一四・三%、名護市九・八%、金武町九・五%、沖縄市七・四%、読谷村六・六%が占められている。また市町村面積に占める割合が多い順に並べたものを四章3節の表2で示しているので参照されたい。名護市では全域の一一・一%、二三三四haが

施設面積である。

ところで沖縄経済を理解しようとする際、以下の二つの点に配慮しておく必要がある。これらは基地経済や軍用地料に依存する体質から抜けきれないために〝麻薬〟とよばれることもある。

その第一は、米軍基地の軍用地料であり、一九七二年に一二三億円が二〇〇三年度には七六六億円と値上がり増額支給され、県民の四人に一人が収入を得ているといわれる。

名護市について**表5—1**と**表5—2**でみると、キャンプ・シュワブなどの軍用地四施設に計二二七一万㎡の面積、それへの賃貸料は一九九七年度時点で計一九億二七三万円に達している。また辺野古集落には七億五九一六万円、久志集落には四億四四八万円、豊原集落には六九二七万円、二見に二三三六万円、その他六集落に計六億四七四六万円である。市有地六九・一％、区有地二・七％、私有地一九・一％、県有地八・五％、国有地〇・六％が内訳であるが、市有地の中の分収金と区有地分はその集落の収入となる（名護市の軍用地料収入は一九九七年度で一九億円、内集落には約六億円で旧久志村分は五五・六％、辺野古と久志の二集落に各一・五億円、かつ豊原集落に二七七一万円の分収金、それ以外の二見地区に約一二一万円ともいわれるが、政治的に追加されるなど一部資料で把握できるが年々上昇、変動もあり全体についてはその正確性は微妙である）。

第二は日本政府の補助金である。沖縄の名目県民所得は約四割が国の補助金といわれ、基地がらみが多い。観光収入が一七・七％、基地関連収入が八・四％、その二倍近い国の支出金があるといわれる。

なお、二見地区には、海上ヘリポート基地建設が動き出した一九九七年度に六〇〇〇万円の追加収入がなされた。辺野古への米軍基地建設問題とリンクする形で県北部に九七年度から一〇年間に一〇〇〇億円が投下されたともいわれている（以上は筆者の調査によるが近年までの基地経済については松島泰勝『琉球の「自治」』藤原書店　二〇〇六年などが詳しい[2]）。

表 5 ― 1　名護市における軍用地面積と軍用地料：1997 年度

施設名	賃貸料	主な集落
キャンプ・ハンセン	120, 950　千円（ 1, 682 千㎡）	喜瀬、幸喜など
キャンプ・シュワブ	1, 631, 071　（19, 799　）	辺野古、久志、許田、数久田など
辺野古弾薬庫	149, 232　（ 1, 199　）	辺野古、二見
八重山通信	1, 475　（　25　）	勝山
計	1, 902, 728 千円 (22, 705 千㎡)	市有地　1, 353, 612 千円（分集林)536, 925 千円 私有地　549, 116　（区有地)60, 922

出所：名護市市役所資料による

表 5 ― 2　名護市集落別軍用地面積と軍用地料：1997 年度

集落	軍用地面積	軍用地料	内分収金と区有地分	
辺野古	7, 768 千㎡	759, 162　千円	151, 683 千円	(25. 4%)
久志	6, 091	404, 476	150, 571	(25. 2)
豊原	815	69, 272	27, 709	(4. 6)
二見	160	22, 357	1, 207	(0. 2)
その他、6 集落	7, 872	647, 461	266, 677	(45. 2)
計	22, 705	1, 902, 728	597, 847	(100. 0)

注 1：その他集落は旧久志村以外の喜瀬、幸喜、許田、数久田、世冨慶、勝山など。城は辺野古に含めた

2：分収林と区有地分は集落に。かつての共有林コモンズが軍用地となり、入会権を補償し、分収金・入会補償金という集落独自の収入になる

3：国有地はどの字にも属さない

4：地代は 97 年 5. 5%、98 年 3. 3%、99 年 3. 5%、2000 年 8. 9%と年々急騰している

5：地主数は辺野古に 212 人、久志に 40 人、豊原に 15 人とも

出所：表 5 ― 1 と同

また米軍の雇用員は一九七二年に一万九九八〇人(県内全就業者中の五・五%)が二〇〇四年に八八一三人(同一・二%)に減少している。二〇〇四年の一人あたり平均月給は二九万円。給与総額約五四〇億円は日本政府が負担しているともいわれる。つまり基地労働者の賃金は、米軍が負担することになっているが、最近ではかなりの部分を日本政府が〝思いやり予算〟で肩代わりしているといわれる。

東海岸・旧久志村の集落別人口

さて、**表5—3**は名護市内の東海岸久志地区(旧久志村)の集落別の人口と世帯数である。

一九〇三(明治三六)年に三三八九人、一九六六年に六一七九人、二〇〇八年に四八九七人と変動してき

表5—3 名護市旧久志村における集落別人口と世帯数の推移:1880・1903・66・79・2008年

	1880 (明治13)		1903 (明治36)		1966 (昭和41)		1979 (昭和54)		2008年3月末 (平成20)	
久志	338	(61)	404	(98)	692	(145)	701	(183)	621	(240)
豊原					346	(64)	447	(113)	419	(167)
辺野古	258	(57)	299	(74)	2,120	(400)	1,631	(474)	1,993	(1,121)
大浦					183	(43)	131	(41)	93	(44)
二見	339	(76)	497	(116)	191	(32)	98	(29)	85	(42)
大川					218	(47)	113	(31)	74	(39)
瀬嵩	239	(60)	425	(93)	344	(71)	531	(103)	514	(345)
汀間	410	(92)	531	(125)	313	(60)	335	(83)	256	(116)
三原					808	(135)	414	(112)	346	(132)
安部	194	(55)	392	(79)	253	(61)	161	(57)	175	(90)
嘉陽	234	(47)	385	(83)	265	(64)	159	(56)	105	(55)
底仁屋	133	(39)	456	(100)	146	(24)	98	(22)	64	(28)
天仁屋					300	(67)	210	(54)	152	(65)
旧久志村	2,145	(487)	3,389	(768)	6,179	(1,213)	5,029	(1,358)	4,897	(2,484)
名護市	18,817	(3,588)	27,692	(5,143)	44,224	(8,734)	47,452	(13,059)	59,628	(24,488)

注1:旧久志村人口は 1903年(5,581人)、1915年(7,024人)、1927年(8,875人)、1939年(7,230人)、1975年(5,219人)

2:1925年三原が汀間から、1927年二見・大川が大浦から、1942年久志・辺野古から豊原がそれぞれ分離・独立した。

3:2005年センサスでは、辺野古1,693人(2004年設立沖縄工業高等専門学校全寮生を含む)、三原329人、嘉陽85人

出所:『沖縄県統計概表』、1880、「間切村」、『沖縄県統計書』、1903、「区間切島本籍人員族称別及業児」の現(
および「住民登録」1979、2008

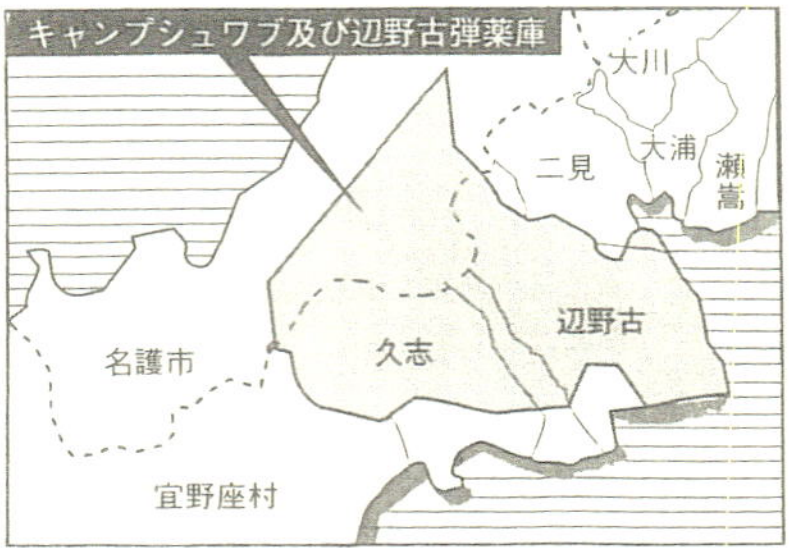

図５—２　辺野古集落の位置

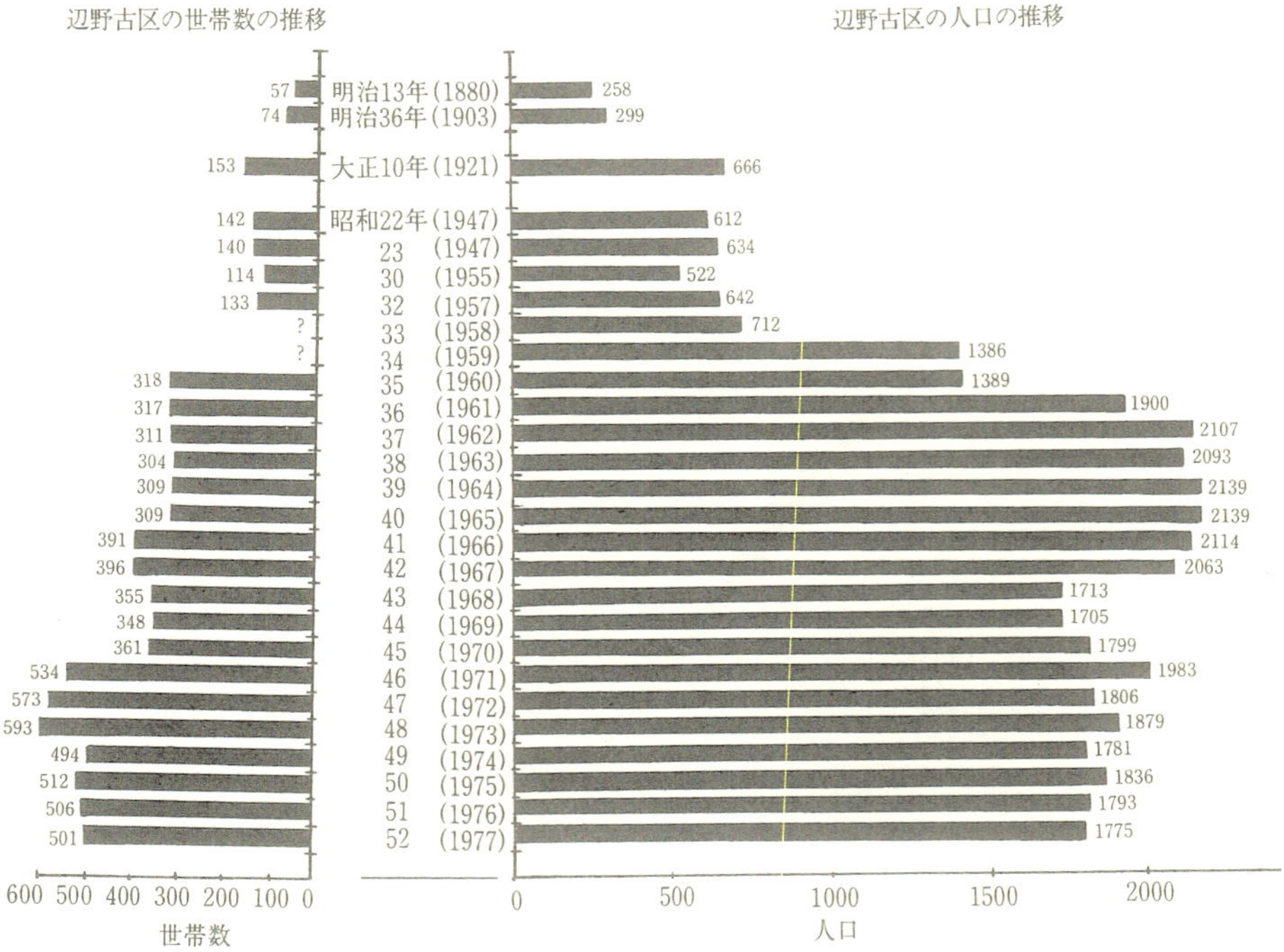

図５—３　辺野古集落の世帯と人口の推移

注：1980年1,592人（459戸）、1985年1,518人（454戸）、1980年1,440人（466戸）、1995年1,440人（473戸）、2000年1,413人（467戸）、2005年1,693人（484戸）

出所：辺野古区編集委員会編『辺野古誌』辺野古区事務所発行、1998年、p.57

た。

辺野古集落についてみれば、（本書口絵の航空写真参照。基地と集落の位置を確認されたい）一九〇三年に二九九人、七四戸は一九六六年に二一二〇人、四〇〇戸（二〇〇五年一九九三人、一一二一戸）『辺野古誌』によると、図5—3のような推移を示す。一九五七年まではほぼ六〇〇人台で一世帯あたり四・六人であった。ところが、一九五九年に基地建設が本格化すると建設労働者や飲食業者の流入によっていっきに六七四人、九四・六％の増加となり、一九六〇年の世帯数も三一八戸となる。

その後も人口誘致や米軍移駐によって増加した。六一年には五一六人、三七・二％の増加で人口一九〇〇人、世帯数三一七戸となった。「六二年以降、ベトナム戦争の激化に伴い、キャンプ・シュワブが海兵隊員の中継基地になると、風俗営業関係従業員も増え、同六八年までは二〇〇〇人台で増減を繰り返しながら推移している。」[3]人口最多は、六四年の二一三五人、三〇九戸である。一世帯あたりでみると六・九人と高く、六〇年より二・五人も増加している。その要因は、急増したサービス業従業員が経営者と同世帯として住民登録したためであるという。

他方、辺野古集落人口は、基地の町としての特殊事情ともからみ、未登録の流動人口も多く住民台帳と実際居住の人口とはかなり異なる。つまり、ベトナム景気とよばれた六〇年代前期以降の最盛期には二九〇〇〜三〇〇〇人余の人口に膨れ上っていたともいわれる。

ところが、ベトナム戦争の〝情勢悪化〟も相まって、一九六九年人口も一七〇五人、三四八戸と減少し、基地経済基盤の低下を象徴するかのように見えたが、一九七〇年の町村合併後は微増し、七一年以降は一九〇〇人台に回復した。世帯数は最多の七三年に五九三戸、一世帯あたり平均三・一人と減少した。基地経済の衰退と共に人口も減少傾向となる。

二〇〇五年センサスによる辺野古人口は一六九三人となるが、これには二〇〇四年設立された全寮生の「沖縄工業高等専門学校」の生徒がカウントされている。そのため〇八年三月には一九九三人にさらに増大した。

　太平洋に面して射撃場があり、ふもとから山々に向かって弾を撃つため、山を飛び越えて西側の居住地に落ちる例が過去に三回あり、住民に当たる危険が心配されている。

　名護市の自主財源約七〇億円中の六・六億円は、軍用地料として、市の財政予算に組み込まれている(市一一億円、民有地五億円、計一六億円)。

　また、〝思いやり予算〟ともよばれる基地内住宅、基地で働く日本人従業員の労務費など、国が財政操作により基地維持に腐心しているともいわれる面がある。

　市有地一一億円のほとんどが山林・入会林で地域の集落と分収林(六〇%が市で六・六億円、四〇%が地域で四・四億円)、民有地は五億円、民間は合わせて九・四億円である。

　名護市一九九五年の一般会計二〇二億円、特別会計一一〇億円、計三一二億円、農業粗生産額(内サトウキビが八億円、花が二〇数億円)と比べてみると、いかに多額かが解せよう。ちなみに、名護市軍用地料とその面積は既述の表5―1と表5―2を参照。

　一九七〇年に一町四村(名護町、屋部村、羽地村、屋我地村、久志村)の合併により、名護市の誕生となった。〝久志は軍用地をもって名護に嫁入りした〟と例えられるように、市の軍用地料収入約一一・二億円(九七年値)の内、旧久志村分は五五・四%を占める。

　市有地の軍用地料の内、山林原野については入会権をもつ地元区に四割の「分収金」が配分される。久志では辺野古区と久志区に各々年一・五億円、豊原区に二八〇〇万円の分収金が落ちる。それ以外の一〇区では、わずか二見区に一二〇万円程度で、米軍基地で分断された北と南では差が従来から大であった(二見以北の十区には九七年度になり、六〇〇〇万円の追加金が支給された)。

「キャンプ・シュワブ」は大浦崎収容所であった地に一九五七年に建設開始され、五九年に完成。キャンプ地と弾薬庫・訓練所で面積二〇・四万㎡（国有地一八〇〇㎡、県有地二・〇五万㎡、市町村有地一二・七九万㎡、民有地五・三九万㎡、地主三三八人）を占める。軍用地二二五七ha（県内二・五万haの一〇％が名護にある）は射撃の訓練場が主で、海兵隊が常駐している。

一九九三年の農業粗生産額は八〇億円、九五年は七〇億円、手取り純収入はその四～五割であるから、約八〇〇〇人（農業従業者数は一九七一年に一万一六五八人、一九九五年に四九六五人）の農家はほとんど農業だけではやっていけない。どうしても観光やリゾート業に従事しなくてはならない。ゴルフ場開発はあまり進んではいないが、ほとんどが市有地で、市役所がゴルフ場に貸せば借地料の四割が入ってくるから、現実には同意せざるを得ないのが実状である。県の完全失業率は既述したように一九九五年で五・八％、三・七万人は全国平均の約二倍とみてよい。

名護学院

久志の瀬嵩集落の奥（名護市街地より一五㎞）にある精神薄弱者厚生施設である。一九二五年五月に南山城学園沖縄学園として設立され、一九七七年に名護学院と改称された。

定員二〇〇人（内重度棟五〇人）、職員数七六人で名護久志地区の地元雇用が多い。

院生の内訳は男女各一〇〇人ずつ。年齢は二九歳未満が二八人、三〇代六五人、四〇代七三人、五〇代二四人、六〇歳以上一〇人という分布である。福祉事務所別に出身地を見ると、①名護市内は四四人、②北部四九人、③中部二九人、④沖縄市二〇人、⑤南部一八人、⑥那覇市一六人、⑦その他二四人の計二〇〇人である。

他には施設名護わかば園（一九七七年四月設立、五〇人定員）、精神薄弱者授産施設本部海陽園（一九八一年四月設立、五〇人定員）がある。

愛楽園

美しい羽地内海に面した済井出集落に、国立療養所沖縄愛楽園がある。ハンセン病患者施設である。一九二七年に青木恵哉が来沖縄、一九三二年に「嵐山事件」が発生。つまり屋部安和の焼き討ち事件が発生し、多くの迫害を逃れた一行は一九三五（昭和一〇）年六月、羽地内海のジャルマ島に身を寄せた。極限ともいえる苦難を体験し、現在屋我地大橋入口には「のがれの島の碑」が立てられている。

その後、一九三八（昭和一三）年一一月、県立国頭愛楽園として開園、一九四一（昭和一六）年七月に国に移管され、一九四六年四月に米軍民政府の所管に、一九五二年四月に琉球政府下で「沖縄愛楽園」と改称され、一九七二年五月の本土復帰を境に、国立療養所沖縄愛楽園となり厚生省所管となった。「藤楓協会」の強力な援助が開始される。

敷地は一九四〇（昭和一五）年三・三万坪、建物五三棟、一五六四坪、収容人数は三一〇人。一九四四（昭和一九）年には八三五人に膨張、米空軍の猛撃爆破を受ける。一九六四年九二〇人、一九八五年六三二人と変動するが、今日現在では敷地一〇万坪、建物一四四棟、六五二床、職員二九九人と拡大している。約三〇〇人程の雇用の場となっている。

入園者は開園五〇周年の一九八八年当時でみると六一七人（うち男三七五人、女二四二人）。出身は那覇市から一〇〇人、名護市から六九人など。年齢は五〇歳以上、とりわけ平均年齢は六八・八歳、七〇歳以上五一・九％と高齢者が多い。「ハンセン病予防法の廃止に関する法律」により、一九九五年の県内患者数一〇三九人中七二・二％が入所し、残りの二七・八％、二八九人が在宅である。なお宮古島にもいま一つ同類の施設がある[4]。

その他名護市における雇用の場としては、①オリオンビール一八〇人、②琉球セメント一三〇人、③沖縄ハム一一〇人、④製糖工場の四社、他には市役所関連六二〇人、国の合同庁舎一五〇人といったところが大方である。

5　瀬嵩集落の人口・社会構造

ヘリポート基地建設の焦点となっている名護市東海岸の旧久志村の中心は瀬嵩集落である。

後述の三原や嘉陽に比し、人口は若干多く過疎化は両集落程ではない。院生らによる各戸インタビュー調査によって得られた世帯類型、人口ピラミッド、就業構造が整理されているので、**表5―4**と**図5―4**を参照されたい。

6　三原集落の人口・社会構造

三原は久志の東海岸にある山間集落の一つで、一九九五年の人口は三二〇人、戸数一〇〇戸である（二〇〇〇年センサスでは三五二人、一〇八戸）。

一八七九（明治一二）年の廃藩置県以後、那覇や首里から移住してきた士族や、他地域からの「寄留民」が集まってできた集落である。部落内を流れる汀間

表5―4　瀬嵩集落の世帯区分

（単位：戸）

世帯主の年齢	単身世帯			夫婦のみ	夫婦と未婚の子	夫婦と子供夫婦（孫含む）	親一人と未婚の子			独身兄弟	計
	男	女	計				男	女	計		
区分	①	②		③	④	⑤	⑥	⑦		⑧	
30～39歳						2		2	2		4
40～49	2	1	3	2	17					1	23
50～59	1	1	2	1	9	2	2		2	1	17
60～69	3	3	6	8	3						17
70～79	1	4	5	7	2	1		3	3		18
80～	1	3	4	2	1			3	3		10
計 割合（%）	8 (9.0)	12 (13.5)	20 (22.5)	20 (22.5)	32 (36.0)	5 (5.6)	2 (2.2)	8 (9.0)	10 (11.2)	2 (2.2)	89 (100)

注：「区分」の欄は以下を参照
①単身世帯（男）　⑤夫婦と子供夫婦（孫を含む）
②単身世帯（女）　⑥親一人と未婚の子（世帯主が男）
③夫婦のみ　⑦親一人と未婚の子（世帯主が女）
④夫婦と未婚の子　⑧独身兄弟
出所：1999年12月の若林研究室各戸訪問調査結果より

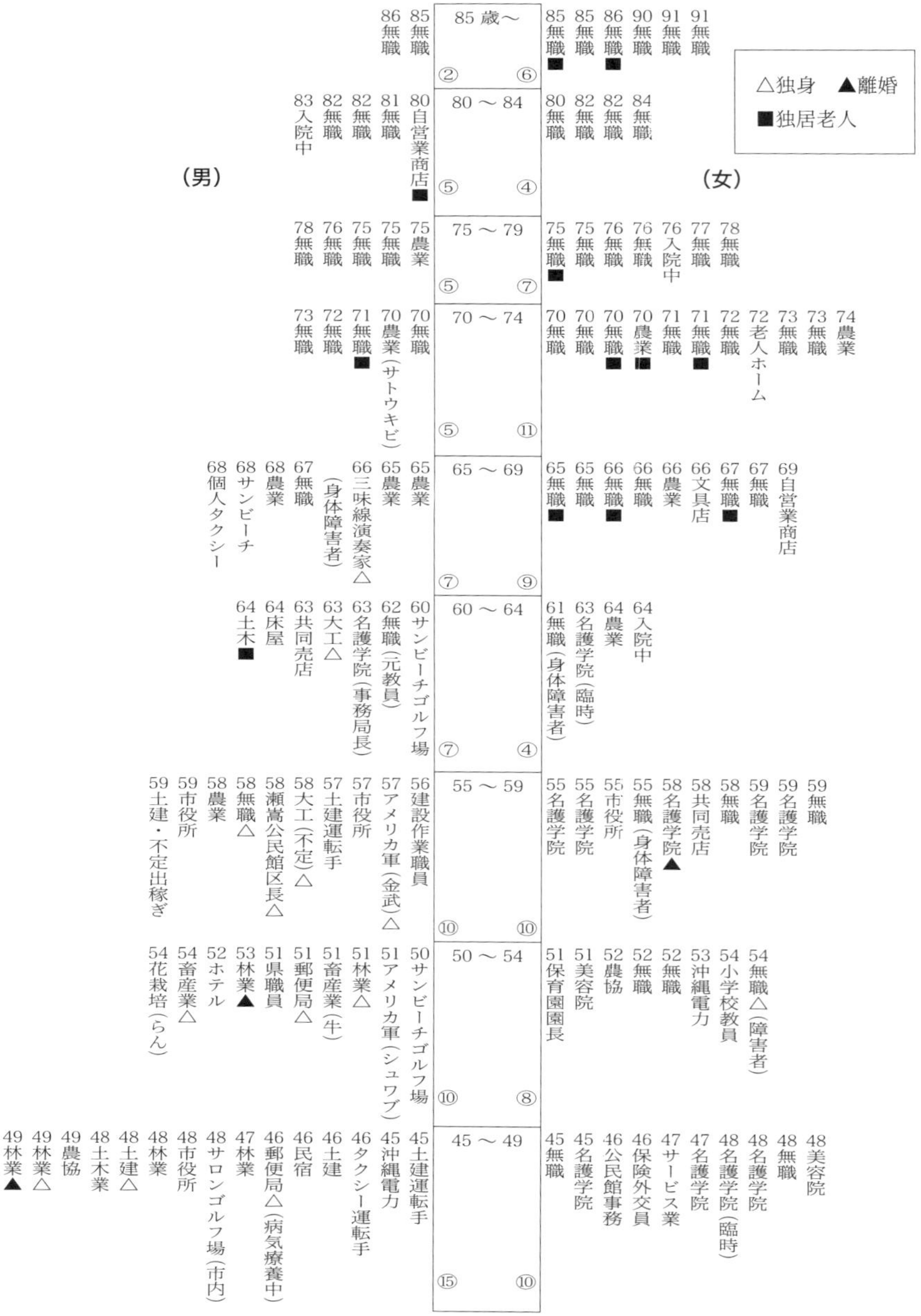

図5—4　名護市瀬嵩集落　性・年齢別就業状況：1999年12月

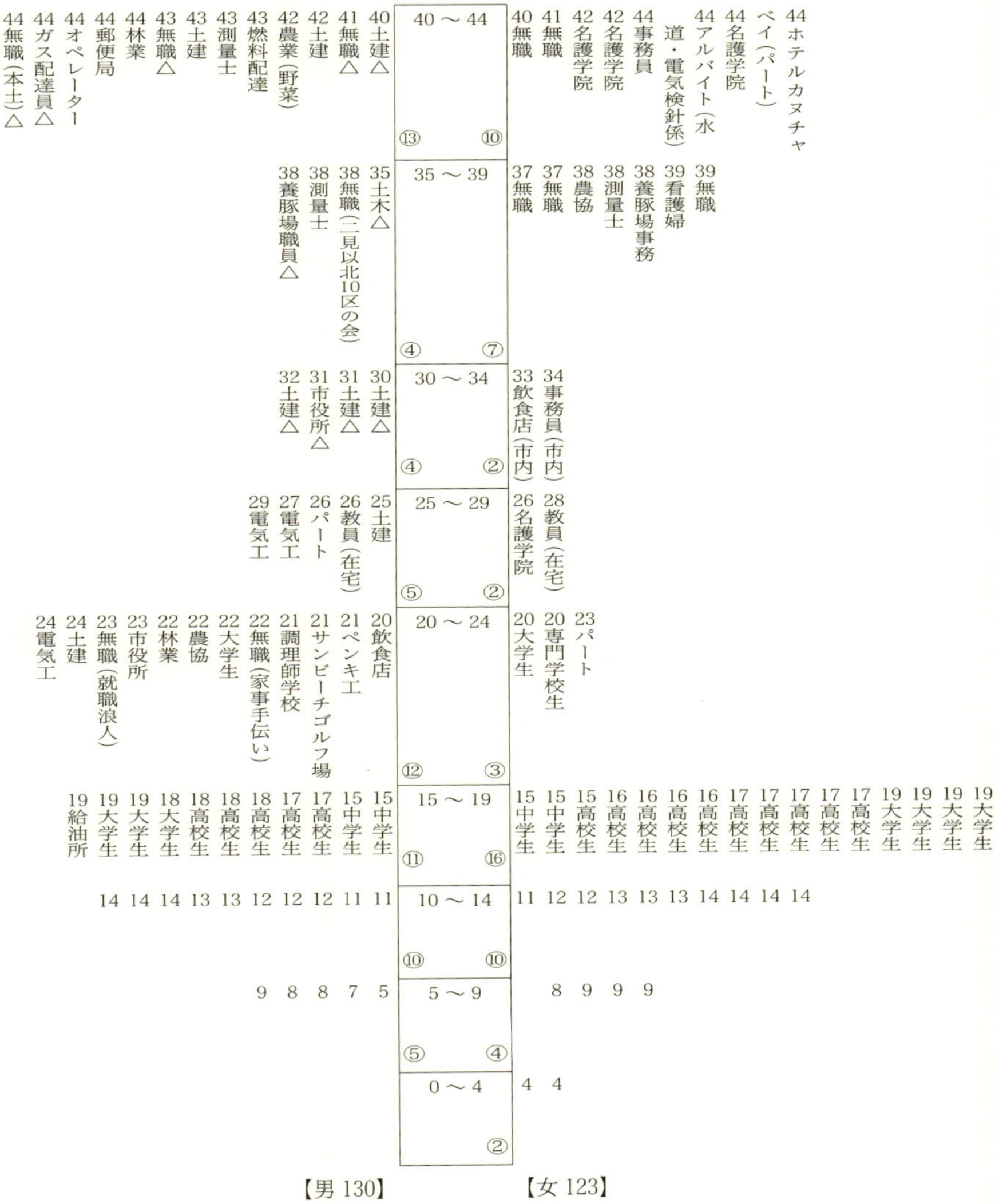
40～44
⑬
⑩
40土建△
41無職△
42土建
42農業（野菜）
43燃料配達
43測量士
43土建
43無職△
44林業
44郵便局
44オペレーター
44ガス配達員△
44無職（本土）△
40無職
41無職
42名護学院
42名護学院
44事務員
44アルバイト（水道・電気検針係）
44名護学院
44ホテルカヌチャベイ（パート）
35～39
④
⑦
35土木△
38無職（二見以北10区の会）
38測量士
38養豚場職員△
37無職
37無職
38農協
38測量士
38養豚場事務
39看護婦
39無職
30～34
④
②
30土建△
31土建△
31市役所△
32土建△
33飲食店（市内）
34事務員（市内）
25～29
⑤
②
25土建
26教員（在宅）
26パート
27電気工
29電気工
26名護学院
28教員（在宅）
20～24
⑫
③
20飲食店
21ペンキ工
21サンビーチゴルフ場
21調理師学校
22無職（家事手伝い）
22大学生
22農協
22林業
23市役所
23無職（就職浪人）
24土建
24電気工
20大学生
20専門学校生
23パート
15～19
⑪
⑯
15中学生
15中学生
17高校生
17高校生
18高校生
18高校生
18高校生
18大学生
19大学生
19大学生
19給油所
15中学生
15中学生
15高校生
16高校生
16高校生
16高校生
16高校生
17高校生
17高校生
17高校生
17高校生
17高校生
19大学生
19大学生
19大学生
19大学生
10～14
⑩
⑩
11 11 12 12 12 13 13 14 14 14
11 12 12 13 13 13 14 14 14 14
5～9
⑤
④
5 7 8 8 9
8 9 9 9
0～4
②
4 4
【男 130】
【女 123】

出所：東京農工大学若林研究室『沖縄ヤンバル過疎農村における人口高齢化と海上ヘリ基地問題―名護市久志地区を中心に』2000年、pp. 45–47

川が薪などを積んだ山原船《ヤンバル》の出入りする港であったので、様々な地域からの人々が移り住んだ。首里、泊、泡瀬が多く、国頭からもきている。当初は木材の伐り出しや薪取りの仕事が主であった。

一九二五(大正一四)年に汀間区から志根垣又、道垣又、慶屋又の三地域が分離して行政区三原となった(これより三原区と命名される。なお、又(また)とは小地域、谷間のことを意味する)。一九四七年になり、嘉陽区の福地原と安阿区の福地原が三原地区に加えられ、一九五一年には地籍字として現在の区域、面積一〇二二㎢となった。

本村の汀間よりも当時の人々の生活は貧しかったといわれる。汀間と三原とをあわせた人口は一八八〇(明治一三)年に四一〇人、九二戸、一九〇三(明治三六)年に五三一人、一二五戸を数えた。

敗戦直前は久志の他集落と同様に中南部からの疎開避難民で人口は急増して、一九四五年八月の敗戦時には一四四五人を数えた。一九四一年一月でも人口は一二四五人だったのが敗戦後、中南部の人口が各々の故郷に帰村し、地元は落ち着きをとり戻した一九四七年一〇月には人口九八八人、二一四戸となった。この時の三原人口は久志村内で最大規模であった。

一九六〇年は八〇二人で一三四戸、七〇年頃までに八〇〇人前後で推移。その後は過疎化が進行し、一九七九年に四一四人、一九八七年に三七四人、一一五戸と二五年間に半減した。二〇〇五年センサスでは三四六人、一三二戸となる。

三原の産業別就業構成は、最近年で就業者一三九人の内、第一次産業三四%、第二次産業三一%、第三次産業三五%という構成で、各部門はほぼ同等である。第二次は建設業が大半で、第三次は運輸通信業、卸小売業、サービス業の順で多い。

農畜産業は、六八戸の農家が約四五haの全経営耕地面積をもち、キビ、野菜を主に栽培し、収穫している。栽培面積は一五年前に比し六割に減少しているが、それは水稲栽培がなくなったことが大きな理由である(一九六五年までの水稲は二期作で三三haの収穫面積があった)。一方、キビ畑はその間に二倍に増大した。野菜類にかわって、近年は花卉類が伸びている。畜産は養豚五〇〇頭規模の飼養、やぎが一五〇頭飼われている。

つまり、戦前は山仕事が中心で、一九七〇年代半ばまでは稲作も盛んであったが、その後キビ、果樹(みかん、たんかん)、野菜(みょうが、かぼちゃ)や畜産へ移行し、花卉栽培も目立ってきたという推移である(瀬嵩には蘭の栽培で高収入をあげている農家もある)。おおざっぱにいって農家三七戸の内、キビ三〇戸、みかん・たんかん一五戸、きゅうり一戸という内訳である。

それではこの東海岸へリポート基地問題に揺れる三原集落の雇用の場・就業構成はどうなっているか。

まず第一は土木建設業で四つの組がある。(イ)久志組は三原小学校近くの集落内、(ロ)マルシカ・丸宮建設も三原内、(ハ)徳建設、(ニ)根路銘、三島出身で瀬嵩で開業している。以上は各々専属の従業員は三～四人であるが臨時を含めて一四～一五人の人夫がおり、ある仕事に応じて働く。どの組も今日不況の波がおこっていた。

第二は大翔電工である。一九九五年に設立されセナハ電気から前年の一九九四年に有限会社となる。電気線のとりかえなどの仕事で本採用従業員は一一人。月給は約一七～一八万円という。

第三はサンビーチ開発株式会社である。リゾート開発で既述したように安部、三原、嘉陽、汀間の四集落にかかる東海岸の絶好の景勝地に建設されている。ブセナにおとらない高級リゾートホテルである。一九九〇年にまずゴルフ場づくりから始まり、白石グループ(那覇の人)や那覇交通が関与している。ホテル・コンドミニアムの清掃や園芸に、約一四〇～一五〇人の地元住民の雇用の場となっている。

第四は北部園芸である。一九八六年頃に設立され、名護市内にあり三原集落からは七人程が働いている。道路沿いの雑草とり、花卉園芸、太陽の花や幸福の木などを植えている。

第五は、タクシー会社マルキンである。名護市内のタクシー会社である。沖縄交通バス(路線バス)は赤字で勤務時間も厳しい。現区長(一九九八年の調査時点)は六〇歳定年の前に体調をくずしてこのバス運転手をやめ、一九九四年から区長に転職した。

以上が三原における代表的な雇用の場である。日雇は一日七〇〇〇円。平均月二〇日間働き、一四~一五万円前後の月給となる。また北部園芸で女子が働いて一日五〇〇〇円で、二〇日間勤めると一〇~一二万円となる。ゴルフ場のパート労働では、時給五八〇~六〇〇円で一日四五〇〇~五〇〇〇円となる。一般会社員雇用としては月給二二~二三万円はここでは最もよい方で、大翔電工では約一七~一八万円である。

他には市役所などの職員、共同売店などである。ヘリポート基地建設をめぐる反対住民運動では、この東海岸に雇用の場をいかに確保できるかがポイントであった。土建業者らは、投票にあたり勤務時間内に投票に出向いたとも一部いわれて問題化した。

三原は住民基本台帳にもとづく人口では、三三八人、一〇九戸であるが、実際の居住は、三一一人、九八戸であり、人口で二六人、戸数で一一戸の差がある。区内は八班にわかれており、班長をおく一つの班は七~二五戸からなる。

区長の任期は、一九九三年までは一年間であったが、その後二年間に変わった。既述したように調査時現在の瀬名波栄二区長は、沖縄交通のバス運転手を定年前にやめ、二期目五年目である。月給は市からの委託料が人口割で一一・三万円、区から三万円の計一四・三万円、ボーナスは年二ヶ月分が市からだされる。この小集落の三原には書記がおかれていない。

区予算は字(あざ)費七〇万円。一戸あたり月五〇〇円(老人と生活保護世帯は半額)に賃貸料、ゴルフ場分収林は字費の三倍となる(字費は年五〇万円、字からは一七〇万円、業者との契約一七〇万円、基地からの利子七五万円、支出は年五五〇~六〇〇万円。事業費一〇〇万円、簡易水道補助九〇万円)。

三原区内規(一九九四年四月一日適用)の第七条では、(1)選挙規定によって選出、(2)区長は公民館長を兼ねる、(3)

区長は市との事務委託契約をすることができる、と定められている。幹事を三人おくともある。

青年会、婦人会、敬老会の団体がある。五月一〇日には婦人会の花園土造り作業、六月一〇日には婦人会の花種子種付け作業がある。七月一三日は青少年バレーボール大会、八月一〇日野球大会、八月二四日親子ソフトボール大会、一〇月五日区民運動会などが開かれ、他には一月一〇日の新年会や八月一五日の盆踊りが開かれる。以上が年間行事である。

敬老会（美土里《みどり》会）は、六五歳以上は一九九六年でいうと一九〇三〜一九二六（明治三六〜大正一五）年生れ（男二五人、女三四人、計五九人を数える）。詳細は後述の**図5―5**の各歳別人口ピラミッドと**表5―5**の家族形態を参照のこと。

「郷友会」は旧久志村としてみどり会があるが、別に「三原人会」が那覇市近く、三原出身者六〇戸程で二〇年以上の活動を続けている。旧久志村津波被害見舞募金運動（一九六〇年）、バレーボール全島大会で三原中学校応援（一九六三年）、三原水害見舞金運動（一九六九年）などの活動を行った。運動会、敬老会、学事奨励会などの教育会を中心に各界に幅広い参加交流を行っている。

「洗骨」は、一九五〇年代前半まで行われており、一九五〇年代後半に入ってからは火葬が普及した。洗骨の時期は、次の死者がでた時に行われたもようだ。

墓地は一八ヵ所に散在していた。現在の志根垣の墓地は各自の土地に点在していた墓を一九三〇年頃に一ヵ所にまとめたものである。

表5―5　三原集落における世帯主の年齢階級別にみた家族形態：1999年12月

（単位：戸）

世帯主の年齢	単身男子	単身女子	夫婦	夫婦と子供	3世代家族	その他	計
20-39歳	1			5		3	9
40-49				7	2	3	12
50-59				7	2	4	13
60-69	2		9	7	4	1	23
70-79	1	5	12	4		6	28
80-	1	5	3		2	3	14
計	5	10	24	30	10	20	99

清明祭は四月一三日、一族四〇～五〇人が集まる最大イベントである。

アクムシバライは毎年五月（旧四月）、農作物につく虫をとってすてた意味で、区をあげての行事だったが今はない。

学校については一九四四年四月、久志国民学校から久志青年学校を独立し三原に新設された。一九四六年八月に三原初等学校を創設し、一九五二年に三原小学校と改称した。一九五七年に中学校が併置され三原小・中学校となった。一九七二年に汀間に久志中学校を新設し、三原、久志、嘉陽、天仁屋の四中学校が統合された。ゲーヤ又、志根垣又、福地又、嘉陽又からは、川を渡って登校しなければならず、大雨になると登校できず出席簿に〝川どめ〟と記したという（『三原小学校創立四〇周年記念誌』一九八六年）。

一九七一（昭和四六）年四月に三原幼稚園が開園、一九九七年には六人の園児がかよう。

一九九七年の三原小学校は一年三人、二年四

表5―6　名護市久志内小学校別児童数の推移：1986～2007年

（単位：人）

年　度	嘉陽小	三原小	天仁屋小	久志小	久志中
1986（昭和61）	34	34	39	90	100
1989（平成元）	32	26	37	94	104
1992（平成4）	16	24	32	91	83
1994（平成6）	15	12	35	76	91
1995（平成7）	14	17	30	75	85
1996（平成8）	10	15	32	62	89
1997（平成9）	10	16	28	56	74
1998（平成10）	12	17	20	54	74
1999（平成11）	14	22	17	40	69
2000（平成12）	15	25	15	34	58
2002（平成14）	12	25	14	36	49
2003（平成15）	10	31	14	34	50
2004（平成16）	8	33	11	40	48
2005（平成17）	3	35	10	46	44
2007（平成19）	9	37	6	55	43

注1：三原小学校卒業生数は、戦後ピーク1952年に37人、1971年には23人を数えたが、1995年には０人

２：久志小を除き他の３校はいずれも複式学級で３学級となっている

出所：市教育委員会

人、三年五人、四年一人、五年一人、六年四人の計一八人である。二学年ごとの複式学級となっている。職員は八人（校長、教頭、教諭三人、養護教諭、事務、用務各一人）である。

中学校については、一九七二年九月、久志、三原、嘉陽、天仁屋の四中学校が統合して久志中学校が創立されている。いずれも表5―6でみるように、過疎化により小規模化しており、統合するか否かの課題に直面している（二〇〇九年三月末で統合することが決定されたという）。

三原公民館は一九五四年一二月に落成し、沖縄固有の積極的活動を行っている。

過疎化対策の一環として、一九九三年に市営住宅二棟八戸が設立されて二〇人が居住している。土地を市が買いとり、若い子供をもつ家族を主に居住させ、小学校児童数も含めて過疎化対策としている。あわせて地元の二男・三男を流出させないで地元にとどめるようにとの企図も働いている。久志地区の過疎対策として集落別市営住宅の建設は次の様である。

三原　一九九七年度　八戸
　家賃三万円　七〇・一㎡
嘉陽　一九九六年度　四戸
　家賃二・三万円　七三・五㎡
辺野古　一九八三年度　二〇戸
天仁屋　一九八九年度　四戸
瀬嵩　一九八九年度　四戸

市内に計六〇二戸、久志に計四〇戸が五割地元優先で建設され、児童・生徒をもつ世帯を対象として、小・中学校の児童数維持を念頭にした過疎対策として考えられている。

7　嘉陽集落の人口・社会構造

嘉陽は五八戸、一二〇人、面積五・八九平方㎞の旧久志村内で東海岸の青い海に囲まれた静かなたたずまいであるが、最も過疎化の激しい集落である（一九八七年には一四三人、五八戸、二〇〇〇年センサスでは一一二人、五三戸、〇五年には八五人）。

三原が汀間から分かれた新しい集落であるのに比し、嘉陽は古く、遺跡から沖縄貝塚時代の後期（九〇〇年ほど前）には、人間が居住していることが判明、廃藩置県以後は士族が多く寄留した。士族が多く住んだ嘉陽福地（小字）は、一九五一年に三原地区に編入された。

敗戦時の一時期、一九四四（昭和一九）年一二月をピークにしての約一年間、中南部からの疎開、避難民でこの集落も人口が急増した。避難小屋には知念村の安座間や中城の伊舎堂から荷馬車がやってきて、一九四四年一二月からの約一年間、当時も七〇戸であったこの集落に、各家の馬小屋にも割り当てられたり、山中に小屋を作って食糧もなく、誰のものかもわからぬ生活を送った。那覇が一九四四年一〇月一〇日に戦火

嘉陽集落の航空写真

出所：『嘉陽誌』より

災となり、一九四五年一～八月の敗戦時の半年間は山奥に掘っ建て小屋を立てて急場をしのいだ。米軍ではなく(米軍の被害は山中に逃げた一人のみ)、日本軍に食糧を奪われたという。

東京オリンピックが開かれた一九六四年には、聖火がここを通過したのを記念して、嘉陽小学校の前には聖火宿泊記念碑が今日も建立されている。ここをスタートにして毎年九月中旬には久志マラソンが開かれている。

ここをふるさとにする「嘉陽郷友会」が結成されたのは一九五一年で、集落のはずれの小高い丘にある拝所「上城」の名称をとって、郷友会を「上城会」と名付けている。

会員は約七〇人。総会と同時に学事奨励会を年一回催す他、会員の冠婚葬祭の手助け、さらにふるさと嘉陽の八月豊年祭の参加など、その都度行事にあわせた帰省・交流の機会をもっている。

この嘉陽集落はヘリポート基地をめぐる住民投票で大きく集落内が分割された所である。反対運動のリーダーの一人である宮城宏が居住し、また一九八六年頃から、空いた校長用住宅(校長が嘉陽出身者だったために使用していなかったので)に予備校を開く興石正が来住しており、積極的な反対運動の拠点となっていた。

他方、区長の仲村悦三はヘリポート基地賛成派の一人であり、集落内は大きく二つに区分された。一九九八年三月に区長選が初めて実施され(それまでは選挙はなく互選決定であった)、二期目の仲村に対し、反対派の一人が立候補したが落選した。区長の任期は二年である。

仲村は四六歳で、区長になる前は、きゅうりの栽培農家であった。仲村の前の区長は、一九四七年生まれの若さであったが、五年間勤め、市営住宅や名護市ゴミ最終処分場問題のトラブルなどで交代した。

区長の給料は、一九九六年度は市から一〇万円、区から二万円の計一二万円。一九九七年度は市から一一万円、区から三万円の計一四万円。一九九八年度は市から一一万六〇〇円、区から四万円の計一五万六〇〇円である。三原など六字(二見、大浦、大川、底仁屋、天仁屋)と同様、小集落が故に書記は置いていない。

区の一九九六年度財政内訳を見たのが**表5―7**である。区費の収入は、月額三〇〇、四〇〇、六〇〇、七〇〇、八〇〇、九〇〇、一一〇〇円の七つの段階に分けて各家から集められる。水道料金は一人当たり一五〇円で徴収されている。

区民割りで約五〇万円、水道料金が一四万円、計六三万円、全収入は一八四万円。他に高いのは、土地の貸地料としての収入＝リゾートカヌチュからの分収金五六万六六六六円が最高額である。カヌチュのリゾートはホテルやゴルフ場で約八〇万坪で、安部、汀間、三原、嘉陽の四集落に引っかかり、嘉陽が年五七万円で他三集落は各年六〇〇万円と高額である。名護市からの分収金として間接的に集落収入として入金される。地代は一九九七年度五・五％、一九九八年度三・二五％、一九九九年度三・五％の値上がりとして算出される。それ以外踊りの寄付金などは、ここに計上されずに独立採算制となっている。

ところで軍用地の借地料金は、これまでは辺野古、豊原、久志の三集落に集中し、二見以北の一〇区には支払いはなかったのが、ヘリポート問題をめぐる住民投票が発生する過程で一九九八年三月末に九七年度分として第一回の六〇〇〇万円が支払われた。つまり「普通交付税における基地関連経費の傾斜配分に係る久志二見以北一〇区地域振興補助交付要綱」が、一九九七年一二月に議会決定され、一九九八年三月に初めて

表5―7　嘉陽集落の収支：1996年度

収入		支出			
区民割	494,900	総会費	12,000	助成金	65,000
水道料	134,500	給料	420,000	分担金	74,900
公民館使用料	11,000	旅費	30,000	街灯修理費	154,814
配当金（売店）	160,000	通信費	53,048	雑支出	373,293
雑収入	115,838	渉外費	20,000	敬老会	150,000
盆踊り収入	95,628	消耗費	26,557	学年契功会費	43,800
寄付金	193,949	光熱費	118,888	研修費	15,080
分収金	566,666	費用弁償	24,000	水道修理費	62,107
繰越金	65,877	寄付金	47,000	修繕費	8,400
				祭祀費	35,000
計	1,838,358	計（この他に公民館準備建設金として貯金500万円）			1,733,887

の計六〇〇〇万円が海上ヘリポート基地建設に伴う〝なだめ金〟として支給されたことは既述した。

一九九七年度は均等割六に対し人口割四であったのに、三原、汀間、瀬嵩の人口の多いところから異論が生じ、一九九八年度は均等割三に対し、人口割七となった。一九九九年度はおそらく五対五で支給されるだろうという。これにより嘉陽には一九九七年度(九八年三月)に五〇〇万円余、九八年度にも五〇〇万円余の区収入が新たに入った。現在の公民館は古くて踊りに使うのみで、区長の執務する事務所は共同売店奥に別棟となっており、公民館の新建設を検討中であるという。

区の共同売店は一九四七年に建設され、現在月給一三〜一五万円で請け負わせているが、区営にしようと検討中である。区の収益になるほどの利益はないが、老人が多くて、車で買い出しに行けない区民の現状を考えれば、日常生活上きわめて必要・不可欠な店舗である。

一九六四年の東京オリンピック聖火の宿泊地となった頃から、嘉陽も三原と同様に水田からサトウキビへ転向した。

洗骨慣習の消滅も生じたと見て良い。

さて、洗骨から火葬納骨法へは一九六〇年代に変化していった(筆者が一九九七〜九八年に調査に入った粟国島や与那国島などは火葬場はまだなく、調査時点でも洗骨が続けられていた)。沖縄の墳墓の内部構造は、葬所＝死人を棺桶に入れ風葬、納骨に棺桶で風化した遺骨を洗骨後再収容することからなる。一族が共有する門中墓であるためもあり、必然的に墓は大型化する傾向にある。

嘉陽では、〝シマ別れ〟といって、集落の南に川があり、この嘉陽橋を渡る手前で別れを行う。川を渡るとあの世の人という風習があった。一九六〇年頃に死亡した屋号ウフラシワヤーのコーイチ氏は、シルトウバーシル墓(洗骨までの期間安置しておく墓)に葬られたが、この時が土葬の最後であったという。

「ムラ墓」(村人が共同で利用、**写真**参照)はシルトウバーシルとも呼ばれ、洗骨するまでの間ここに葬った。使用しなくなったその跡が今日も二基残っている。火葬に変わる前は、七歳以上の村人は、すべてここに葬られ、死後二〜三年たち洗骨がすむと、門中墓（正確には寄合墓といわれる）の一つに移される。共同墓が二基しかないため、三人づつ六人の死体しか入れないので、次の死者が出たときには三年を経ずに完全に白骨化しないでも無理して取り出し、洗骨することがあった。洗骨は一般には、一年以上たって、旧七月七日の七夕に行うことが多く、墓参りは自家に死者が出ると四九日まで毎日行う。ただし、正月をはさむ場合は年内で打ち切る。年中行事としては、正月一六日、三月清明祭、七月七夕、七月一三日（旧盆のウンケーの日）は墓参りする（死後一、三、七、一三、二九、三三年忌をし、それを経てようやく神になるとされた）。

嘉陽では、門中墓は三基あり、各々ハーバタ、アジバカ、ナドーハと呼ばれる。ギミ崎の古墳は洞穴を利用した墓で、海岸より切り立った急斜面の上方中腹にある。子供墓は、六歳以下の子供を葬る場所であり、ソーメン箱に入れて土に埋め、上から茅束をかぶせて墓とした[5]。

清明祭は、中国の太陰暦二四節の一つで、清明の節に行う祖先祭である。ルーツは中国であっても、墓前で団欒《だんらん》して、一族

嘉陽集落のムラ墓

が共食するなど、沖縄の伝統と結びついて独自に発展してきたと見てよい。
なお、その他を含めての一年の行事は以下のようである。

清明祭	四月一三日
アプシバレー	五月三一日
学事奨励祭	六月一日
綱引き	七月三〇日（旧暦六月二六日）
新潟県要塚町との交流	七月三一日～八月三一日
豊年祭	八月一八日（七月一六日）
敬老会ウシデーク	九月一六日（八月一五日）
彼岸祭	九月二〇日
九月九日ウガミ	一〇月一〇日（九月九日）
二〇日ミズナディ	一〇月二一日（九月二〇日）
キリシタン	一二月二五日
彼岸祭	三月

産業廃棄物処理場問題

名護市のゴミ再処分場は、一九九五年に完成し、一五年間は市のごみを処理できるが、ダイオキシン問題で地下に浸透しないようにと、大きな紛争種となった。前区長はこの問題が関与して失脚したと言われるが、集落にとって大

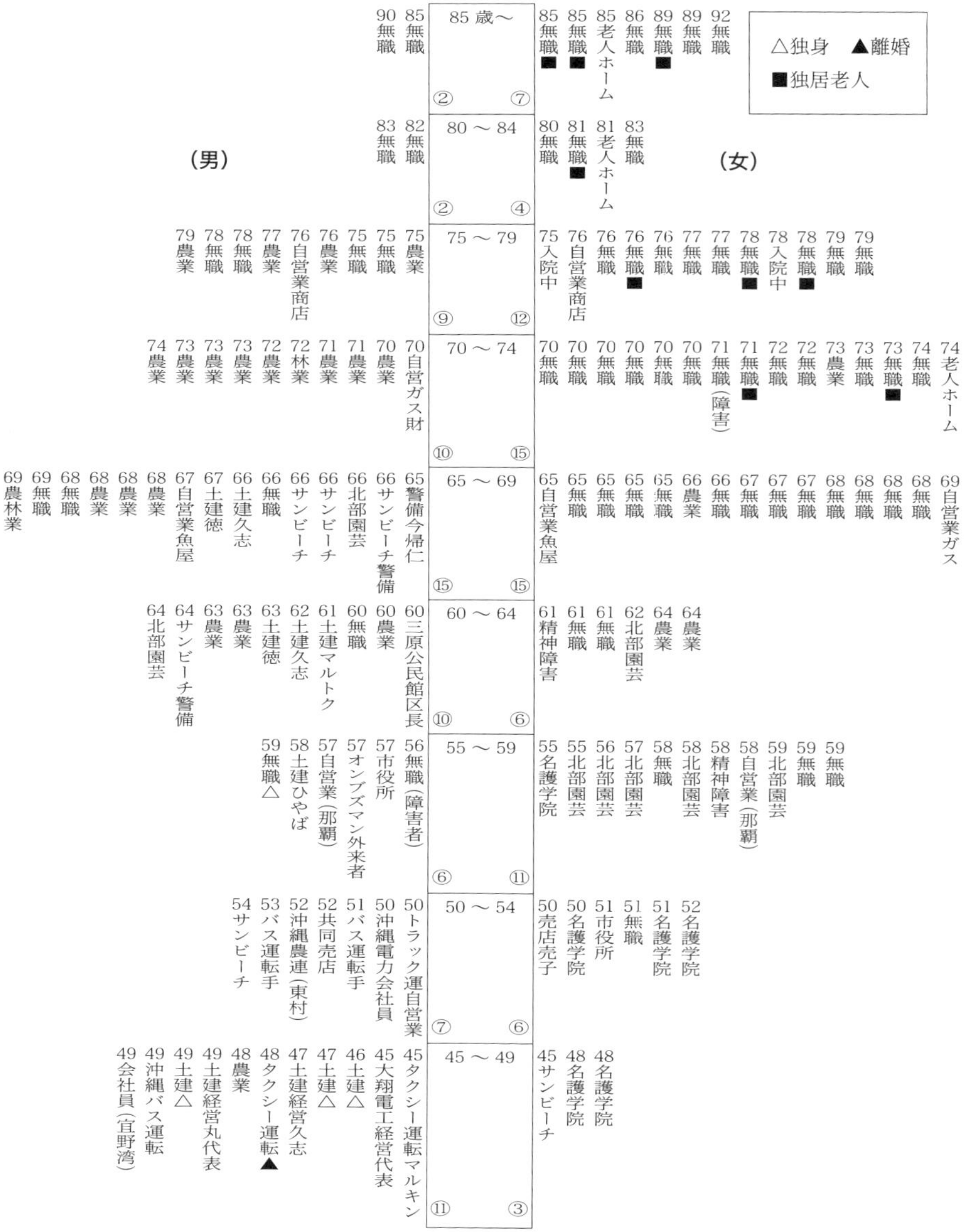

図5―5　名護市三原集落　性・年齢別就業状況

男	年齢	女
⑮ 40土建根△、40土建△、40自営業ガス、40土建、41修理(市内)、41タクシー運転マルキン、41無職△(障害者)、42市役所△、42無職△、43サンビーチ、43バス修理(沖縄バス)、43土建根路銘、43漁業、43土建根▲、44看護士	40～44	⑧ 41スーパー、41サンビーチ、41土建事務、42土建久志手伝い、42保母(市内)、43無職(実家の店手伝い)、43名護学院、44自営業大翔電工
⑪ 35土建徳△、35サンビーチ△、36タクシー運転△、36修理会社員(市内)、36土建△、37土建久志、37自営トラック運転、37土建不定△、37土建自営経営、38無職△(病気)、39タクシー運転マルキン△	35～39	⑨ 35大翔電工事務、36看護婦、36石油販売▲、36土建徳事務、36無職、37教師△、37売店、37無職、38サンビーチ
⑦ 30土建△、31レストラン△(市内)、32土建根路銘、33農協、33精神病(入院)、34土建根△、34精神病△	30～34	⑦ 30サンビーチ、30サンビーチ、31サンビーチ、31無職、32精神障害▲、32道路事務、32無職
⑩ 25スーパー、25自営業(那覇)、27コカコーラ販売会社員、27自営業(那覇)、28コカコーラ販売会社員、28漁業マグロ船、28生コン運転(東村)、29自営業トラック運転、29警察官、29食品配達	25～29	⑤ 25無職、25無職、26スーパー、26日本生命、26病院事務
⑨ 20？、20？、20水道タンク修理、21土建久志、21土建(父の秘書)、22大翔電工会社員、23看護士、24コカコーラ会社員(市内)、24自営業(那覇)	20～24	⑥ 20？、20サンビーチ、21サンビーチ、22給油所(市内)、23無職、24スーパー
⑩ 15 16 16 16 16 16 18 18 19 19	15～19	⑩ 15 15 15 16 17 17 17 18 18 19
⑧ 10 11 11 12 12 12 14 14	10～14	⑥ 11 13 13 13 14 14
⑩ 5 5 5 6 6 8 9 9 9 9	5～9	⑧ 5 5 6 6 7 8 8 9
⑥ 0 0 1 2 2 2	0～4	⑦ 2 3 3 3 3 4 4
【男 158】		【女 145】

出所：東京農工大学若林研究室『沖縄ヤンバル過疎農村における人口高齢化と海上ヘリ基地問題—名護市久志地区を中心に』2000 年、pp. 45–47

△独身　▲離婚
■独居老人

年齢	(男) 人数	(男)	(女) 人数	(女)
85歳〜	③	85無職、85無職、91無職	⑧	85無職、85無職■、85無職■、85無職■、86無職、90生活保護、90無職、97老人ホーム
80〜84	②	81無職、84無職	⑪	80生活保護■、80無職■、81無職■、81無職■、81無職■、82無職、82無職、82無職■、82無職■、83遺族年金■、83無職■
75〜79	⑤	75無職、77無職△、77無職（宜野湾から来住）、77無職■、77無職	⑧	75手伝い、76無職、77無職、77無職、77無職■、77無職■、79身体障害者■、79無職■
70〜74	⑦	70農業（元農協）、70無職（宜野湾から来住）、71農業（サトウキビ）、71ホテル（カヌチャ）、72三年前来住■、73農業（サトウキビ）■、75無職	⑥	70農業、70農業（かぼちゃ）、70農業（サトウキビ）、70農業（ピーマン）、70老人ホーム経営（宜野湾）■、73農業
65〜69	⑥	65農業（サトウキビ）、65農業（サトウキビ）、66身体障害者△、67無職（元バス運転手）、69農業（サトウキビ）、69農業（サトウキビ）	⑦	65農業、66生活保護（精神病）△、67農業、68家事手伝い、68農業、69農業（サトウキビ）、69無職■
60〜64	②	62大工、63ホテルバス運転手	⑤	61精神病■、62絵描き援助△、62農業、63家事、64農業（サトウキビ）
55〜59	②	56事務、59二年前転入	①	56名護の老人ホーム
50〜54	⑦	51土木、52予備校先生、52コンクリート会社（名護）、52農業（キュウリ）△、53市役所、53農業（元タクシー運転手）、54農業▲	②	52予備校、53共同店売店
45〜49	②	46区長、46農協△	③	46ホテル（カヌチャ）、49市役所、49農業

図5—6　嘉陽集落　性・年齢別就業状況：1999年12月

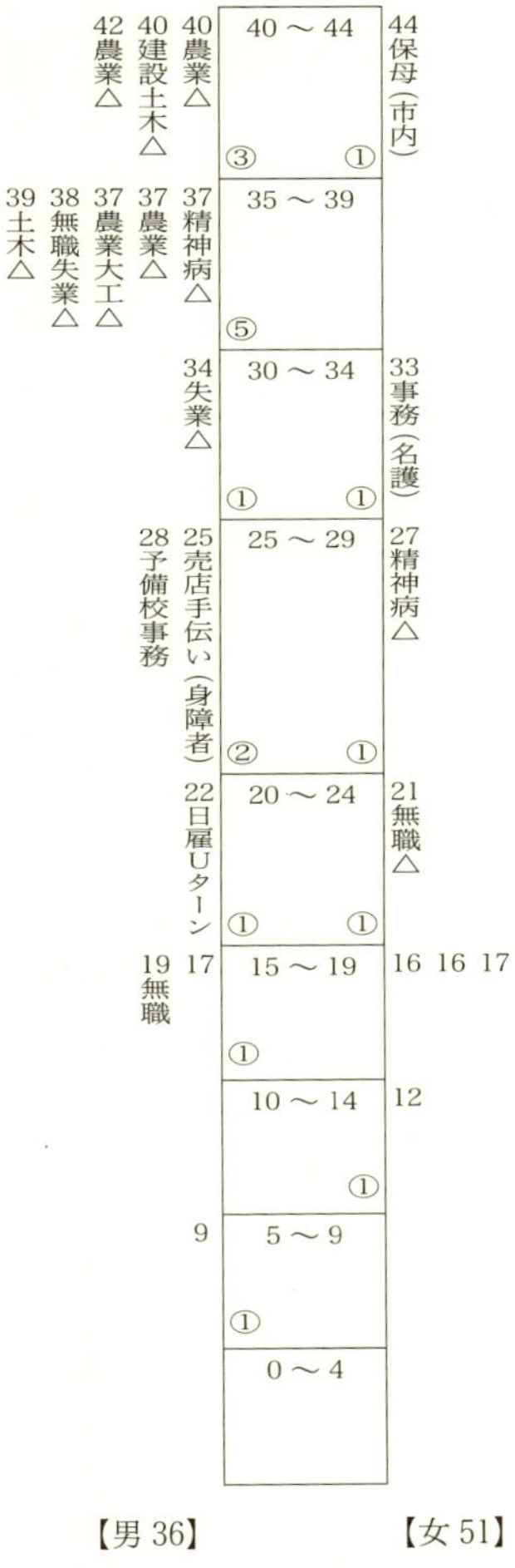

出所：東京農工大学若林研究室『沖縄ヤンバル過疎農村における人口高齢化と海上ヘリ基地問題—名護市久志地区を中心に』2000 年、pp. 45-47

きな問題となった。同じ嘉陽集落内で産業廃棄物処理場問題がちょうどヘリポート基地住民投票と同時期に発生した。

知念俊勝（区住民）は元々嘉陽の出身者で宜野湾にいっており、五年前（一九九三年）に父親の死後帰村し、山中で花の栽培をしていた。父親からの土地を一九九六年に名義変更した四〜五万坪（市営住宅及び墓のあるすぐ上の山地）が問題の地である。

「沖縄環境クリーンセンター」（名護市に事務所がある本土の企業）がそこに産業廃棄物処分場を作ろうとする案が浮上し、表面化した。一九九七年一二月のヘリポート住民投票直前の一二月九日、嘉陽区内の世帯主を対象とした住民投票を行った。全五八戸のうち賛成一五対反対三五となり、文書で正式に区としての断り状を手渡したという。区長によると、賛成に一五票入ったことは驚きであり、もしこの投票の実行が一週間遅れていたら何千万円かの大金が動いて、ひっくり返っていたかもしれない。たまたま担当者が本土に出張している間の即時投票であったことに救われたという。

名護市の中で過疎化が最も激しく進むこのような東海岸久志地区の嘉陽集落に、本土業者によって産業廃棄物処分場を設置しようということをぎりぎりのところでストップをかけられたことは、ちょうど市のゴミ再処分場の苦い経験が喉元をなお通り過ぎていなかったからであると住民はいう。ヘリポート基地も同様で、最も狙われやすいのが過疎化の厳しい地である。

このほか、嘉陽では一九九八年三月、「第二次名護市土地利用計画」が小学校区を居住区とした豊原、辺野古、久志などの集落からもあげていって作成された。嘉陽の街作り計画として楽々農家団地の整備、墓園の整備、住宅地や農道、コミュニティ施設などの整備が集落の課題となっていた。

三原で雇用の場を列挙し紹介したが、隣集落の嘉陽はそれ以上に厳しい状況下にある。一九九九年末に我々が実施した各戸調査から作成した性、年齢別、五歳階級別人口ピラミッドからそれを解されたい。配偶関係や独居老人など家族形態、就業状況も要注視されたい。典型的にして厳しい過疎集落である（図5—5、5—6参照）。

注

1　宇井純「沖縄の開発と環境」『環境と公害』岩波書店、二六巻二号、一九九六年秋、参照。
・『公害研究』特集・沖縄の開発と環境、第一三巻三号、岩波書店、一九八四年秋

2　軍用地料については松島泰勝『琉球の「自治」』藤原書店、二〇〇六年や来間泰男『沖縄経済の幻想と現実』日本経済評論社、一九九九年、三三八～三六二頁に詳しい。
・一九九五年エントロピー学会 沖縄大会実行委員会編・岸本建雄『島、基地、エントロピー、玉野井芳郎記念シンポジウム』一九九六年

3　辺野古区編纂委員会編『辺野古誌』辺野古区事務所発行、一九九八年、五七頁。

4　『国立療養所沖縄愛楽園』概説書、一九九七年、参照。
・『国立療養所沖縄愛楽園開園五〇周年記念誌』一九八八年参照

5　嘉陽誌編纂委員会編『嘉陽誌』沖縄県名護市嘉陽区事務所発行、一九九九年、参照。

関連文献

・朝日新聞社編『沖縄報告—サミット前後』朝日新聞社、二〇〇〇年
・浦島悦子『豊かな島に基地はいらない』インパクト出版会、二〇〇二年
・沖縄県『環境白書』二〇〇三年版
・亀山統一他『ジュゴンが危ない—米軍基地建設と沖縄の自然』新日本出版社、二〇〇三年
・ジュゴン保護基金『ジュゴンの海は渡さない—いのちをつなぐ美ら海を子どもたちに』ふきのとう書房、二〇〇一年
・名護市史編さん委員会、名護市史・本編9民俗I『民俗誌』名護市役所、二〇〇一年

・名護博物館「久志地区の墓」名護市基分布形態調査報告書Ⅰ、一九九〇年
・花輪伸一（ＷＷＦジャパン）「沖縄のジュゴン保護に関する行動計画」ジュゴン国際シンポジウム―ジュゴンの研究と保全の行動計画、二〇〇二年九月二八・二九日
・「羽地大川―山の生活誌」調査編集委員会編『羽地大川―山の生活誌』北部ダム事務所発行、一九九六年
・福地曠昭『基地と環境破壊―沖縄における複合汚染』同時代社、一九九六年
・宮城康博・花輪伸一他『ジュゴンの海と沖縄―基地の島が問いかけるもの』高文研、二〇〇二年

その他広く参考とした文献

・新崎盛輝他『観光コースでない沖縄』高文研、一九八九年（新版）
・高橋明善『沖縄の基地移設と地域振興』日本評論社、二〇〇一年
・松田賀孝『戦後沖縄社会経済史研究』東京大学出版会、一九八一年
・宮本憲一編『開発と自治の展望・沖縄』講座地域開発と自治体3、筑摩書房、一九七九年
・宮本憲一・佐々木雅幸編『沖縄 二一世紀への挑戦』岩波書店、二〇〇〇年
・山本英治『沖縄と日本国家―国家を照射する〈地域〉』東京大学出版会、二〇〇四年
・山本英治・高橋明善・蓮見音彦編『沖縄の都市と農村』東京大学出版会、一九九五年
・吉村朔夫『日本辺境論叙説―沖縄の統治と民衆』御茶の水書房、一九八一年

第六章　離島人口

――島別人口推移と高齢化

本章では、沖縄県における本島を除く離島人口について、まず全体的概要を島別人口からみて把握し、その後、筆者が調査訪問した島の中から特に七つの島について記してみたい。

沖縄県内離島人口（本島を除いて）は、合計して全県に占める割合を低下させている。つまり、那覇圏への集中が進み、**表6―1**でみるように一九五五年に全県の二一・二％を占めていたのが二〇〇五年には九・五％にまで低下している。全県人口が八〇万人から一三六万人へと増大する中、離島の合計人口は一七万人から一三万人へと減少し、戦後過疎化の波は沖縄の離島をも直撃してきたといえよう。しかし一九七五年に底をついた後は微増減で安定しているのが特色といえよう。

中でも特徴的な点を挙げてみると、第一に本島の北方、孤島に粟国島《あぐに》（村）があり、いくつかの点で過疎化がいち早く進んだ島として浮上する。一九五〇年に二七三八人の人口は、二〇〇五年に九三六人と三分の一程の規模に縮小し、高齢化の深刻な現象を示しつつある。渡名喜島も同じく一五三八人から五三一人へと五〇年間に三四・五％の規模に縮小した。六五歳以上高齢化率は二〇〇五年値で粟国島三四・六％、渡名喜島三一・一％と高率である。

第二に宮古圏の人口は、周辺付属島の池間（宮古本島と池間島を結ぶ離島架橋全長一四二五メートル、総工費九九億円、一九九二年開通）、大神、来間（宮古本島と来間島を結ぶ一六九〇メートルの橋、一九九五年開通）などは橋がかけられたことにより人口減が進行した。伊良部島では漁協と観光ダイビングとの対抗が発生（付章参照）。ここでは、日本一の出生率を記録した多良間島の人口について記する。

多良間村の水納島は、一九六〇～六五年のわずか五年間に一九〇人から二四人（二〇〇五年は六人）に縮小した。小・中学校廃校を機に地域生活のための社会的ミニマムを失い、畜産飼育の島に変わってしまった（同名の水納島が本部町にあるが、ここも一九六〇年の一〇三人が二〇〇五年に四九人となり、小中学校の維持存続が問われ揺らぎかけている）。

西表島の北にある鳩間島も学校が一旦休校されながらその再開校を願って〝子乞い〟を全島民がかりで展開したこ

表6—1　(本章でとりあげる)島別人口推移：1955〜2005年

(単位：人)

	多良間	粟国	伊江島	久米島	北大東	南大島	与那国	離島計	(全県に対する割合)
1955年	3,107	2,392	6,721	17,167	905	3,083	5,259	170,051	(21.2)
60	2,706	2,125	7,492	15,143	992	3,404	4,701	168,915	(19.1)
65	2,579	2,011	7,059	13,845	962	2,934	3,671	161,984	(17.4)
70	2,260	1,522	5,842	11,255	764	2,252	2,913	137,086	(14.5)
75	1,789	1,280	5,254	10,083	647	1,710	2,155	124,873	(12.0)
80	1,651	1,086	5,039	10,164	658	1,640	2,119	130,505	(11.8)
85	1,616	930	5,055	10,212	584	1,504	2,054	131,923	(11.2)
90	1,457	930	5,127	10,281	519	1,399	1,833	128,177	(10.5)
95	1,401	968	5,131	9,793	575	1,473	1,801	127,349	(10.0)
2000	1,338	960	5,112	9,332	671	1,445	1,852	128,358	(9.7)
05	1,370	936	5,110	9,137	588	1,448	1,796	129,829	(9.5)

注：1．多良間は、水納島(1955年189人、2000年6人)を含む
　　2．久米島は、奥武島(32人)、オーハ島(8人)を含む
　　3．与那国は1947年に8,056人(1.2万人とも)にふくれあがった
　　4．離島計人口は全離島でここにあげた7島のみでないことを注意
出所：各人口センサス、沖縄県企画開発部地域・離島振興局しまおこし課『離島関係資料』 2004年など

と で知られる島である。

第三に本島・本部海洋博会場の北に浮かぶ伊江島は沖縄激戦の歴史を語る上で避けて通れない島である。島からの強制脱出と二年後の帰島、米軍基地による土地収奪・闘争という苛酷な中で島の人口はどう推移してきたのか。

第四に最も亜熱帯の沖縄らしい自然を温存する八重山諸島の人口はどうか。圏域としての八重山圏の総計は一九六五年に五万二一二万人が七五年に四万二八〇万人と減じるが、その後微増しつつあり、二〇〇五年には五万一一七一人を維持している。中核となる石垣島についていえば開拓村としての歴史があり、七五年の三万四六五七人から二〇〇五年に四万五一八三人へと三〇年間に一万人をこす増加をみた。周辺付属島からの流入ばかりでなく、県外からのIターン者等多様である。特に二〇〇三年を超えてからは本土からの新規移住者が急増。「二〇〇五年四月までに住民票異動のある転入者三〇〇〇人、異動はしないまま生活している人口五〇〇〇人に達する」(『読

売新聞』二〇〇五年四月一日)という記述もある。

竹富町を構成する竹富・西表・鳩間・小浜などの諸島の合計人口は激減する中、村役場は村外の地・石垣島内におかれ、また高校も存立している石垣島への人口集中が進んでいる。高度経済成長期に島外開発業者による土地買占めなど大揺れに揺れた竹富島も、二〇〇五年の高齢化率二八・五%ながらも人口三三〇人でふんばりをみせ、魅力的な観光地として維持され続けている。

ここで八重山圏内でも最西端にある与那国島は、伝統的な人口抑制策(クブラバリやトゥングダ、詳細は第三章1節を参照)により島人口の膨張を規制してきた歴史を刻む。しかしながら、終戦直後は一・二万人にまで引揚げ者などでふくれあがって町制をしいたが、一九五五年に五二五九人、二〇〇五年には、一七九六人と縮小した。大都会で人生につまづき、心身ともに疲れた人たちが、たどりついた国境線ぎりぎりの島。ふきよせられた多様な人々を一つの家屋の中に暖かくうけ入れあい、肩寄せ合って非親族家族を形成する沖縄ならではの寛容性が存在する。穏やかで人を優しくむかえいれる〝癒《いや》しの島〟——一九九〇年代後半以降、この言葉は沖縄の観光イメージを覆ったといわれ、多くの人々が本土から訪れた。しかし、町長選挙などにからんで、島内で政治対立が起こるなど、訪れた者に穏やかでない側面をみせることもある。

絶海の孤島である南・北大東島や久米仙と紬で知られる久米島にも、人口モノグラフを短いながらも言及する。

ついで離島の人口高齢化の進行をみよう。人口少人数の島では、局地的ながら、二〇〇〇年値で久米島町オーハ島(人口七人)の六五歳以上は八五・七%、同大神島五六・五%、平良市池間島五〇・四%、知念村久高島四五・〇%、勝連町津堅島四〇・三%など異常な高率を示す。

また一定の人口規模を保持する独立自治体レベルでは、(1)波照間島三六・三%、粟国島三五・七%、(3)渡名喜島三三・一%、(4)竹富島三一・三%等があげられよう。これらの値はいずれも二〇〇〇年センサス値であるが、沖縄の高出生が故にこの程度にふんばっていられるが、人口再生産力をさらになくしていく将来はより厳しさが加速度化していくことになろう。

ところで離島という地理的条件が老人心理に与える軽視できない問題として、どこの地で最後の死を迎えるかの問いがある。沖縄県内の老人ホーム、施設はまだまだその需要に追いつかず不足しているのが実態である。ましてや離島の中の小離島では、収容施設がたとえできても即刻満員となって入れず、沖縄本島にひきとられていってようやく入居可能となる例が多い。したがって、先行き短いと思われる老人にとって、施設に入るため、長く住みなれた故郷の島を離れることは、即〝骨になってしか帰島できない〟ことを意味する。このことの老人、とりわけ後期高齢者心理に与える心理的苦悩ははかりしれないものとなっている。海を隔てての隔離、離島の地理的距離は、老人にとって、容易に越えられうるものではない。

さらには次のような沖縄固有の事例を紹介してみよう。

北大東島調査にでかけた時、一〇人姉妹、内一人だけ男子（東京の大学をでて那覇市で中学校教師をしている五八歳）のもとに、父親七五歳と、母親七四歳は〝ひきとられ転出〟し、この世に誕生して以来長年の生活の場であった島をあとにした。島内には三人の実の娘がいるのに、なぜ不慣れな大都会に年老いてから転出したのか。その三年後、老夫婦は二人とも病いにつき、島から娘が迎えに来てくれることを日々待っているという（役場につとめる四六歳になる娘の一人が筆者に語ってくれた）。

こうした背景には、トートーメーで語ったように、どうしても男子がほしく五子目でやっと誕生したこと、および一〇人の子供がいても、唯一あととりとして学歴も出した期待の息子のところに死に場を選んで島を離れたというような沖縄特有の考え方があるのだろう。絶海の孤島の北大東と大都会・那覇とは遠い。島の高齢化率が予想したより低いという要因（老人ホームの入居にあたっては住民票を異動するだろうこと）、近年の子供の性別選好が、寝たきりとなった時には嫁よりは実の娘の方が世話されるにはよいと女児選好に急傾斜しつつある本土・日本全体の意識との差異・距離を感じいり胸を熱くした。死に場をどう選ぶか、とりわけ先祖を深く尊ぶ伝統慣習の浸透している沖縄にあって、さらには離島の中の離島にあって、史上例のない高齢化の急進行は人々の考えや価値観にも抵触してこよう。狭い通婚圏内にあって、近親結婚による遺伝的障害をどう避けるか等々も含め、離島の抱える今日的課題を新しい目で見直していく必要を感じるところである。

それでは以下、八重山圏域にしぼって、その人口の推移と高齢化について若干の紹介をしたい。八重山群島は大小三一の島で構成され、最西端には台湾まで一一〇㎞の与那国島が、最南端には波照間島が各々位置する。有人島は一一島(石垣市一島、竹富町九島、与那国町一島)、無人島は尖閣列島を含めて石垣市一二島、竹富町八島ある。圏域総面積は五九二㎢で県全体の約四分の一、人口は五・一万人程であることは既述した。

石垣島の人口は戦前は約二万人で推移し、戦時中はマラリアの巣窟である山中に強制避難を命じられたため多勢の死者が発生した。戦後は外地からの引揚げ者帰還、宮古や沖縄本島からの自由移民もあり人口は急膨張した。一九四四~五〇年に六一〇二人、二八・〇%の急増をみた。一九五〇年以降は政府計画開拓移民が入植し、竹富や与那国からの流入も加わり、一九六五年に四万一三一五人に達する。その後の一〇年間は減少するものの、七五年以降は観光収入の伸び、県振興計画に基づく公共投資の増大に支えられ、労働力人口流出に歯止めをかけ、その後、わずかながらの増大傾向を示すのは既述の通りである。

竹富島の人口は戦前期に停滞するが、小浜島などから西表島への強制疎開が命じられたこと、マラリアによる大量の死亡は石垣と同様である。終戦後は外地からの帰還に加え、自由・計画移民の西表島への入植で人口は増加。ところがその後、一九五〇~八〇年の三〇年間に人口は九九〇八人から三三七六人へと三分の一に、とりわけ竹富島の激減は著しかった。本土復帰直前の一九五五~七〇年のわずか一五年間に三分の一と化してしまった。経済基盤にも恵

表6―2　島別人口・世帯数・性比：2003年3月

	人口	男	女	世帯	性比
	人	人	人	戸	
多良間島	1,434	777	657	494	118.3
鳩間島	54	30	24	31	125.0
粟国島	900	469	431	445	108.8
久米島	9,391	4,947	4,444	3,669	111.3
北大島	550	294	256	200	114.8
南大島	1,372	778	594	627	131.0
与那国島	1,803	945	858	756	110.1

注：1970年末
石垣市　40,741人(9,466戸)
竹富町　5,580(1,346)
与那国　3,099(660)

同人口センサス　1970.10.1
石垣市　36,559人(9,009戸)
竹富町　4,904(1,294)
与那国町　2,913(670)
計　44,376(10,973)

出所：住民基本台帳

まれず、交通不便の離島生活に見切りをつけて、石垣島、本島、あるいは本土へと大量の人口流出がなだれをうち、島は土地を買い占められ開発に蝕まれていった(第三章3節末参照)。

黒島にしても珊瑚石灰岩土壌であるために保水力が極めて弱く、また表層土壌が浅いなど農業条件が劣悪であることが島民をつなぎとめられず、多くの人口を流出させていった。

八重山諸島を襲った人口過疎化の波は、敗戦直後の引揚人口による膨張をバネにしてドラスチックな激動を経験する。島の多くは一九五五年を人口ピークにして激減の途をたどる。まずは離島の中の離島、小規模人口の属島からおそい、域内過疎化を伴いつつ進行する。波照間は一九六〇年の一四二二人をピークに二〇〇〇年に五五一人、〇五年は五八一人、石垣は一九六五年をピークにし減少しながらも、近年は既述したような増加へと転じている。

出生率が全国一、平均寿命も最高の沖縄にあって、高齢化の激震はなお表面化が本土離島程ではないが、人口再生産力を弱めつつある中、将来的少子高齢化の一層の到来は時間の問題と化するのはこの八重山においても例外ではない。

八重山圏内の人口推移については、研究室としてまとめた詳細があるのでここでは以上にとどめたい[2]。より多くの島々をまわったが、ここでは以下七つの島の小モノグラフを記述したい。

1　多良間島—日本一の高出生率と育児環境
2　粟国島—厳しい超高齢化の進む島
3　伊江島—沖縄戦の激戦地と土地闘争
4　久米島—独自地場産業でふんばる離島
5　鳩間島—小・中学校統廃合・存続をめぐって
6　南・北大東島—性比と公共事業
7　与那国島—日本最西端の人口ふきよせの離島

注

1　宮本憲一・佐々木雅幸編『沖縄—二一世紀への挑戦』岩波書店、二〇〇〇年、参照。
2　東京農工大学大学院若林敬子研究室『沖縄・八重山における人口・移民・環境』途上地域人口社会学研究報告書No.5 二〇〇二年。この中の、荒井直子執筆「八重山圏域における人口」を参照。
・沖縄県企画開発部地域・離島振興局しまおこし課『離島関係資料』二〇〇四年
・沖縄県八重山支庁総務観光振興課『八重山要覧（平成一六年度）』二〇〇五年

1 多良間島—日本一の高出生率と育児環境

多良間村は、八重山の宮古島から南方六五キロ、石垣島の北方七五㎞という両島間の中間に位置し、多良間島（面積一九・八平方㎢）と水納島（同二・一五㎢）の二つの島からなる村である。

なぜこの世帯数四七六戸、人口一四三四人（水納島の人口はわずか七人）、周囲二一㎞の小島である多良間島が、日本一の合計特殊出生率三・一四を示すのか。少子化対策で議論にぎやかなわが国にあって、なにか多産のヒントを与えてくれないか、と考えつつ、筆者は二〇〇五年二月にこの島を調査訪問した。

島の基幹産業は農業で、サトウキビと畜産が主である。台風で船が欠航することが多く、各戸は大きな冷蔵庫をもちながらも、牛乳、野菜、果物が早々になくなるという。

歴史的には、一七七一（明和四）年大津波で島の全人口三三二四人の内三六二人が溺死、一九〇八（明治四二）年には平良村の所轄となり、一九一三（大正二）年に平良村から分村して独立村となる。また戦後一九五四年六月には琉球王府時代の強制移住の悲話の

新設された保育所

伝わる廃村の跡に琉球政府が移民を入植させた。四一戸、一九九人（一一戸退団）、その後六六年に三五戸、二〇五人となり、七五年に二五戸、一〇七人を送りこみ現在二二戸、六九人。人頭税をめぐって抵抗の紛争が島の歴史に刻まれている[1]。

伝統芸能の「八月踊り」は有名で、歴史と風土をいかした村づくりが行われており、二〇〇四年四月、宮古地区六市町村合併協議会では、いちはやく正式に合併離脱を公表、独立村としてそのままいく方針を表明した。「殊に先祖伝来受け継いできた〝故郷〟の枠組みが崩壊し、見渡しがたい玉石混交の居住域になってしまうことに対して住民が不安を抱く」という合併反対理由を明示した。

終戦直後、引揚者の帰郷によりこの島も人口は激増した。一九四六年一一月一〇日現在の人口は四二七八人、世帯数七五三戸にも達した。男一九二五人、女二三五一人であるから、性比は一二二・一に達する。二〇〇〇年人口は一三三八人であるから、終戦直後の三分の一弱まで縮小したことになる。村としては二〇一〇年の予測値を、一六〇〇人程の計画人口にもっていきたいという（表6―3参照）。

筆者はチャーター船で水納島にも出かけてみた。水納島は標高三メートル程で水が不足ぎみである。また水納島と多良間島の周辺の海は荒れるので、冬の間は何ヵ月も外界との交通がとだえるという。島の食物が底をつくと毎日夕方海岸にでて海藻をとったり貝を拾ったりして空腹をのがれたという。今日では動力船で水納島にいけるが、前はサバニとよばれる手漕ぎのクリブネしかなく、三時間はかかったという。終戦直後の世帯数は四二戸、人口は二六六人であったが、今日わずか六家族、八人となっていた。肉牛・畜産を育生する島となっていたが、かつての小・中学校校舎跡などが残され、廃墟の島となっている感をぬぐいきれなかった。小・中学校は、一九五七年四月に一旦は独立校として水納小・中学校となるが、五年後の一九六二年四月には多良間小学校分校となり、中学校は統合され、一九七八年に小・中ともに廃校となっている。

表6—3　多良間村の島別人口推移

	総人口	多良間島	水納島	増減数 （%）
1946年	4, 278	4, 012	266	
50	3, 800			△　478 （△11. 2）
55	3, 296	3, 107	189	△　504 （△13. 3）
60	2, 896	2, 706	190	△　400 （△12. 1）
65	2, 603	2, 579	24	△　293 （△10. 1）
70	2, 286	2, 260	26	△　317 （△12. 2）
75	1, 805	1, 789	16	△　481 （△21. 0）
80	1, 667	1, 651	16	△　138 （△7. 6）
85	1, 632	1, 616	16	△　35 （△2. 1）
90	1, 463	1, 457	6	△　169 （△10. 4）
95	1, 409	1, 401	8	△　54 （△3. 7）
2000	1, 338	1, 331	7	△　71 （△5. 0）
05	1, 370	1, 364	6	プラス32 （2. 4）

注1：1920年3, 697人、25年3, 830人、30年3, 876人、35年3, 757人、40年3, 632人

2　1946年11月10日（『宮古タイムス』12月14日付による）現在人口は

多良間島　711戸　4, 012人（男1, 810、女2, 202）

水納島　42戸　266人（男115、女151）

宮古郡計　15, 889戸　73, 606人（男34, 911、女38, 695）

1950年　74, 618人

1995年　55, 735人（18, 715戸）

多良間村では、島民らは伝統的に「子どもは生めるだけ生もう」という考え方が古くから伝えられ、島全体で子育てをする風土がなりたっている」というのがこの島の自慢であると人々は口々に語る。人口構成も二〇歳未満人口が三七一人（二七・九％）と他島に比し相対的に若年人口の多い〃子宝島〃である（図6—1参照）。

「子宝島」といえども、多良間村として人口問題は最も重要な行政施策であり、「多良間村ふるさと活性化定住促進事業」を行っている。その目的は「過疎地域活性化対策として村民の定住と人口の増加を促進し、活力ある村勢の発展と福祉の向上に寄与すること」とし、一九九七年三月一九日に「多良間村ふるさと活性化定住促進条例」がつくられる。

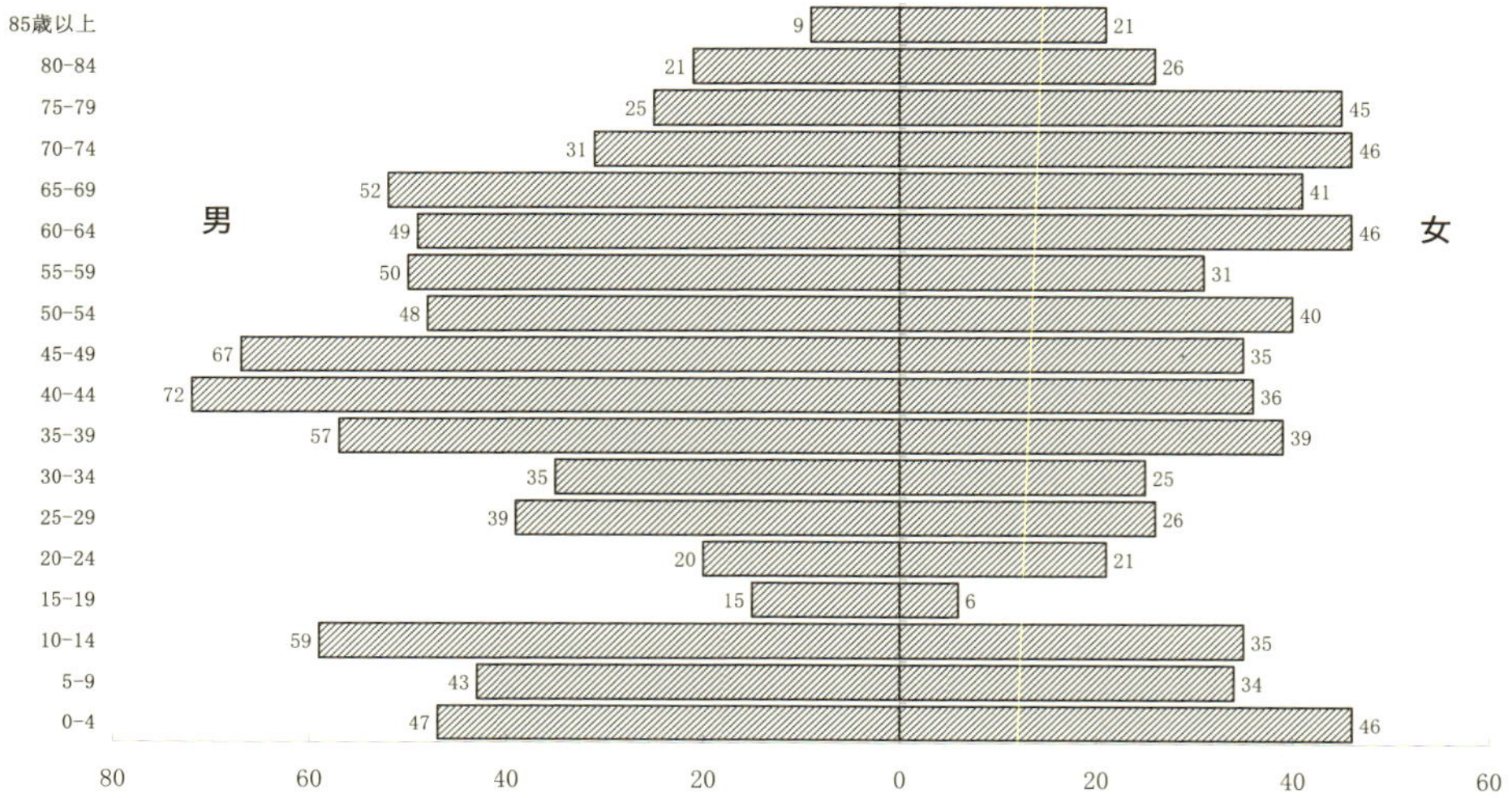

図6―1　多良間村5歳階級別人口ピラミッド：2005年1月

出所：住民基本台帳より作成

奨励金交付として**表6―4**に示す（1）小学校入学　（2）出産　（3）結婚　（4）U・Jターン　（5）定住住宅建築の五種があり、実施されている。

「多良間村出身者が、修学や就職等のために、他市町村に転出後、二年以上経過してから再び村に戻り定住する者、なおその者が家族とともにUターンした場合は、その家族全員をUターン者とする」とし、一時的に戻ったり、転出する可能性のある者は除くと規定している。結婚を期にU・Iターンする者やU・Iターン奨励金を受給中に結婚する場合は、結婚祝金、U・Iターン奨励金を重複して受給することはできないとする。

交付要件としては、（1）多良間村の住民基本台帳に登録され、五年以上継続して多良間村内に居住する意志があること、（2）村民としての義務を履行していること（税の未納者を除く）の二点が明示される。なお学校の先生は除く。また村営住宅一一カ所に計七四世帯が入居しているが、国が七五％、村が二五％負担で設立。家賃は二万～二・五万円で入居資格は、二〇〇五年二月三日現在、次の五つの資格を前提としている。

表6―4　多良間村定住促進奨励金交付、ふるさと活性化定住促進事業：1995年7月～2004年5月

(2005年2月現在)

入学祝金	128件　265万円	1件2万円　小学入学後1ヵ月以内
出生祝金	69件　795万円	第1・第2子5万円、第3子以上10万円、出生3ヵ月後1年以内
結婚祝金	39件　1,230万円	2003年度まで30万円、04年度から15万円、届提出3ヵ月～1年以内
U・Iターン者定住奨励金	53件　295万円	世帯主に、申請3ヵ月以内5万円、定住後3年5万円、5年後10万円の3回
定住住宅建築奨励金	8件　240万円	新築ないし購入建物所有権者に30万円、保存登記・売買契約後～1年以内
計	247件　2,816万円	

注：学校の先生や住民票のない人は除外。出生と結婚はダブり可。Ｉ・Ｕターンと結婚はダブっての受給は不可でどちらかのみ
出所：多良間村役場資料より作成

(1)多良間村に本籍、現住所、または勤務場所を有する者
(2)夫婦(婚約者及び事実上婚姻関係と同様の事情にある者)または同居しようとする親族であること
(3)現に住宅に困窮している者
(4)村の条例に基づいて定める家賃及び敷金を支払う能力を有する者
(5)公営住宅法に基づく収入基準に該当していること

一九九五年七月の交付開始以降二〇〇五年二月現在で計二四七件、二八一六万円の奨励金が交付実績を数える。人口面から注視されるのは出生祝金受給件数の**表6―5**である。

これでみるように、第一子は三九、第二子は二六、第三子は二三、第四子は一一、第五子は六、第八子は一、計一〇六件、内第三子以上は四一で三八・七％を占める。第一・第二子には五万円、第三子以上には一〇万円が出生三ヵ月後一年以内に交付されることとなっている。多子受給者の多いのに改めて驚かされよう。

島内における就業の場は、畜産とサトウキビを主とする農業以外はかなり限りがある。**表6―6**で島内の雇用の場をあげてみたが

表6―5　多良間村出生祝金受給件数：1997～2004年1月

（単位：件）

	第1子	第2子	第3子	第4子	第5子	第8子	計
1997年12月	2	1			1		4
1998年 3 月	1	2	1	2			6
98年 9 月	3	6	3	1			13
99年 3 月	4	2	1	1			8
2000年 2 月	5	2	3	1		1	12
00年 9 月	6	1	1	1	1		10
01年 2 月	6	3	2	2			13
02年 3 月	3	3	4	1	1		12
02年12月	4	1	2	1	1		9※
04年 1 月	5	5	6	1	2		19
計	39	26	23	11	6	1	106

注：国民健康保険料、税金未納者は保留される　※内保留3人
出所：多良間村役場資料より作成

表6―6　多良間村雇用の場一覧：2005年2月

（単位：人）

役場	53（内臨時 18）
農協	20（　〃　9）
公民館	3（　〃　2）
図書館	2（　〃　1）
学習館	2（　〃　1）
空港	4
保育所	9（　〃　4）
消防	1
駐在警察官	1
給食センター	6
クリーンセンター	3（　〃　3）
製糖工場	24
土木－土建	7（水道業含む）
スーパー	6（個人経営5軒）
診察所、歯科	5（医師2人）
美容・理容	5軒
食堂	3軒
居酒屋	7軒（内3軒は昼食も）

出所：役場でのヒアリング、総計161人中役場関係の雇用は計83人（内臨時29人）

総計一六一人中、役場およびそれ関係があわせて八三人（内臨時二九人）、製糖工場二四人、農協二〇人などがその代表である。

役場に勤めるあるUターンしてきた三〇歳女子臨時職員ら何人かにヒアリングしてみると、月給は約一〇万円で、生活費は居酒屋などに飲みに行かなければ月二～三万円で十分だと語る。少額の現金収入ながら、島での生活は快適だという。

沖縄本島や宮古島など、さらには本土へと人口移動、島からの転出入の移動回数はおしなべて多いようだが（**表6―7**と**図6―2**参照）、Uターンしての島での生活はとりたてて悪くないと彼らは語る。特に子育てにあたって、那覇などの大都市ではストレスが大きくて自信をなくしたのに対し、帰島して地域ぐるみの子育て環境に助けられて、精神的・肉体的負担が軽減されていることを全員が強調していた。保育所も近年新設されたばかりで（写真参照）、保母たちも日本一の出生率に誇りをもって筆者のインタビューに答えてくれた。〝地域力〟が産声を増やすといえようが、そのための〝きおい〟はみうけられなかった。

ある六人の子供を生み育てている若い母親に聞くと、教育保険にかけているのは、第一、第三、第五子の一子おきであり、受給時には一子分費用で二子の教育にがんばるのだと、その教育負担

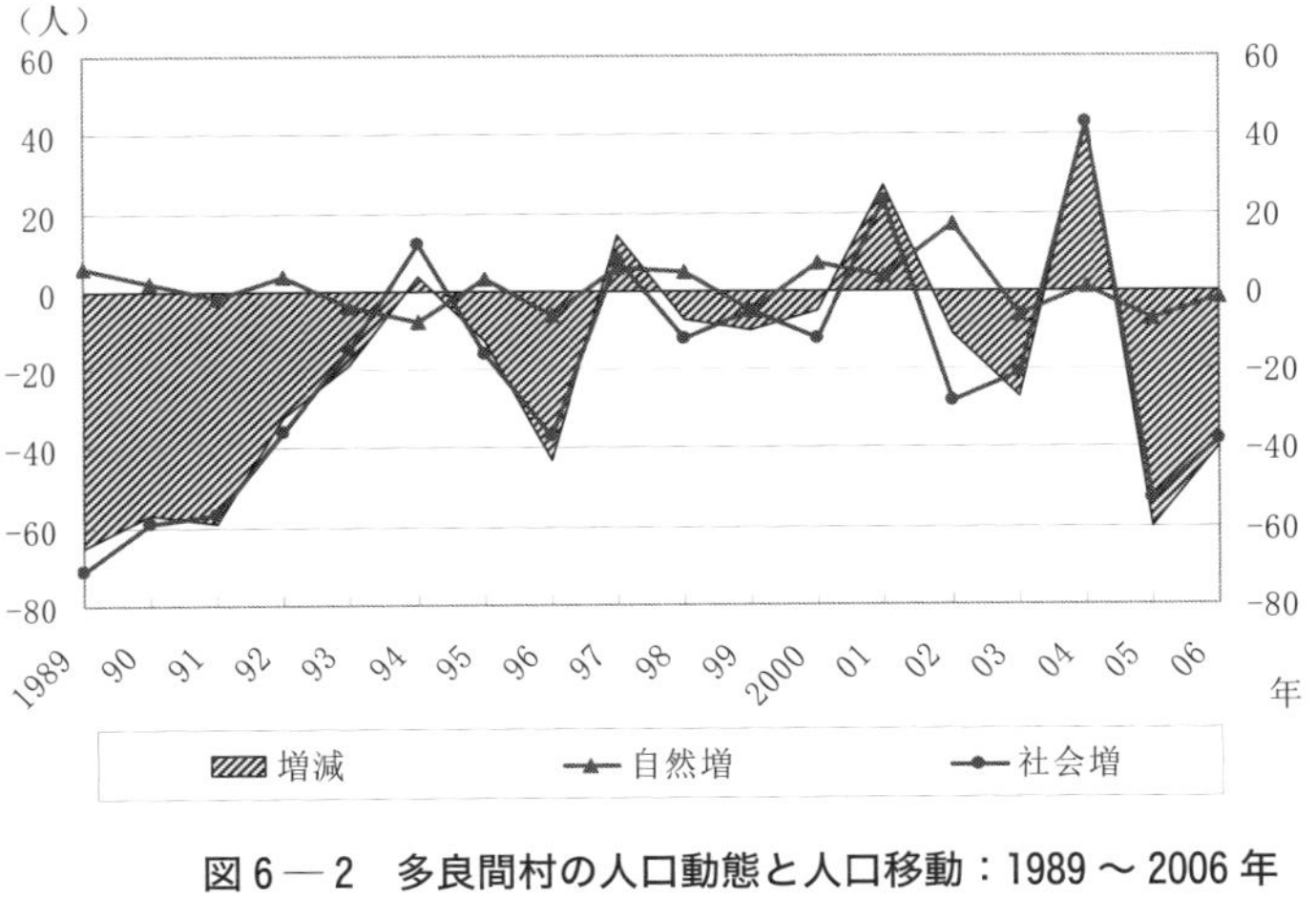

図6―2 多良間村の人口動態と人口移動：1989～2006年

表6—7　多良間村の人口動態と人口移動：1989～2006年

	出生	死亡	自然増	転入	転出	社会増	増減
1989年	16	10	6	97	168	△71	△65
90	15	13	2	73	132	△59	△57
91	15	17	△2	86	133	△57	△59
92	21	17	4	64	100	△36	△32
93	13	17	△4	77	92	△15	△19
94	10	18	△8	94	82	12	4
95	17	14	3	58	74	△16	△13
96	11	17	△6	66	103	△37	△43
97	19	13	6	76	68	8	14
98	19	14	5	82	94	△12	△7
99	15	20	△5	62	67	△5	△10
2000	19	12	7	54	66	△12	△5
01	22	18	4	87	64	23	27
02	29	12	17	75	103	△28	△11
03	20	26	△6	69	90	△21	△27
04	14	13	1	105	62	43	44
05	17	24	△7	54	107	△53	△60
06	8	10	△2	52	90	△38	△40

出所：村移動統計より作成

のりきりへの知恵を語ってくれた。皆たくましいパワーだ。

なお付記しておくべき点に、この離島・多良間村においても、二〇〇〇〜〇五年二月調査時点までに外国人花嫁が、一六人が入った。フィリピン七人、ベトナム二人などでサトウキビや葉タバコ農家に嫁いできた(調査時における外国人人口は、フィリピン一一人(子連れ一人を含む)、ベトナム五人、中国人一人、ペルー一人、米国男一人、韓国からの医師一人の計二〇人を数える)。

外国人花嫁間、つまり子供の母親同士のいざかいなど人間関係のトラブルも加わり、最近村としての斡旋・世話の停止をしたと聞く。中には(本来の)出稼ぎ目的で東京にでかけた者もおり、その母親が島外に転出した途端に、その子供が明るくなり、家庭内の影・トラブルも消えたという話も聞いた。

小島での高出生率をすべて楽観的にとらえることはできないが、他方で都内渋谷区のTFRが〇・七五であることを比較念頭にいれ、なぜこの多良間村で東京都渋谷区の四倍以上の三・一四と高いのか、じっくりと考えてみる必要があろう。

注

1　一六三六(寛永一三)年には先島の戸口調査が始めて行われ、一六三七(寛永一四)年、人頭税を施行したが、その後一六七八(延宝六)年に多良間島に騒動が起こる。苛酷な人頭税に抗して農民蜂起があり、さらに一八五五(安政二)年多良間島騒動　農民役人の圧政が首里王府に直訴されたと記録されている。
人頭税廃止運動、農民たちの直訴という方法で、政府は一九〇三年に地租条例を施行して、人頭税は、この世から姿を消した。廃止運動は、苦しい生活からの脱却だけでなく、沖縄が近代化していく過程の民衆運動の先駆けだったともいわれる。
・多良間村史編集委員会編『多良間村史』多良間村発行、二〇〇〇年
なお、宮古地区では一九八三年の生産は、宮古上布三一二反、かつお節二五九トン、泡盛二五二六klであったのが、一九九七年には各々、二七反、六五トンと縮小、泡盛は三九九一klと一層増大した。
宮古上布の魅力は今日なお健在で、夏服にぴったり、なんとも素晴しく筆者は大切に愛着している。

2　粟国島―厳しい超高齢化の進む島

那覇市の北西六〇キロの海上に、周囲一二キロ、面積七・六平方キロの、一島一村が浮かぶ。集落は西・東・浜の三つ、珊瑚石灰土壌（マーデ）で水田がなく殆どが乾燥地である。半農半漁で、第二次世界大戦時は米軍機動部隊の鑑砲射撃と戦銃掃射、米軍の上陸時による被害は死者九〇人、住宅の全半焼は一五〇余戸、公共建物はほとんどが焼失した。

沖縄県内市町村別人口の分析をしていると、この島は最も特異な数値を示し、過疎化が最も進行し、年齢構造上や人口資質なども含めてかなり厳しい数値が浮上していた。そのために、その実施調査を試みたいと長い間願っていた。ようやく一九九七年三月に沖縄開発庁の調査協力も得られて、筆者は、この粟国島を調査訪問することができた。

終戦直後の一九四七年に八〇五六人をきざんだ島の人口は、一九五〇年に二七三八人と戦前なみにおちついた

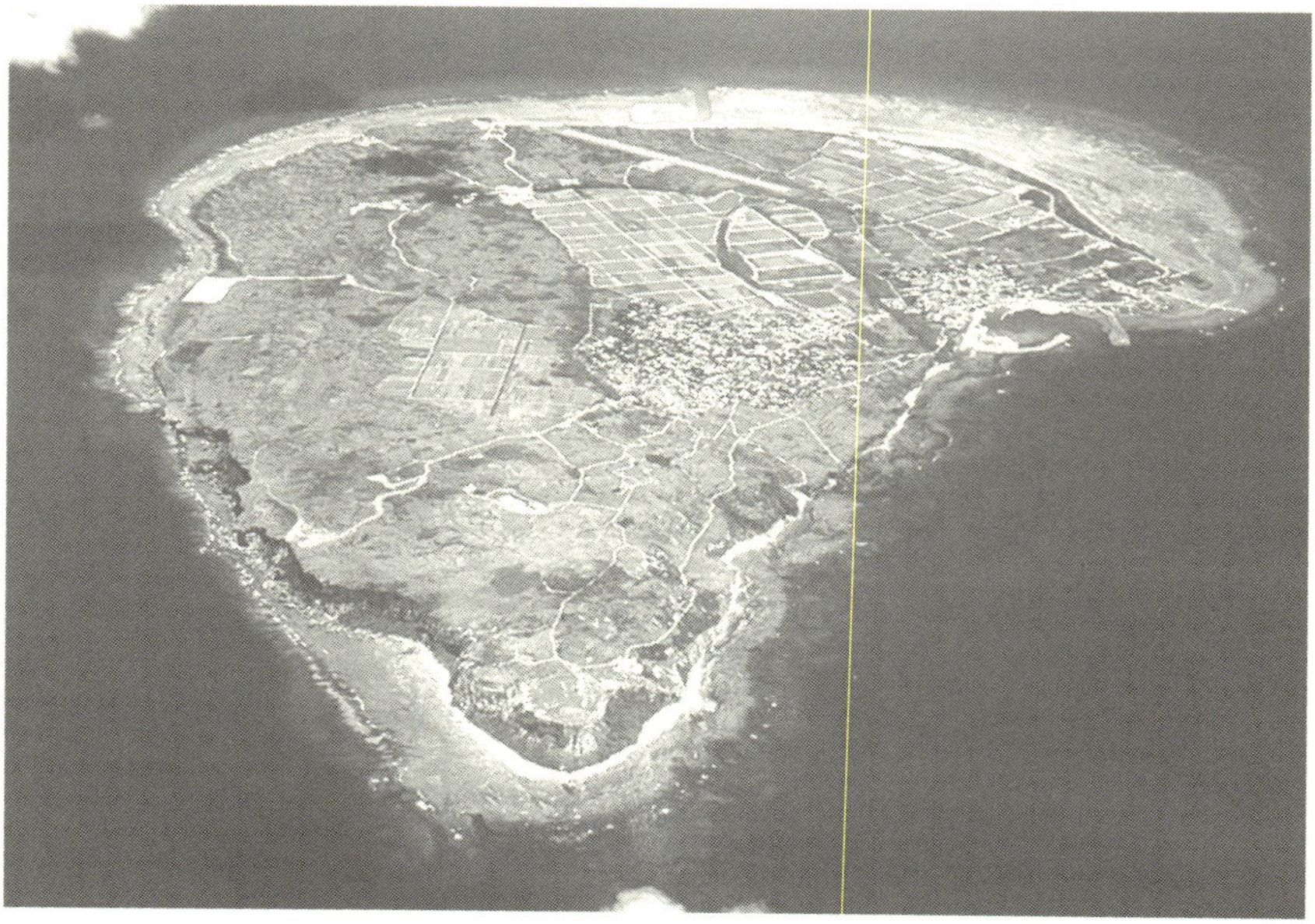

粟国島の航空写真

（表6—8参照）。その後、一九五五年二三九二人が、二〇〇〇年に九六〇人へと、四五年間に約四〇・一％の人口に縮小した。移動可能な人口は、若者を中心としてすでに流出できる者は流出し終わった感のする孤島であり、六五歳以上高齢化率も一九九五年にはすでに三六・八％に達していた。七五歳以上では二一・六％、一〇〇歳以上三人である。

調査にあたり全島民の各戸個人別に性・年齢・就業構造、家族構成等の調査を試みたが、孤島であり閉鎖性が故と思われる近親結婚による障害と思われる結果が若干気になった。三〇ある門中の中の結婚が多いときく。

図6—3は一九九七年三月調査時の各歳別人口ピラミッドであるが、住民票によるため現住人口との間でかなりの差があることが想定される。

高齢者のいる世帯は一九九〇年現在、全三九三戸中の二五四戸（六四・六％）、内単身世帯のみは一〇七戸（全世帯の二七・三％）、県平均の高齢者世帯水準の三倍、単身世帯は五倍の高さである。平均年齢は、四九・三歳、渡嘉敷の四九・七歳につぎ、県平均の三七・五歳と比し、県内ないし全国的にも最も高齢化の進んだ村（島）の一つといえよう。

島民の就業の場は、独立村であるが故に、ここも役場関係が多くて四八人、村三役と教育長あわせて四人、村議会議員八人を数える。他には農協五人、郵便局四人、警察一人、学校給食四人、航空会社四人、建設人夫四〇人、大工二〇人（一部人夫とダブル）、教員数二〇人という内訳で、計一四九人である。

島の産業としては、調査実施後自然塩、ミネラルの多い製塩所をつくり、初の観光大使として、コメディアンで僧侶のポール牧をまねいたりしたが、年間三〇〜四〇人（九三年には六二人の社会減）の人口急激が続いた。

一九九四年九月、「粟国村若者定住促進条例」を設置。五年以上継続して定住する意志のあるものに結婚祝金を一組に五万円、出産祝いは同一の父母の第一子、第二子には各々五万円、第三子以降には一〇万円、若者定住住宅奨励金は二〇万円、農漁畜産専業者奨励金は一人につき年一〇〇万円の支給をし始めた。二〇〇六年五月現在学校基本調査による粟国小学校児童数は六〇人、中学校生徒数は二二人（〇七年は五六人と二三人）である。

表6―8　粟国村人口の推移：1920～2005年

（単位：人、％）

	総数	0～14歳	15～64歳	65歳～
1920年	3,116	1291	1509	316〈10.1〉＊
1925	2,951	1251	1358	342〈11.6〉＊
1930	2,979	1250	1484	245（8.2）
1935	2,774	1162	1299	313（11.3）
1940	2,768	―	―	―　―
1947	8,056	―	―	―　―
1950	2738	1096（40.0）	1408（51.4）	231（8.5）
1955	2392	979（40.9）	1146（47.9）	267（11.2）
1960	2125	951（44.8）	870（40.9）	304（14.3）
1965	2011	847（42.1）	827（41.1）	337（16.8）
1970	1522	632（41.5）	589（38.7）	301（19.8）
1975	1280	404（31.6）	588（45.9）	288（22.5）
1980	1086	285（26.2）	501（46.1）	300（27.6）
1985	930	199（21.4）	438（47.1）	293（31.5）
1990	930	168（18.1）	425（45.7）	337（36.2）
1995	968	182（18.8）	430（44.4）	356（36.8）
2000	960	149（15.5）	468（48.8）	343（35.7）
2005	936	147（15.7）	465（49.7）	324（34.6）

注：＊1920年、25年は65歳以上人口データがなく、60歳以上人口の数値となる。

1873（明治6）年	2,037人	260戸
1880（　13）	3,991	651
1883（　16）	4,083	651
1913（大正2）	5,312	

1990年の総世帯　393戸

高齢者世帯	254戸（64.6％）	沖縄全県	23.7％
同居	68戸（17.3％）		15.1％
老人夫婦世帯	79戸（20.1％）		3.9％
単身	107戸（27.3％）		4.7％

出所：各人口センサス

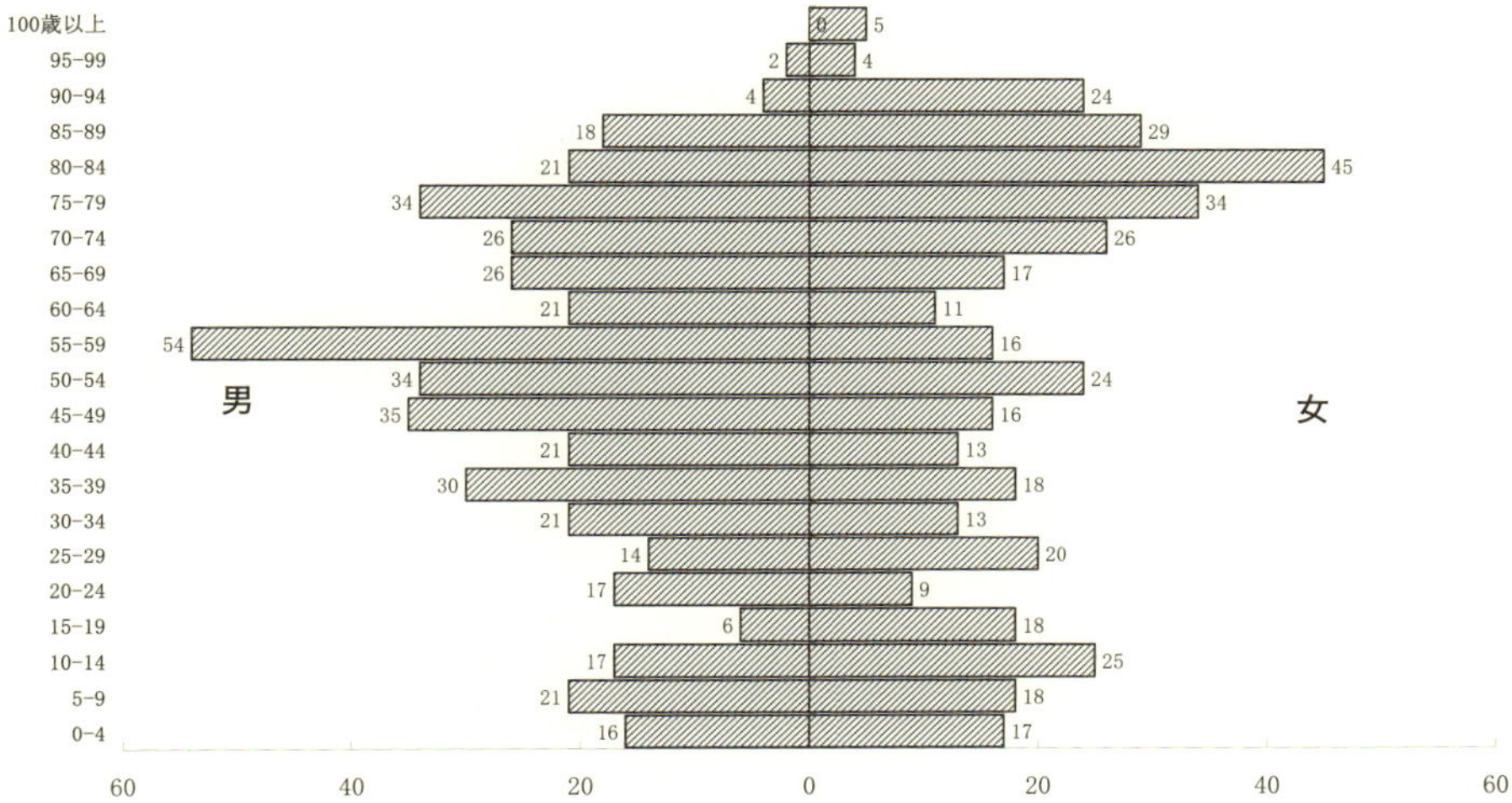

図 6 — 3　粟国村 5 歳階級別人口ピラミッド：2008 年 8 月

出所：住民基本台帳

表 6 — 9　粟国村の人口推移：1990 〜 95 年

(単位：人)

	人口	世帯数	出生	死亡	自然増減	転入	転出	社会増減
1990 年	1, 018	399	8	8	0	36	68	△ 32
91	971	398	2	17	△ 15	26	58	△ 32
92	919	382	8	14	△ 6	26	72	△ 46
93	844	367	3	17	△ 14	58	120	△ 62
94	842	366	10	9	1	51	54	△ 3
95	838	367	6	20	△ 14	64	55	9

出所：住民基本台帳　　表 1 の人口センサスとは異なる点注意

付表　集落別の人口

(単位：人、戸)

		男	女	計	世帯
1991	西	143	153	296	117
	東	203	193	396	150
	浜	150	176	326	132
	計	496	522	1, 018	399
1995	西	105	110	215	103
	東	169	163	332	144
	浜	135	162	297	120
	計	409	435	844	367

また、筆者が調査に入った一九九七年三月当時、他の島々の多くは、火葬にきりかわっていたが、この粟島では高齢者達にとっては焼かれたくないという反対の声がなおあった。そして風葬――お棺に入れて五〇畳程の広さの横穴があいた中に三〜五年安置した後、女性達によって洗骨される――慣習が依然残っていた。

関連文献

・粟国村村史編纂委員会編『粟国村誌』粟国村発行、一九八四年
・粟国村「粟国村高齢者生活実態・意識調査報告書」一九九四年

3　伊江島―沖縄戦の激戦地と土地闘争

伊江島は、沖縄本島西北部にある本部町から約九キロ北方に位置し、海洋博会場から、その島のシンボルであり、独特の姿かたちをしたイージマタッチュー（一七二メートルの城山《ぐすくやま》）がそびえる一島一村の離島である。第二次世界大戦の激戦地で知られ、周囲は二二・四キロ、総面積二二八〇ha、今日もなお全島面積の三分の一強（三五％）にあたる八〇一haが米軍の軍用地（つまり一九七〇年五月、当初島の六三％を占めていた軍用地が二七・二％に縮小された）であり、その内訳は、演習場三二七ha（四一％）、飛行場一二ha（一％）、黙認耕作地二五一ha（三二％）、道路や原野のその他二一一ha（二六％）である。国有地一八％、県有地一％、村有地八％で私有地は七三％と圧倒的に多い。

筆者は二〇〇三年三月、若林研究室院生の高橋智子と二人でこの〝沖縄戦の縮図〟といわれるかつての激戦地を調査訪問した。

島の人口は、**図6―4**でみるように、一九六〇～一九八〇

沖縄戦の厳しさを今も残す

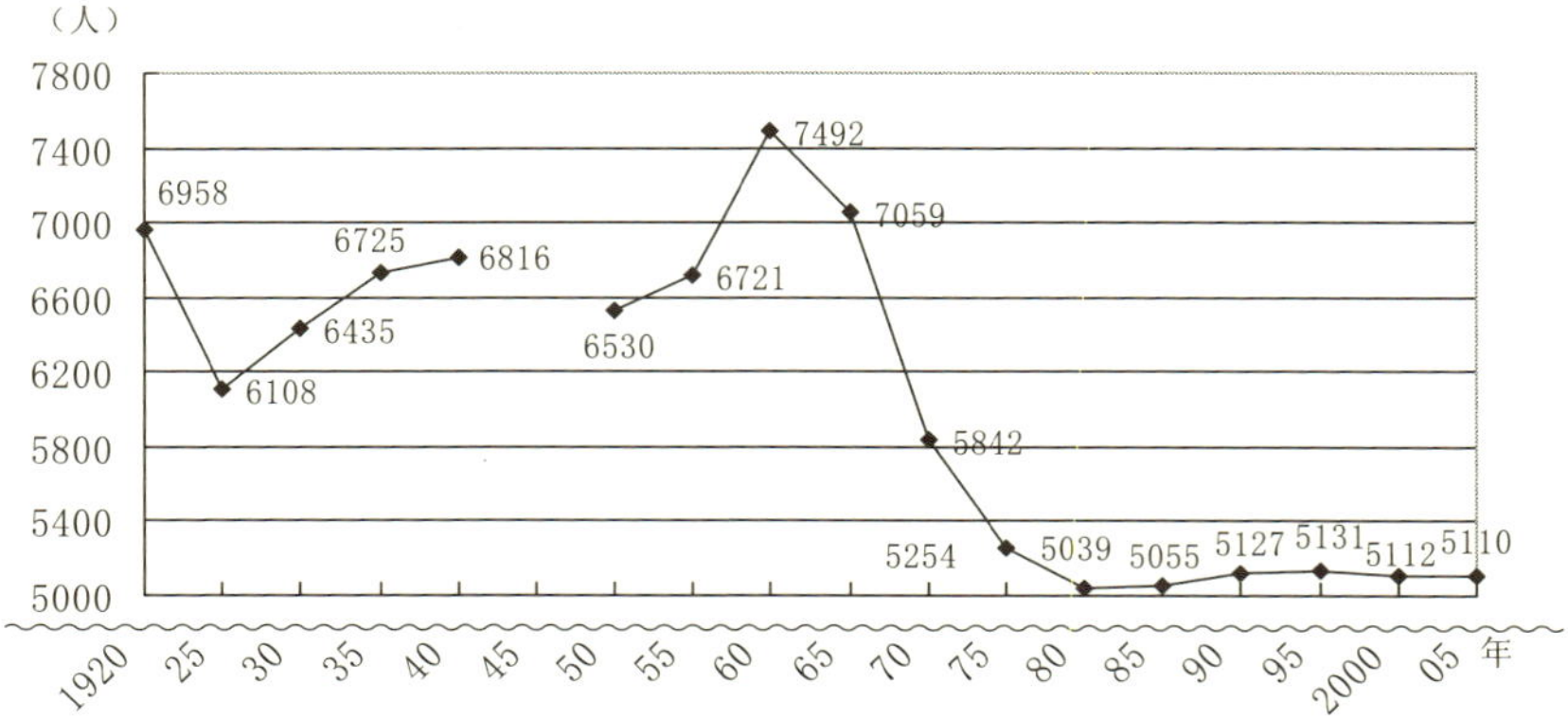

図 6 ― 4　伊江島の人口推移：1920 〜 2005 年

出所：各人口センサスより作成

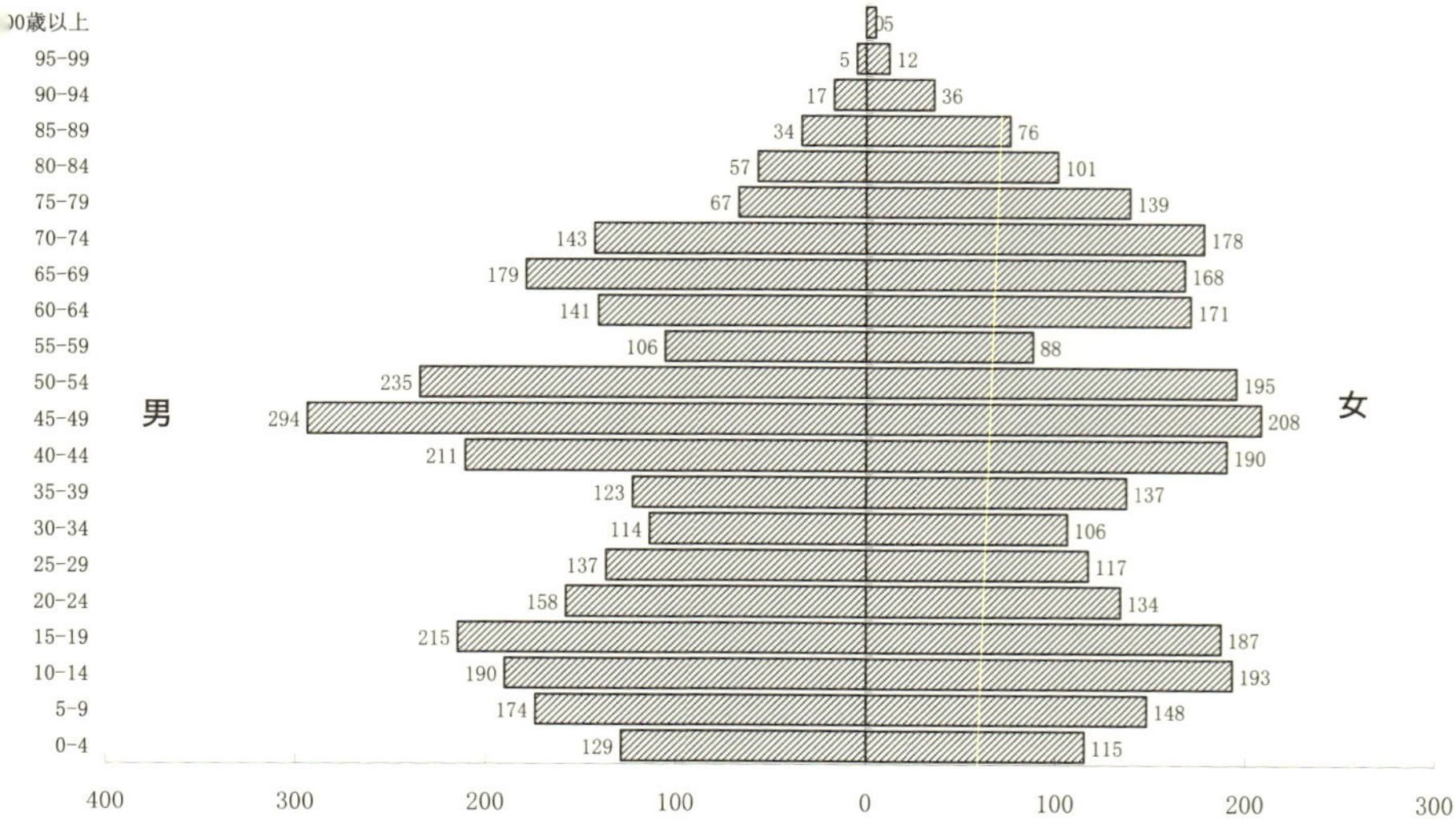

図 6 ― 5　伊江島 5 歳階級別人口ピラミッド：2003 年 2 月

年と、六〇年の七四九二人のピークから五〇三九人へと減少してきた。各歳別人口ピラミッドをみると（図6—5参照）、一九四五年生まれは大きくくびれてわずか二三人、四六年生まれも二二人と、沖縄戦の激しさを人口面から物語ってくれる。七〇歳以上は、高齢女子の寿命の伸長に加え、戦争による男子人口の消滅が影響し、性差が大きい。他方四〇代〜五〇代前半は女子の島外流出がより多く男子人口の方が膨れており、その対比が興味深い。なお役場の住民基本台帳による作図なので若者人口は実際には島内に居住していない層も含まれている点を注意する必要があろう。

島民の就労先は、役場関係が一七〇人、農協（キビ工場勤務の二八人を含む）九五人、漁協九人、土木建設業九〇人、ピーナッツ工場が五つある。主要産業は農業—キビや花卉（菊・洋蘭など）、葉タバコ、肉用牛、および観光業である。

伊江島の過酷な現代史は、一九四二年に日本軍が来島し駐屯したことから始まる。翌四三年に日本軍は島民を動員して飛行場を建設するが、米軍による空襲を二回もうけたために、敵軍に利用させないようにとわずか一回使ったのみで、一九四四年三月に自ら飛行場を破壊してしまった。

この年に約三〇〇〇人の島民が、本部《もとぶ》、今帰仁《なきじん》の両村に疎開、三五〇〇人は戦闘要因として残されたが、四五年四月一六日、米軍が上陸し日本軍との激戦の中で島民一五〇〇人、日本軍人約二〇〇〇人が戦死した。生存者は捕虜として座間味村の慶良間《けらま》諸島の座間味村に四〇〇人、渡嘉敷《とがしき》村に一七〇〇人、計二一〇〇人が強制移動させられた。また一九四七年三月まで本部や今帰仁村に疎開していた村民三二〇〇人と戦後本土や外地からの引き揚げ者一〇〇〇人、計四二〇〇人は、名護市久志集落に収容された（一九九七年一二月には「伊江村民収容地跡記念碑」がその久志区に建立された）。二年間の厳しい捕虜生活を強いられた後、一九四七年三月末に帰村許可がおりてようやく伊江島に戻ってきたが、焦土と化した島のその後の再興には、特に土地の所有権、利用をめぐり絶えず米軍の影響をうけることになる。

筆者が二〇〇三年三月一六日に、ヒアリングを行った内間亀吉によると、一九四五年五月〜四六年三月までの一〇ヵ月間、渡嘉敷村に強制移動させられた。そこの村民らは皆、山中に避難しており空き家となっている民家に収容された。四六年二月までは食べ物の配給がわずかにあったが、その後は、山中で飢えをしのぐなど、いわゆる〝ソテツ地獄〟（有毒食物のソテツを毒抜きにして食糧にする）であった。内間ら島民はその後本部の船着場、具志堅の教会でのテント小屋生活を経て、四七年四月にようやく相次いで伊江島に戻ってきた。

島民が疎開あるいは強制移動させられていた二年間、島内には誰もいなかったはずであるが、実際には三人の旧日本兵がひっそりと壕やガジュマルの木の上で二年間生活していたという。

島は一面の焼け野原と化し、米軍が米機で土ならしをし、コーラルを敷きローラーで転圧、農地まで道路にされており、木もほとんどなくなっていた。戻ってきた島民らがまず第一に行った事は「お骨拾い」（日本兵二〇〇〇人、民間島民一五〇〇人、計三五〇〇人）であり、集めて「芳魂の塔」に供養した。第二の仕事は植林でモクマオウ（木麻黄）という島在来種を選んで植えた。

島に残された爆弾処理をめぐり事故が多発した。学校の施設がなくなって青空教室であり、中学校は一九四八年に設立された。一九五九年には島に電気がようやくつき、問題の水不足は、一九七七年に本島の本部から海底ケーブルが引かれてやっと解決した。

沖縄の中の沖縄といわれる激しい土地をめぐる米軍との闘いの経緯は、阿波根昌鴻の著に詳しい[1]。一九五四年六月、四戸が立ち退きさせられ、九月に土地収用令が通告された頃から土地をめぐる闘いが始まった。内容は「真謝・西崎両部落に対し、米空軍用射撃演習場建設のため半径三〇〇〇フィート（七八・五万坪）の土地接収と立ち退き」を命じられた。八一戸の島民の土地が奪われ、一三戸の家屋が取り壊され、阿波根の家もその内の一戸であった。

一九五五～五七年の三年間には投獄、懲役、罰金など米軍側の強制的土地収奪に対し、農民は米軍や琉球政府への座り込み陳情、禁止区域での実力耕作、本島を「乞食行進」で横断したりして苦しい闘いを続けた。

一九六一年七月に「伊江島土地を守る会」を結成、七〇年九月に団結道場が完成した。七〇年五月に米軍は演習地

表 6 — 10　伊江島補助飛行場の概況：2001 年

1．軍用地総面積	801ha (100.0%) —	村総面積の 35%			
演習場	327	(41)		国有地	18%
黙認耕作地	251	(32)		県有地	1
飛行場	12	(1)		村有地	8
その他	211	(26)		私有地	73
2．総地主数と筆数	1,234 人	5,694 筆			
契約地主	1,199 ⓐ	(5,602)			
未契約地主	35	(92)			
3．年間軍用地料総額	2001 年度	13 億 3,193 万円			
委任契約分		11 億　262 万円ⓑ		a/b ＝ 91.9 万円	
個人契約分		9,152 万円			
県有地		1,444 万円			
村有地		1 億 2,336 万円	内訳：	村有地	7,273 万円
				区有地	5,063 万円

団結道場の壁に書かれた訴え

面積を四一％解放したが、これにより島の六三％を占めていた軍用地は二七・二％に縮小された。八四年六月「平和を考え実践するための里」として「わびあいの里」と「反戦平和資料館」が開設され、筆者が調査訪問した時も全国からの多くのボランティアたちが集まり、土地闘争を続ける中で平和運動の実践を支えあっていた。

復帰時の一九七二年、反戦地主は約三〇〇〇人いたが、「基地確保地籍法」が七七年に設立され四〇〇人に、九〇年には一〇〇人たらず、島では一〇人余りとなった。契約地主増加の要因は、(1) 契約金が毎年値上がり協力金や謝礼金が支払われた。島全体の軍用地料は二〇〇一年度で一三・三億円、内地料は一一億円、農民の借地料の年平均収入額は約九二万円、残り分は国・県・村・村外地主(約一割未満、土地を奪われ村外に出た人)へ当てられる。この軍からの借地料は高齢者達にとっては「反基地」とはいいにくい収入源となっている(**表6―10**参照、施設提供賃貸料＝軍用地料の計は二〇〇二年度で西江上区は二七〇〇万円、西江前区は一〇一七万円を筆頭に計五一五六万円。字別に差があり、東江前区、阿良区は無である)。戦争体験者の高齢化と死去による減少、土地が返還されても農地としては使いものにならなくなっている岩盤露出の土地質・土壌と化し、肥沃と保水力に乏しいという厳しい条件の島となっている。

なお伊江村の海外移民は相対的に少なく、一九一五年に九人(ハワイ一人、メキシコ五人、カナダ一人、ペルー二人)、一九五九年に一六戸がボリビアへ渡っている。その後ブラジルやアルゼンチンへと移動し、その一部は帰村している。彼らは蚊や水に悩まされたという。

以上の様に、歴史的にも自然条件からも他に類のない程の厳しい島であるが、平和教育と沖縄史を考える学習もかねて、多くの観光客が来島している今日である。

注

1　阿波根昌鴻『米軍と農民―沖縄県伊江島』岩波新書、一九七三年、参照。

・阿波根昌鴻『命こそ宝―沖縄反戦の心』岩波新書　一九九二年

関連文献

伊江村教育委員会編・発行『証言・資料集成　伊江島の戦中・戦後体験記録―イーハッチャー魂で苦難を越えて』一九九九年が参考となる。この中には佐渡山安棟「二ヶ年余の洞窟逃亡生活」一一七〜一二六頁なども含まれて記されている。他に『伊江村史』上・下巻、一九八〇年など。これらの資料に加え、内間亀吉・謝花悦子からの調査聞き取り、および高橋智子のまとめも参照している点をおことわりする。

・『教えられなかった戦争』シリーズ製作・上映実行委員会『教えられなった戦争・沖縄編―阿波根昌鴻・伊江島のたたかい』映像文化協会、一九九八年

・財団法人わびあいの里編・発行「花は土に咲く」第三号二〇〇二年二月三日、第四号二〇〇二年五月二一日、第五号二〇〇二年九月二一日

・写真・相原宏、文・真鍋和子『フォト・ドキュメント阿波根昌鴻　沖縄反戦地主　こころの源流』ふきのとう書房、一九九九年

4　久米島―独自地場産業でふんばる離島

久米島は、本島那覇市の西方九八キロに位置し、久米島本島、奥武島、オーハ島の有人離島と硫黄鳥島と鳥島の無人離島（久米島の北東約二〇〇キロおよび北約二五キロに位置する）から構成される。周囲は五三キロ、面積五五・七平方キロである。周囲は珊瑚礁が発達し、東方に長さ一一キロのウガン崎が伸び、また西のハンニ崎からは阿良岳に向けて堡礁があり、礁湖は古くから天然の良港となっている。島の東は仲里村、西は具志川村の二村（古くから「久米の二間切」とよばれるように二つの間切からなる）からなっていたが、二〇〇二年四年にようやく合併して久米島町となった。だが今日も町役場の庁舎は旧来の二ヵ所をそのまま使用し、分かれて機能しているために、町民にとっても職員にとってもいたって不便である（**地図**参照）。

町の人口は二〇〇〇年センサスで九三五九人、七〇年が一万一三六四人であり、三〇年間に二〇〇五人、一七・七％が減少、これは沖縄離島の中では、相対的には

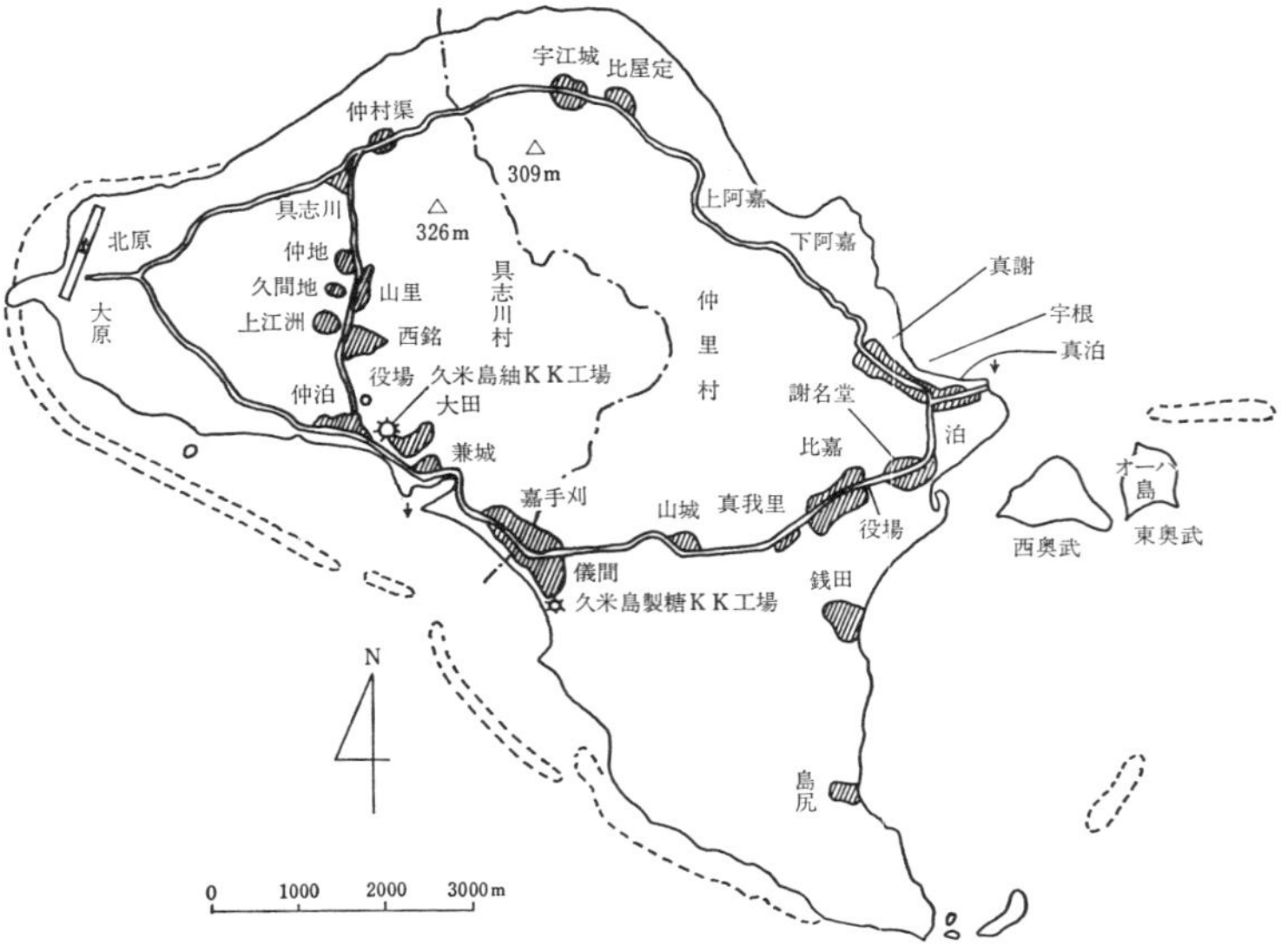

久米島の地図

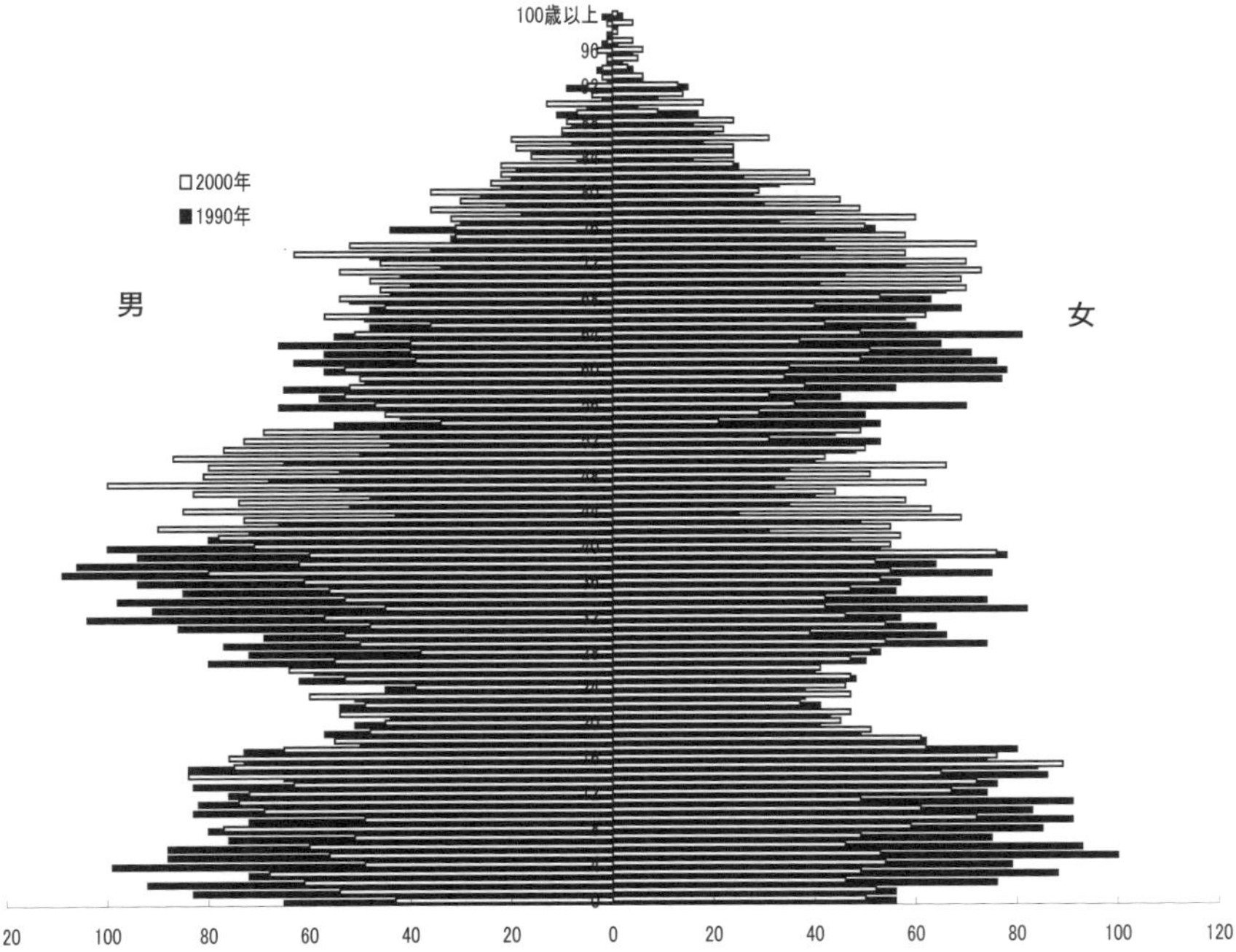

図6―6 久米島町各歳別人口ピラミッド：1990と2000年

よくふんばってきている中規模離島といえようか。各歳別人口ピラミッド（図6―6）で一九九〇年と二〇〇〇年を重ね合わせてみると、一〇年間の少子高齢化はやはり進行しているのが明白である。表6―11は高齢者世帯の動向を示す。

産業は、サトウキビと野菜の比重が低下し、花卉とパイン、葉たばこ、肉用牛などが農業生産の代表である。しかしなんといっても久米島を県内外に知らしめているのは、第一に焼酎泡盛の製造であり、〝久米仙〟は広く知られている。製糖会社も一九六〇年に設立され、一日一〇〇〇トンの処理能力があるが、八九年をピークにやや減少の途にある。

第二は、〝久米島紬〟である。五〇〇年程前に始まり（人頭税として賦課され、王国経済の危機をのりきるために貢献させられた）、一九七七年に県無形文化財（工芸技術）に指定された。二〇〇〇年で一・八億円の生産額（一人あたり一三三万円）で、事業所は一二八カ所、従業員一三四人（組合加入者は一二六人）、最多の一九八四年には七〇〇人いた織子数が減っている。六〇歳以上の高齢者が約半数を占め農家の主婦の副業として支えられている。

観光産業としては、はての浜（島の沖合七キロに横たわる砂洲、まっ白い砂だけの島）に代表される海浜の魅力的な観光スポットがあり、ダイビングも人気を集めている（**写真**参照）。島全体が県立自然公園に指定されており、国指定重要文化財として上江洲（うえず）家や「自然文化センター」具志川城跡もある。この島に一九七七年全日空（ＡＮＡ）が最初の大型ホテル「イーフビーチホテル」を建設、九七年からは六～九月の夏場には東京からの直行便も就航し始め、観光客数は急増して、二〇〇三年には一〇万人を超えた。さらに二〇〇五年冬にはプロ野球もキャンプをはる球団があり、冬場の様相もすっかり変わりつつあるようだ。

筆者が中国からの留学生二人（馮文猛と宋冰）を伴って調査訪問したのは二〇〇四年二月[1]であったが、一年後の冬にはとても宿泊さえもま

表６―11　久米島町における高齢者世帯の動向

（単位：人、％）

	総人口	65歳以上人口（総人口に占める割合）（%）	在宅老人の一人暮らし（人）	在宅老人の一人暮らしの構成比（%）	要援護老人のうち寝たきり老人（人）	寝たきり老人の構成比（%）
1990年	10,449	1,750 (16.7)	198	11.3	74	4.2
1991	10,477	1,800 (17.2)	255	14.2	57	3.2
1992	10,346	1,842 (17.8)	250	13.6	49	2.7
1993	10,254	1,883 (18.4)	229	12.2	49	2.6
1994	10,208	1,956 (19.2)	266	13.6	51	2.6
1995	10,023	2,001 (20.0)	307	15.3	60	3.0
1996	9,880	1,993 (20.2)	293	14.7	64	3.2
1997	9,847	2,082 (21.1)	330	15.9	65	3.1
1998	9,787	2,110 (21.6)	295	14.0	62	2.9
1999	9,778	2,129 (21.8)	303	14.2	121	5.7
2000	9,672	2,180 (22.5)	286	13.1	134	6.1
2001	9,726	2,205 (22.7)	286	13.0	91	4.1

注：2007年は人口8,917人、65歳以上人口2,201（24.7%）

出所：久米島町総合計画策定共同企業体『第１次久米島町総合計画策定業務』より

まならぬ程のにぎわいぶりに変わったようだ。

さて、この久米島も例外ではなく、戦時中に大きな被害をうけた。集団自決と住民虐殺である。日本軍一・五万人がいた島に島民は約一万人、一九四五年六月二六日に一五〇〇人の米軍が上陸した。終戦の八月一五日以降も日本軍により二二人の島民が殺されるなどの悲劇があった（終戦の八月一五日後〝鹿山事件〟とよばれる朝鮮人妻子七人がスパイ容疑で日本兵に殺されるという事件が発生。この島にもなお語られていない沖縄戦禍の影がある）。

とりわけ久米島の海はエメラルドグリーンで素晴らしい。奥武島の「畳石」（別名亀甲石）は直径一〜二メートルの五角形、六角形の石がざっと一〇〇〇個も海岸を敷きつめられている。奥武島と八〇〇メートル離れた久米島とが初めて橋で結ばれたのは一九八三年のこと。それまで、久米島にある中学校にかようのに男子は竹馬で（満潮時も渡れるよう踏み板の高さは一メートルもあった）、女子は舟で海をわたって通学していた。

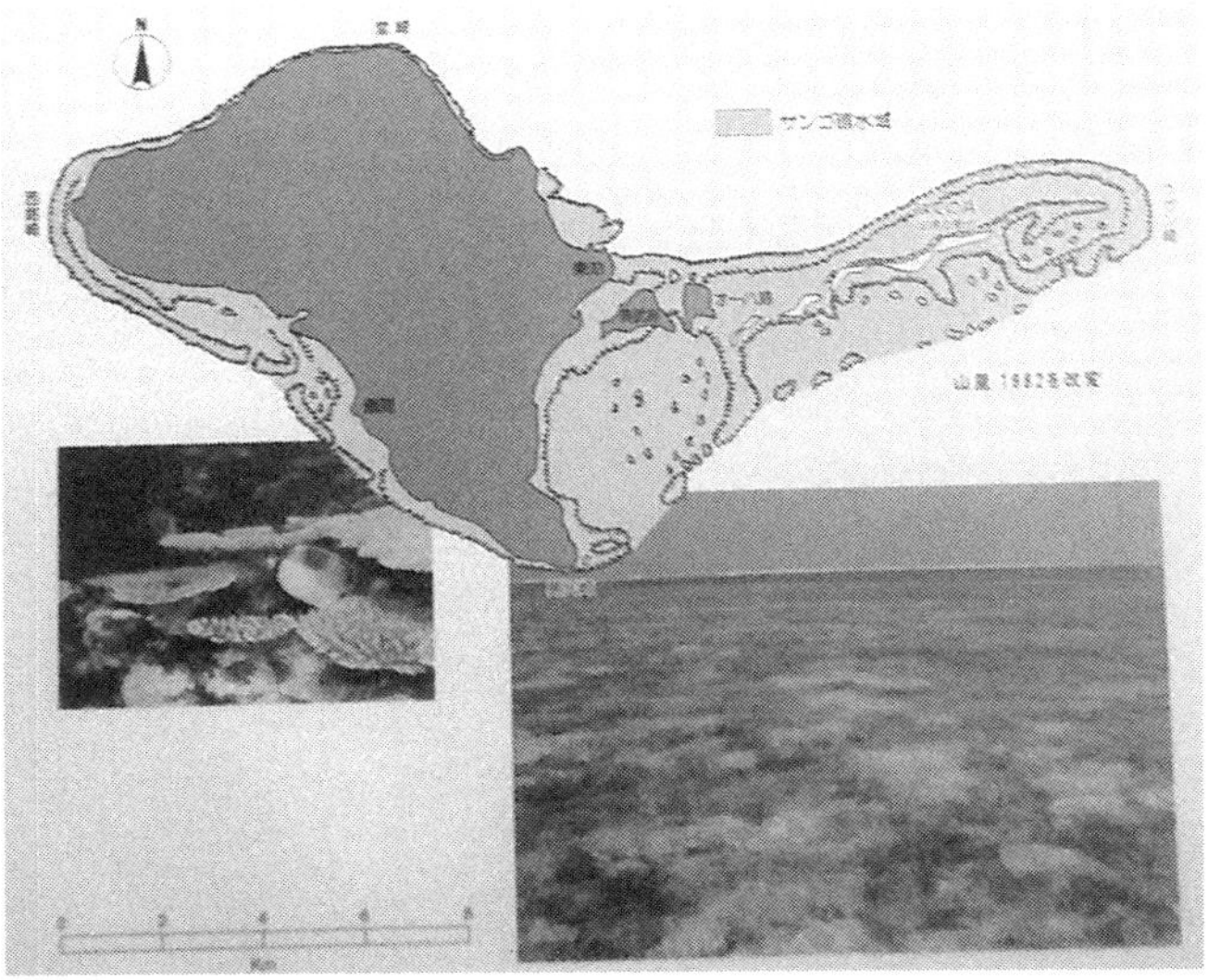

イノー（サンゴの海）

久米島の海岸は全てサンゴ礁で縁取られています。北野海岸には、西銘崎から真泊にかけての全長にわたって岸に密着する裾礁が発達し、南の海岸は西銘崎から儀間にかけてと、島尻崎から奥武島にかけて、堡礁（バリアリーフ）が発達します。堡礁は、岸との間に礁湖（ラグーン）を取り囲みますが、ここでは岸に砂がたまり、砂浜や砂丘が発達します。奥武島から東には突堤状のサンゴ礁が11kmにもわたって伸び、奇観を呈しています。中央には砂州が発達して、はての浜と呼ばれてマリンレジャーのメッカとなっています。このように、久米島のサンゴはよく発達し、その面積は陸の60％に達するほどです。サンゴ礁の浅海（イノー）には、サンゴを始め、いろいろな魚や底生生物が住み、豊かなパラダイスを築いています。これらは海の幸として古くから島の人々を支えてきました。
出所：久米島資料館

なお補記として（1）一九七五年に火葬場が設立されるまで風葬と洗骨の慣行がここにもあったこと、（2）久米島北方一六キロに米軍射爆場があり、漁船などの立入禁止地域が今日も存在すること、（3）深海六〇〇メートルからの海洋深水層を第三セクター（町二五％、民間七五％）で二〇〇四年六月からオープン予定であったこと等を記しておこう。

注

1　馮文猛「久米島における人口と社会変動」東京農工大学大学院若林敬子研究室『沖縄における人口と環境レポート集』途上地域人口社会学研究報告書№9、二〇〇五年、一六〜三二頁。

関連文献

・池宮正治・小渡孝・田辺真之編『久米村―歴史と人物』ひるぎ社、一九九三年
・久米島自然文化センター「島島移住一〇〇周年展」二〇〇三年
・久米島自然文化センター「ハブヒルストーリー―駐留米軍人が見た久米島」二〇〇三年
・久米島西銘誌編集委員会『久米島西銘誌』二〇〇三年
・法政大学創立百周年記念久米島調査委員会編『沖縄久米島の総合的研究』弘文堂、一九八四年（論文篇一九八二年と資料編一九八三年が弘文堂より刊行）

5 鳩間島―小・中学校統廃合・存続をめぐって

鳩間島は竹富町を構成する有人九島の一つとして西表島の北部に位置する（石垣港より鳩間港まで三八・三km）面積わずか一・〇一km²、海岸延長は三・九km、人口五五人（二〇〇五年人口センサスでは三五戸、六四人）の小島である。この島を筆者は二〇〇一年一二月、若林研究室院生ら計一四人で調査訪問（口絵写真参照）、西表や石垣ら八重山の人口と環境について調査を実施して、それらを含めた報告書をまとめた[1]。

島の歴史をみると、一七〇二年に、人口六五人のこの島に黒島から五〇人が移住し、昭和初期には八〇〇人規模、終戦直後は七〇〇人程の人口を数えた。その後、図6―7の年表図でみるように、一九五五年は五六七人に、六五年は二二〇人から七〇年の六九人へと激減、七五年はわずか三三人（一九五五～七五年の二〇年間に一七分の一に）、そして一九八三年には二七戸、四六人（男二七人、女一九人）、九九年には三一戸で五二人（男三三人、女一九人）の少人数の島と化している。

一般的な過疎化の要因に加えて、大きな台風や長期的旱魃が

鳩間島小学校にて

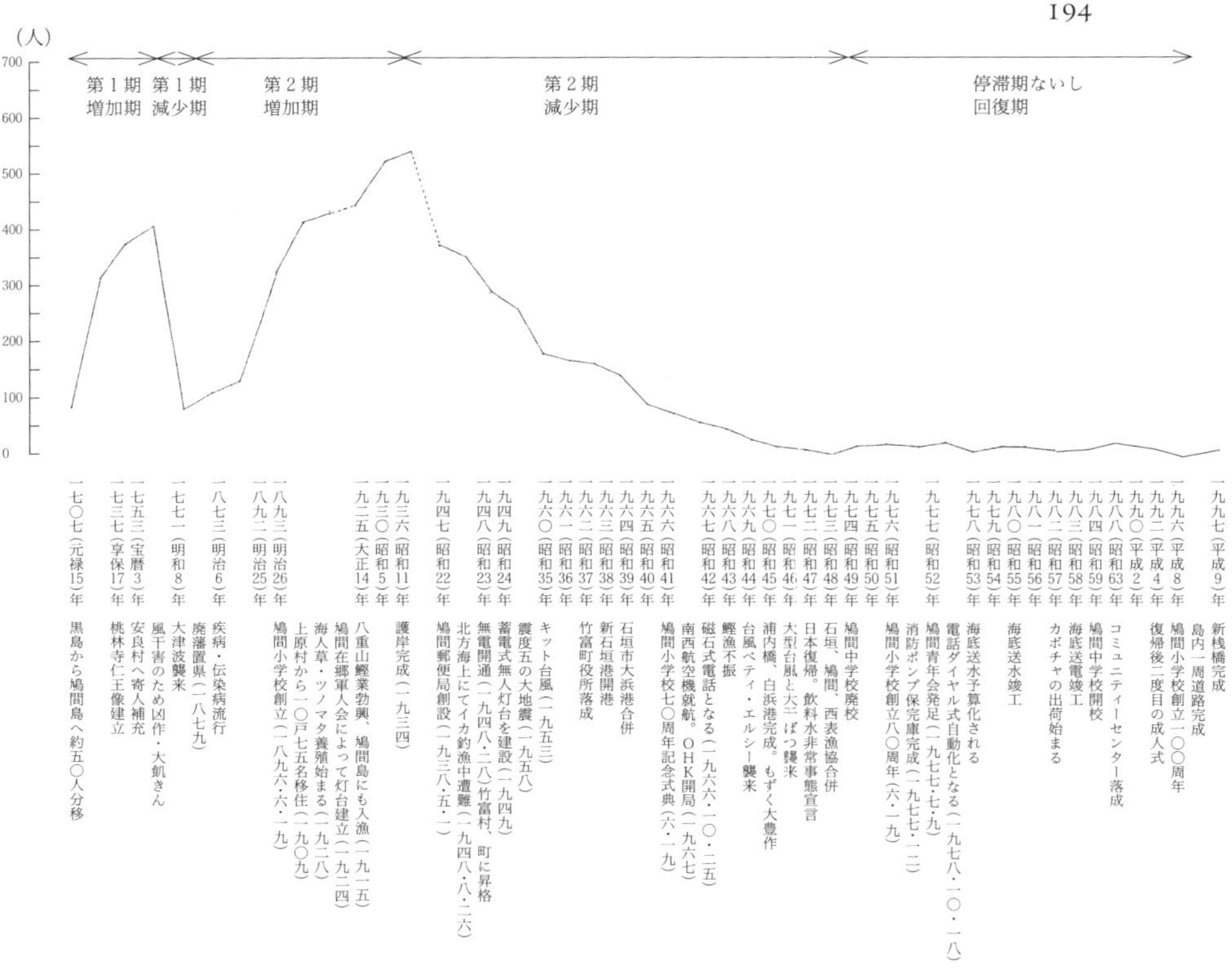

図６―７　鳩間島の人口推移と主な出来事

出所：沖縄在鳩間郷友会結成５周年記念『鳩間島誌』1983 年
　　1984 年以降は森口豁『子乞い―沖縄孤島の歳月』凱風社、2000 年、pp. 244-245

襲うという悪気象条件によって大量の島外への人口流出が生じてきたという。盛衰の激動を年表でもみるように、一七七一年の明和の大津波による人口減、衛生条件の悪化によるマラリア感染の増大、塩害や旱魃などによる凶作などの悪条件が続く。その後、一九六八年のカツオ漁の不振、六九年の台風ベティ・エルシー襲来、七一年大型台風と大干ばつが襲来、七二年の日本復帰の年には飲料水不足の非常事態宣言がなされたと記されている。本土が高度経済成長にわきたつ同時期に、厳しい生活の根幹を揺るがす異常事態が続いたのである。

　鳩間小学校は一八九六（明治二九）年に大川尋常小学校鳩間分校として創立されるが、一九〇七（明治四〇）年に独立して鳩間小学校に、また戦後一九四九年に中学校を併置した。その後もカツオ漁など水産業の隆盛で島の人口は大きく変動する。

復帰の翌々年の一九七四年には鳩間中学校は一旦の休校・廃校を余儀なくされ、これを機にさらに三世帯、二一人が島を離れて大ピンチをまねく。一九七五～七九年、八一～八三年は卒業生ゼロが続き、危機は否応なしに深まった。この間、「なんとしてでも学校を存続させなければ」という、涙ぐましいほど島民一丸となり体をはって展開された人口対策は、〝子乞い〟として広く知られるに至っている[2]。つまり一九八二年島民らが学校存続の手段として選んだ方法は、石垣島や本島与那原町にある児童養護施設の愛隣園などから子供を里子として預かり、入学、転入させる〝里親制度〟（山村留学という語がよくつかわれるがここでは海浜留学制度）の導入であった。

一九七四年の休（廃）校から一〇年を経過した一九八四年に鳩間中学校は再開校される。一九八三年は児童数六人のみ、九九年は小学生四人、中学生八人、筆者らが調査訪問した二〇〇一年一二月には小・中学校の児童・生徒数は計一三人（海浜留学生里子一三人、内本島から五人、本土から八人）、〇七年度は（小学生は六人、中学生は七人　計一三人（内海浜留学生は六人）、〇八年度小学生三人、中学生六人、計九人（内留学生四人）を数えている（図6―8参照）。

二〇〇五年人口センサスでみると島の人口は六四人とむしろ増加している。就業者は計三三人であるが、その内訳は教育・学習支援などの学校関係が、三分の一の一一人に達する。ついで、観光客相手の飲食店・宿泊業が同じく一一人からなる。残りは農業一、通信一、運輸一、卸売・小売業二人などである。

年齢構造でいえば、一五歳以下が一五人（二三・四％）、一五～一九歳二人（三・一％）、二〇～三四歳八人（一二・五％）、三五～六四歳二七人（四二・二％）、六五歳以上一二人（一八・八％）と比較的若く、そのために高齢化率が相対的に低い島となっている。

一世帯あたり人員は一・八三人、青年団の八割は学校の教員というまさに学校あり、観光あっての島となっている。これまで島を廃村しないための最後の砦が廃校を回避することであった。島社会の存立の危機に瀕して、県立病院

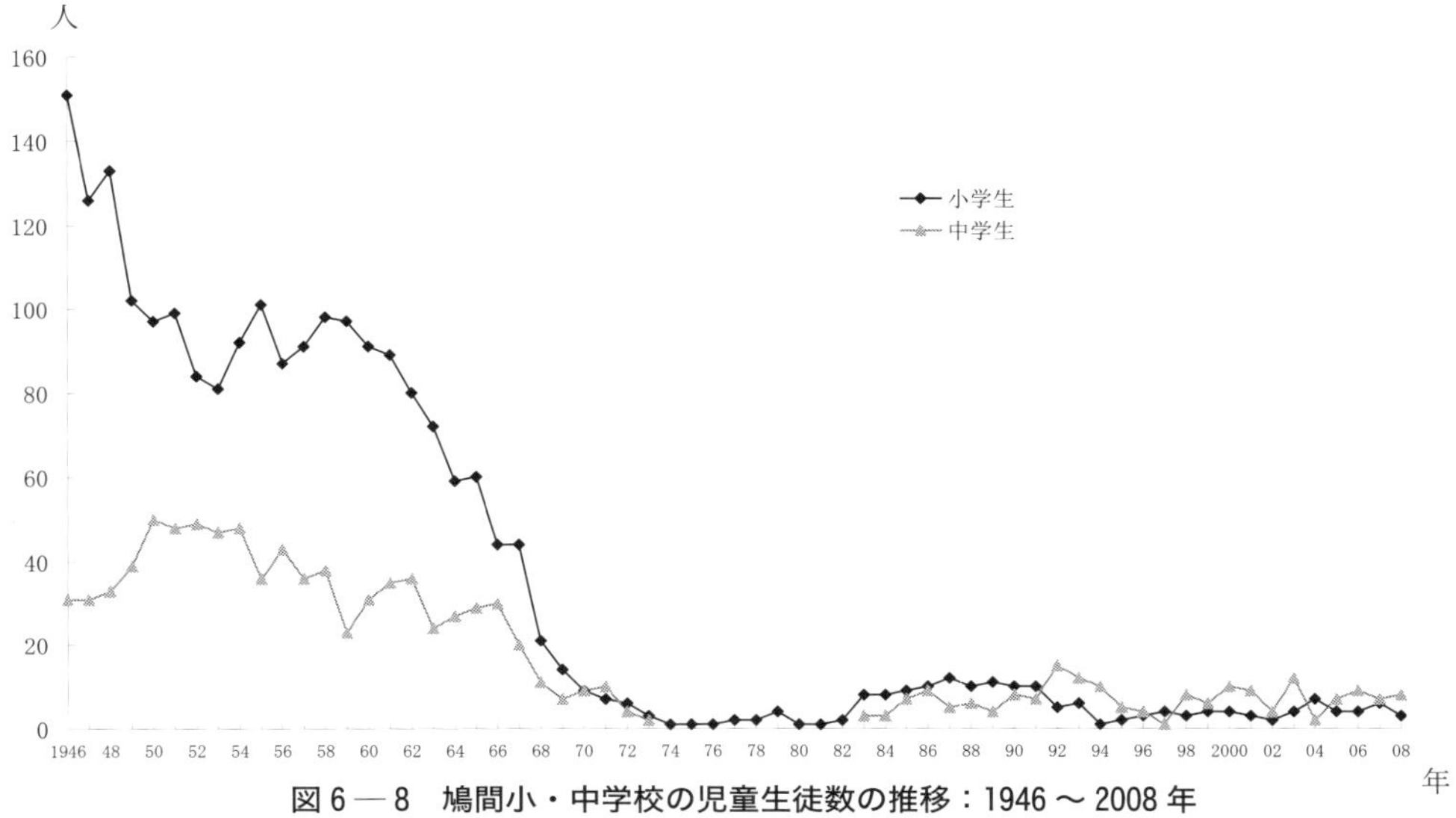

図6―8　鳩間小・中学校の児童生徒数の推移：1946 ～ 2008 年

注1：小学校 1924 年 56 人、1925 年 67 人
　2：中学校は 1974 ～ 1982 年まで休校のためゼロ
出所：沖縄県教育委員会『沖縄県公立中学校変遷史資料編』および 1990 年以降は『学校一覧』などによって作成

の診療所や郵便局など、次々と行政が撤退していく中で、島で唯一の公的機関である学校が存続していることの意味は重い。

近年のＵ・Ｊターン者や観光客の流入で噴出した新たな問題に対処するため、「鳩間島憲章」を制定し地域の持続可能性を探ろうとしている。また二〇〇五年には日本テレビ系列放送のテレビドラマ「瑠璃の島」の舞台となったことで脚光を浴び、多くの観光客が訪れるようになった。島の観光入域者数は一九九八年二三二一人、二〇〇五年三一六二人、〇七年七九六二人と急増している。こうしたことが海浜留学生の来島にもつながっているとみてよいだろう。

海浜留学生は里親資格がなくても個人契約の受け入れで可能となり、募集や制度づくりをしなくても近年は来島するようになった。

このような人口小規模地域にとって学校の存続は決定的である。離島となれば遠距離通学の可否にもかかわり、廃校されれば子供らは島を離れなければならないし、教職員もいなくなる。学校の統廃合が挙家離村を導いた前例は全国各地の過疎地域でみられることはいうまでもない[3]。

県内小・中学校の統廃合問題

さて、以下沖縄県教育委員会の資料から公立小・中学校の廃校、統廃合、複式化の実態を補記しておこう。

表6―12は、一九七二年以降二〇〇七年度までの沖縄県内の公立小・中学校の廃校および統合一覧を示す。この三二年間に計三三校の小中学校（分校を含む）が廃校され、統合は五校を数える。七四年度の鳩間中学校は一〇年後の八四年度に再設置され、八六年度の石垣市富野中学校も二年後の八八年度に再度設置されている。本土農村ではこうした廃校後の再設置の例は容易にみられることではないが、離島の多い沖縄ならではの苦悩・イレギュラーな事実がうかがわれる。

表6―12　沖縄県公立小中学校の廃校統合一覧：1972年5月〜2007年度

年	〈廃校〉	〈統合・その他〉
1973	伊平屋小学校　田名・島名２分校	本校への統合
1974	仲里小学校　奥武分校（仲里一現久米島）	
	鳩間中学校	（1984年に再設置）
1975	上池小学校（竹富）	
1976	浦添小学校　西原分校（浦添）	
1977	瀬喜田中学校（名護）	
	崎本部・伊野波・浜元の３中学校（本部）	
1978	伊野波小学校（本部）	
	多良間小学校水納分校（多良間）	
	垣花中学校（那覇）	
1980	浜本・新里・豊川　謝花の４小学校（本部）	
	大宜味・喜如嘉・塩屋・津波の４中学校（大宜味）	
1986	富野中学校　　（石垣）	（1988年に再設置）
2003	兼次・今帰仁・湧川・古宇利の４中学校（今帰に）	４つの中学校を統合
2004	楚洲小学校（国頭）	（通学区域を安田小に変更）
	北国・奥・楚洲・佐手・安田・安波の６中学校（国頭）	
2007	具志川中・比屋定中（久米島）	久米島西中
計	35校の廃校	６校の統合

出所：沖縄県教育委員会

一・二学級、複式学級をみると、小学校一四校（内分校四校）、中学校二〇校（内分校一校）を数える。市町村別には本島北部の国頭郡に小学校五校、中学校三校、八重山に小学校六校、中学校八校などが多く存立する。

多良間村水納島でも既述したが、学校の廃校が契機となり無人化（今日人口七人、畜産飼育の島）した例は、かつて八丈小島でみられたように全国的にも数多い。出生率が相対的に高いとはいえ、沖縄の今後は、鳩間島の例にとどまらないだろう[4]。

注

1　東京農工大学大学院若林敬子研究室『沖縄八重山における人口・移民・環境』二〇〇二年、この中の高橋智子「鳩間島の山村留学と環境教育」二一〜三〇頁が詳しい。後に本土最小人口二〇〇人の村・愛知県富山村の山村留学の人口増対策の事例調査もあり、同研究室として別個まとめている（若林敬子研究室『本土最小人口の村・愛知県富山村の調査レポート集』№.11、二〇〇六年）。

2　当時琉球新聞記者の森口豁はテレビのドキュメンタリー番組取材のために島を訪問した。一九七三年に初めて区長と会い、その後沖縄本島にあった児童養護施設を訪れ、八二年里子制度導入のきっかけとなる。森口豁『子乞い―八重山・鳩間島生活史』マルジュ社、一九八五年。その後増補・新版として森口豁『子乞い―沖縄孤島の歳月』凱風社、二〇〇〇年、さらに二〇〇五年春には、日本テレビで「瑠璃の島」としてドラマ化され、二〇〇七年の再放送もあり広く知られている。このドラマでは、東京からの問題女子生徒と島民との温かな人間的ふれあいが描かれている。

3　本部町立水納小・中学校も今日存続の危機にある。海洋博公園のある本部港から高速船で一五分、人口五〇人のすむクロワッサンの形をした水納島がある。世帯数二五戸、島民の平均年齢は五〇・八歳、瀬底小・中学校から独立して水納小・中学校となった。一九五七年には、小・中学生四四人がいたが、現在（筆者の二〇〇五年二月調査時点）三人（小学三年一人、中学一年一人、中学校三年一人）、二〇〇五年一人、〇六年一人、〇七年一人入学予定。これに対して、教職員は、七人（校長一人、教頭一人、中学校職員三人、小学校教員二人、養務給食一人　事務一人）。このままでいくと、二年後の二〇〇七年度に中学校閉校においこまれようとしていた。

4　沖縄県教育委員会によると、二〇〇四年度にて、一・二学級の学校は、小学校一四校(分校四校)、中学校二〇校(分校一校)をかかえている。
なお「廃校」ではなく「休校」という語がつかわれているが、これは休校＝本来児童生徒数が回復する見込みがある場合に、一時的に教職員を配置しない措置を補助金適正化法では、原則的に耐用年数を過ぎていない校舎を廃校する場合、公的施設に転用しなければ建設時に県から交付された補助金を返還しなければならない。このため事実上廃校状態でも、転用策が決まるまで休校にしておく自治体がある。

関連文献

・沖縄在鳩間郷友会結成一五周年記念『鳩間島誌』一九八三年
・竹富町立鳩間小学校創立百周年記念誌編集委員会編『波涛を越えて―創立百周年記念』竹富町立鳩間小学校発行、一九九七年
・若林敬子「学校統廃合と人口問題」日本教育社会学会『教育社会学研究』第八二集、人口特集、二〇〇八年五月、
・若林敬子『学校統廃合の社会学的研究』御茶の水書房、一九九九年を参照

6 南・北大東島—性比と公共事業

沖縄本島那覇から三八〇㎞離れた絶海に南・北大東島の孤島が浮かぶ。面積は南が三〇・六㎢、北が一三・一㎢、南・北の二島間の距離は最短で八㎞、港間では一二㎞離れている。

古来よりその存在は知られていたが、島を取り囲む五〜一五メートルの険しい岸壁が上陸を拒み、長い間太平洋上に浮かぶ絶海の無人島であった。カルスト湖沼群の大小のドリーネが点在する石灰岩の島であり、はるか東(ウファガリ)の島とよばれていた。

一八七八(明治一一)年に日本の領土となり、一八八五(明治一八)年に国標がたてられ、一八九六(明治二九)年に沖縄県島尻郡に編入された。

八丈島出身の玉置半右衛門が開拓に着手(鳥島のアホウドリの羽毛で巨万の富を得、東京に南洋産業玉置商会を設立)、政府から三〇年の賃下げ許可を取り付け、八丈島から二二人の開拓者とともにようやく一九〇〇(明治三三)年

燐鉱石貯蔵庫跡(1919(大正8)年頃建設された建造物)

一月二三日、南大東島に到着した。北大東への上陸はその三年後の一九〇三（明治三六）年のことである。

このように南大東島の起源は、一九〇〇（明治三三）年、八丈島からの二三人が到着・移住したことに始まり、その後は戦後に沖縄本島など他所などから移住していった。甘蔗農業が主であり製糖工場が島の中心にあり、玉置、東洋製糖、大日本製糖（藤山一郎社長）と推移してきており、サトウキビ産業を主として発展してきた島である。

沖縄本島から、一九〇三（明治三五）年に初めて労務者が一一人入島し、奈良原知事が翌年来島して二一五人と急増した。これは玉置製糖工場が建設されたことにより開拓が進展、一九一五（大正四）年には人口三〇二〇人の島となった（**表6―13**参照）。

沖縄県出身労務者は、知事来島の一九〇四（明治三六）年にわずか七人であったのが、一九〇九（明治四二）年に二二三人、五年後の一九一四（大正三）年四〇八人、一九一五（大正四）年八〇四人と急増した。

このように一挙に増大した背景は、一九一四（大正三）年に、勃発した第一次世界大戦によって、日本経済が未曾有の好景気を迎え、砂糖価格が高騰、いわゆる砂糖成金時代を迎えたためである。その後第二次世界大戦に至るまで南大東島における甘蔗栽培に関わる労働力が増大していったのである。

一九一六（大正五）年の居住者の出身県を示したのが**表6―14**であるが、沖縄県が四八・二％、八丈島（東京都）が四五・一％、鹿児島につぎ、遠州集落という静岡県出身者もいたという。

人口は二〇〇〇年センサス結果で、南大東村は一四四四人（男八三六人、女六〇八人で男が二二八人も多く、性比は一三七・五）、世帯数六六六戸である（**表6―15**参照）。

今日島の就業の場は、役場関係が六〇人、農協三六人、製糖工場五〇人、土建業七〇人であり、公共事業として堀こみ式の漁港建設に三〇〇～四〇〇人、畑から岩を取り去る土地改良の基盤整備に臨時的工事関係者が働いている。漁業者は専業漁民は五～六人にすぎず、ほとんどが半農半漁、とれた魚はすべて島内消費だけで、漁業協同組合は単

表6―13　南大東島の人口推移　1903～1916年

（単位：戸、人）

	世帯数	人口	男	女	沖縄県　労務者
1903（明治36）年	－	215	115	100	7
05（　38）	93	422	－	－	－
09（　42）	197	824	468	356	23
12（大正元）	229	1,384	783	601	－
14（　3）	281	1,992	1,168	824	408（460）
15（　4）	291	3,020	1,700	1,220	804
16（　5）	306	2,987	2,079	908	589

出所：『南大東村誌』p. 284、365から作成

表6―14　居住者の出身県：1916年

（単位：人、戸、％）

	人口　（割合）	男	女	世帯
沖縄	1,441（48.2）	1,309	132	7
東京（八丈島）	1,347（45.1）	648	699	262
鹿児島	84（2.8）	63	21	1
静岡	53（1.8）	30	23	15
その他	62（2.1）	29	33	22
計	2,987（100.0）	2,079	908	306

出所：表6―13と同じ

付　表

	人口	内八丈島に本籍ある人口
1903（明治36）年	290	250
26（大正15）	4,015	1,024
72	2,134	61
89	1,472	33
93	1,397	21
2000	1,423	22※

※沖縄　1,368人　その他　33人

表6—15 南・北大東村の人口推移

		世帯数	人口	男	女	1世帯あたり人数	性比
南・北大東村計	1920年	1,307	7,393	5,240	2,153	5.7	243.4
	25	1,390	7,443	4,842	2,601	5.4	186.2
	30	1,390	7,355	4,447	2,908	5.3	152.9
	35	1,232	6,411	3,823	2,588	5.2	147.7
	40	1,342	5,548	3,144	2,404	4.1	130.8
	45	不明	1,481	858	623	不明	137.7
南大東村							北大東村人口
	1950	367	1,604	818	786	4.4	1,087
	55	549	3,083	1,683	1,400	5.6	905
	60	791	3,404	1,849	1,555	4.3	992
	65	653	2,934	1,577	1,357	4.5	962
	70	627	2,252	1,158	1,094	3.6	764
	75	549	1,710	941	771	3.1	647
	80	481	1,640	885	755	3.4	658
	85	520	1,504	815	689	2.9	584
	90	515	1,399	763	636	2.7	519
	95	666	1,473	836	608	2.2	575
	2000	667	1,445	835	610	2.2	671
	05	668	1,448	816	632	2.2	588

注：1920(大正9)年3月1日の人口2,112人(男1,579人女533人)、
1925(大正14)年10月1日の人口2,145人(男1,237人女908人)、
従って北大東島は、7,443－2,145＝5,298人を数えた
出所：人口センサス

南大東島の港

に任意組合で正式の全漁連に加盟するものではない。

筆者は二〇〇〇年三月にこの南・北大東島を調査訪問したが、その三年前の一九九七年一〇月に一五〇〇メートル滑走路が完成して飛行機の運航がようやく可能となったばかりであった。それまで那覇港から船で一三時間も要していたのが、那覇空港から約一時間でいけるようになった。一日二便、二つの島を連続して訪れやすくなったばかりであった。南と北の二島間のスポーツ交流などが年一回交互の島で開催されるようになっていた。

電気が二四時間つくようになったのは一九六二年からのことである。飲料水は一〇年前から海水の淡水化により、ダムはあるが農業用水につかわれる。季節風が強いために島内には三つの港があり、季節によって使う港をかえており、船はクレーンでつりあげる（**写真**参照）。つまり島の周囲を岩に囲まれ、打ち寄せる波の強さから、船を停泊させる入江を作ることができない。そのため、船を出すときは先に人を乗せてから船をクレーンで吊り上げて海に降ろす方法が今も使われている。一戸あたり耕地は八・八ha、外国籍人口はフィリピン人が一九人（内一五人はキャバレーで働く）、米国籍と韓国籍が各一人、計二一人を数える。南大東島には気象台があり、そこに国家公務員三五人が勤務している。

島のゴミ処理などがここでも環境問題として深刻化していた。南大島には星野洞とよばれる、長さ四〇〇メートルの洞内に約一〇〇〇坪の空間が広がり、神秘的にして日本最長のセンサー式の照明と遊歩道が洞内に整備されている素晴しい鐘乳洞が観光資源としてあるが、沖縄本島からいくにはあまりにも遠い。

北大東島

他方、北大東島の人口は、二〇〇〇年センサスで六七〇人（男四二一人、女二四九人、性比は一六九・一）世帯数は三四七戸とあるが、現住島民でいえば、人口五五一人（男三〇一人、女二五〇人、性比一二〇・四）、世帯数二一六戸というのが住民票による数である。両者はさしひきセンサスの方が男一二〇人、世帯数一三一戸も多くなっているのは、公共事業による臨時的人夫の来島者による（**表6—16**参照）。（二〇〇八年八月時点の登録人口は五二三人（男二八九、女二三四人）、世帯数は二三五戸である）。

このセンサス実施時に村の人材交流センターを建設中であったこと、また土地改良のための来島者もいるが、サトウキビ労働者は一～三月に集中するのでセンサス時には現住していなかった（一九七三～七六年でいえば台湾から女子労働力として七三年一八〇人、七四年二六七人、七五年一九三人、七六年一三二人が来島したとの記録がある）。

土木人夫の賃金は一日一・二万円、仮に月二五日働くとすると月収二六万円となる。島の人々の就業の場は、役場関係が三一人、農協一五人、警察一人、製糖工場三〇人、医師・歯科医が各一人、看護婦一人、民宿一戸、店舗は三軒あるが、人々は主に農協を使う。二〇〇〇年の人口六七一人、就業者総数は四五七人、内農業五九人、漁業六人、建設業一六八人、製造業三〇人、小売業四三人、サービス業七七人、公務五二人、運輸通信一七人、生活保護世帯一戸、学校関係の就業は小・中学生あわせて計二一人という内訳となっている。

高校は島内にはないので、沖縄本島に行くが卒業後那覇市の周辺で就業につくのは容易ではなく、Uターンしてくる若者が多い。

平均子供数は比較的高い（既述の第二章表5の市町村別TFRでは南大

表6—16　北大東村の人口：センサスと住民票

（単位：人・戸）

1)2000年10月1日センサス		2)住民票2001年1月末	
人口	670	人口	551
男	421	男	301
女	249	女	250
性比	169.1	性比	120.4
世帯数	347	世帯数	216

注：センサスの方が人口で120人、世帯数で131戸多い。センサス時に土建建築業関係、臨時的就業が入っていたことによる統計上のブレである。
センサス時の10月1日にはサトウキビ労働者はいなく、1－3月に外部から入ってくる。

東村一・九四、北大東村一・八二）が小学校一年生八人、二年生一六人、三・四年と五・六年は複式化しており、その存続が将来的に問われよう（二〇〇七年の小学生四六人、中学生二八人）。

野菜は夏には、にがうり、へちま、パパイヤなどが栽培されるが、絶対量が少なく、日照が強すぎて野菜不足となる。冬場収穫のじゃがいもは天下一品で、他地では味わえないおいしさに驚いた。

さてこの北大東村も八丈島からの移住がかつて五〇戸あったが、その後かなりがひきあげてしまっており、今日では全戸二一六戸中の二〇戸、全体の一〇％程にまで減ってしまった（南大東村も同類で表6—14参照）。教育長の沖山昇（一九三〇年生）も祖父の時代に父親が一六歳で一九一七（大正六）年に八丈島から渡ってきたと話してくれた。

一九四六年六月、開拓以来初めて村制が施行され、さらに米軍政府により大日本製糖から北大東島が接収された。一九五〇年に隣鉱所が閉山（写真参照）、一九六四年に一三年間続いた大日本製糖との土地所有権問題が解決し、農民は初めて自分の土地をもてるようになり、糖業が本格化、燐鉱の島からサトウキビの島へと転換した。

島の歴史を語る上で忘れてならないのは、一九一〇（明治四三）年から隣鉱石の採掘があり、人口動態はこの盛衰と深く関係する。沖縄本島や台湾から多勢の抗夫が出稼ぎにきて、一時期島の全人口は四〇〇〇人（内三〇〇〇人が採掘で年間二・二万トンもの鉱石を搬出した。残り一〇〇〇人はサトウキビの出稼ぎ）にまで膨張した。一九一八（大正七）年から一九四四（昭和一九）年の間のにぎわいであった。つまり鉱業の盛んな大正末期には常に二〇〇〇人以上であったが、一九二八（昭和三）年に最高の約二七〇〇人に達した。しかし、戦後一九四六年は七四六人、一九四九年には、戦後最高の一二五〇人まで増加、しかし鉱業所の閉鎖により漸次人口は減少した。一九四六〜五〇年には露天掘りと化し、一九五〇年一二月には閉山した。海島のあほう島のふん採掘もあったという。

島が製糖会社の私有地だった戦前には、独自の貨幣も使われ（物品引換券が通用しているので現金は別に必要なかった）一九八三年まではサトウキビ運搬用の軽便鉄道も走っていた。

さて二〇〇五年センサスで県内市町村別人口の性比をみると、最高は北大東島の一五九・八、第二位は渡名喜村の一四二・五、第三位は南大東村の一三〇・五であった。性比が一〇〇を超える自治体は二五を数えるが、その後の公共事業の継続有無、減少によってどう変化したか。人口センサスと住民票との乖離など要注意である。

一般には高齢化の進展に並行して性比は低下、つまり女子人口が相対的に増大していくが、沖縄でも最低は北中城村の八九・八、金武町の九一・九、大宜味村の九六・五であった。戦争による男子人口の死・消滅も年齢階級別人口ピラミッドに影響していることを忘れてはならない。

さて既述したように筆者は、二〇〇〇年三月にこの南・北大東村の調査に入った。平均子供数は三人(二～四人)位と比較的多い(産前一ヵ月前から那覇市にいって産後当月に帰島、計二ヵ月の入院となる。少なくとも五〇万円の経費が必要で、国保で三五万円はもどるという)。この絶海の孤島、過疎化も進むこれらの島の二〇〇〇年センサス値で、高齢化率がなぜ南大東村一六・三%、北大東村一一・五%(県平均一三・八%、離島計は一九・五%、たとえば粟国村は三五・七%)にとどまっているのかが疑問であった。

調査に協力いただいた北大東村役場勤務のS(四六歳 女)は一〇人姉妹(九人が生存、男は五八歳の兄一人のみで残り全ては女性)。唯一の男子は東京の大学を卒業し、那覇市で中学校教師をしている。両親はその唯一の長男の息子(どうしても男の子がほしいとして五子目でやっと誕生した)をたより、八年前に七五歳、母七四歳で那覇に〝ひきとられ転出〟した。北大東村内の身近かな所には三人の娘がいるのに、なぜ不慣れな大都会に年老いてから転出したのか。その三年後に二人とも病気となり、とりわけ今母は寝たきりとなってしまい、いつふるさと北大東島から娘が迎えに来てくれるかと待っているという。あととりとしての息子をたよって、年老いてから生まれて以来住み慣れた島を離れる。近年全国的には実の娘夫婦家族との同居が、長男夫婦家族よりもよいと進行しつつある中で、なぜ娘三人のいる島を離れたのか。いろいろ考えさせられ、高齢化率の相対的低さのヒントとなる。沖縄弧島の実態の一片がここにある。

もちろん老人ホーム入居などで住民票とともに転出した老人もいようが。
また島内には高校がないので那覇市までいかせると月一〇万円、下宿させると一五万円程がかかるという。Iターンで二年前にパン屋を開店した夫婦、離婚して三人の子供をつれてUターンしてきた女子がクリーニング店を開いたり、島も新しい風がふいていた。飲み屋ではフィリピン女性が働くという。

関連文献

・北大東村誌編集委員会『北大東村誌』一九八六年
・北大東村開拓一〇〇周年事業実行委員会『大東諸島史年表』北大東村役場、二〇〇〇年
・南大東村誌編集委員会編『南大東村誌（改訂）』一九八九年
・南大東村役場『南大東開拓百周年記念誌』二〇〇一年

北大東島開拓百周年記念碑

7 与那国島—日本最西端の人口ふきよせの離島

沖縄本島から南西に五二〇㎞、石垣島からなら一二八㎞、東京から一九〇〇㎞の日本最西端にあり、外周二七㎞、台湾からわずか一一〇㎞で、快晴時には遠望できる距離にある。江戸時代の一六三七年から明治時代の一九〇三年までの二六六年間にわたり島民に人頭税が課せられて実質一戸あたり八〇%を超えていたといわれる。まさに国境の島であり——一八九四(明治二七)年の日清戦争、そして翌年の清国による日本国への台湾全島の割譲、以後与那国は敗戦までの五〇年間、「国境」の島ではなくなり、台湾に隣接する島として特異な歴史を歩む——、行政上は一島一町からなる。戦前与那国島では小学校を卒業すると台湾に出稼ぎにいき、国民学校の生徒は台湾へ修学旅行に出かけたという[1]。面積は二八・九㎢、東西一二㎞、南北四㎞ 耕地面積は四六二ha(総面積の一六%)、集落は、地図でみるように祖納、久部良、比川の三つからなる。一九八六年に見つかった「海底遺跡」[2]の発見で話題となり、ダイビングなどの観光でにぎわう。

第三章第一節で既述したように人口を減らすために、〝クブラバ

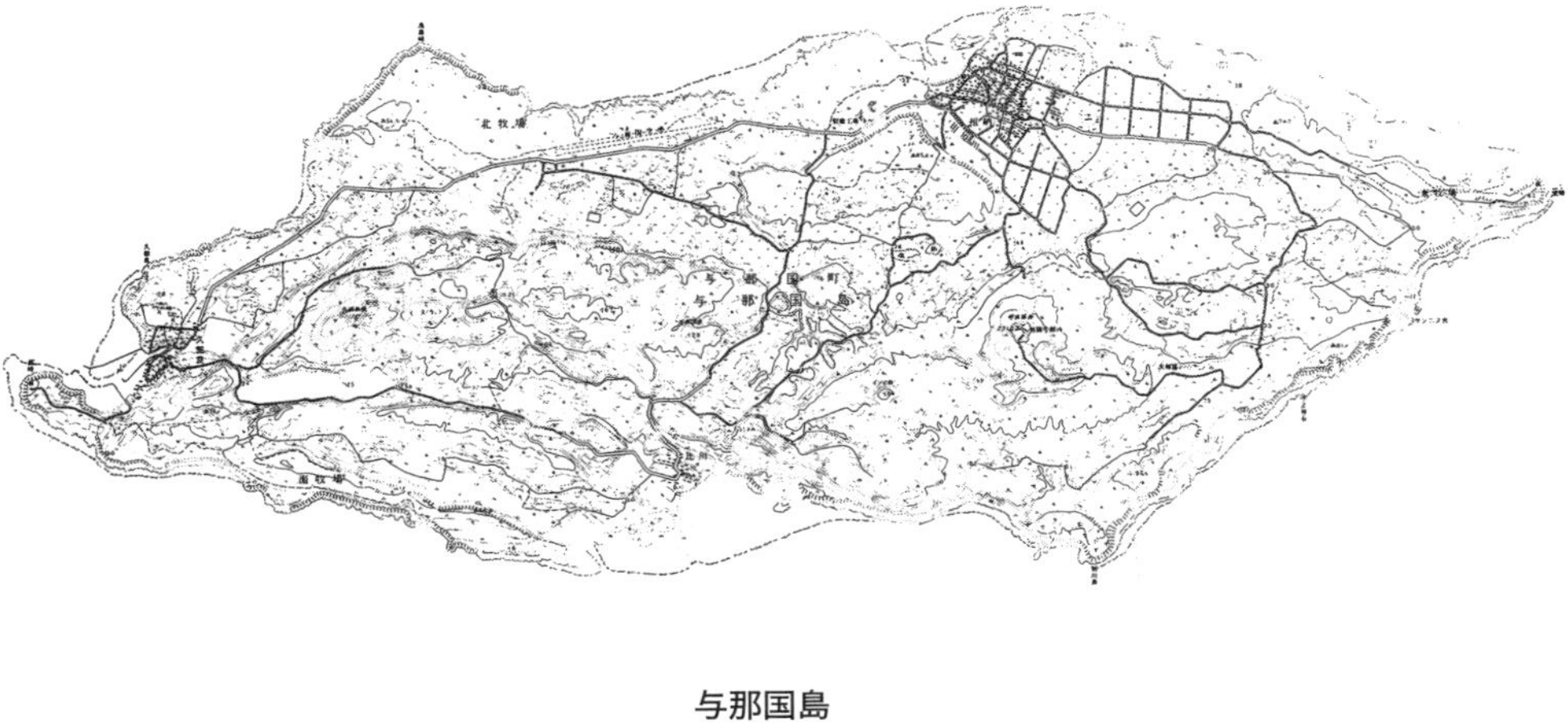

与那国島

リ〟（久部良割）という幅三メートル、深さ七メートルの大岩石の割れ目に、島中の妊婦を集めて、割れ目を跳び越させた。無事に飛び越しても流産の原因となったり、多くが転落死を遂げたという。また、〝トウングダ〟（人桀田）とは、約一町歩の天水田に一五〜五〇歳までの男子成人を非常招集して遅れてその田に入れなかった者、身体障害者や病人などがその対象になったわけであるが、彼らも納税の義務を負わされたからである。いずれも島《シマ》共同社会が考えついた人口調節の場所として今なお語り伝えられている。こうした伝説のある人頭税による圧政の歴史を、悲哀深く伝えているこの国境の島を、筆者は一九九八年一二月に調査訪問した。

与那国村の誕生は、一六二八（寛永五）年、八重山二五ヶ村を行政上、大浜、石垣、宮良の三間切りに区分（与那国島は石垣間切りに所属）、各間切りに頭を置き三頭会議制によって統治されていたが、一九〇八（明治四一）年、沖縄県特別市町村政施行により、従来の間切りは村に、村は字に改称され、八重山村字与那国となり各字に区長を置き事務所にあたらせた。その後一九一四（大正三）年、八重山村より与那国村に分村し、与那国村が誕生、役場事務も開始された。

一八七四（明治六）年には人口一三二七人、二六七戸、一戸あたり平均四・九人であった。

一九〇三（明治三六）年の頃、税率は約八一％にもおよび「人頭税にして一五歳以上五〇歳未満の男子は米六俵（三斗二升入）、同上女子は米二斗、麻布一丈五尺（公租及び公費を合わせたるもの）として、なお妙齢の女子は給仕として三四名宛輪番に島役人に無給にて使役せらるるの慣例なり」と伝えている。

一四七七年に朝鮮済州島の船が難破し、三人の乗組員が与那国の漁民に救われたという実録など、沖縄には多々あり、朝貢貿易、沿海漁業、漂流など、国境を越えての交流は、明治期後半の政策移民の開始前からのことである。

一九五三年にはキット台風が直撃し、全島が潮びたしとなった。

終戦直後の人口は、台湾との貿易（密貿易中継地点・国際的ヤミ市）で栄え、最頂期には一・二万人となり、一九四七年一二月に町に昇格をするが、この時人口五七一九人、二七五戸、一九五〇年センサスで六一五八人と半減した後も減少の途をたどっている。一九四五年にはマラリア大流行で三六四七人が死亡、復帰年の一九七二年は人口流出が激しく、年平均一六四人の減少（一九六五年には三四六人の社会減）だったという。（表6―17、図6―9、6―10、6―11参照）一九七二年の日中国交回復により台湾と断交すると、それまで台湾からの労働力に頼っていたサトウキビ刈りの現場は、人手不足に直面するなど影響は大であった。

一九九八年一二月、筆者の調査時人口は一七八五人で、六五歳以上は三六一人、二〇・五％、高齢者のいる世帯は二八七戸（内単身は八六、老夫婦二人は五八、その他は一四三）、六五歳以上の寝たきり老人は二六人（在宅一二、施設一四）ホームヘルパーのサービスを受けている老人は寝たきり八、単身三、虚弱二であった。就業先は、役場に一一〇人、農協三〇人（製糖工場を含む）、商店二〇人、学校給食センター七人、織物二〇人等である。一九九五年の就業者九一六人の就業先でみると、農業一一二人（一二・二％）、漁業四三人（四・七％）、建設業一六〇人（一七・五％）、製造業など八九人（九・七％）、サービス業二一六人（二三・六％）、公務一一五人（一二・六％）、卸小売など一八一人（一九・八％）である。

二〇〇五年センサスで一五歳以上就業人口七四七人の内訳は、サービス業二九・五％、建設業二四・一％、卸小売業一三・〇％、公務一二・六％、通信・運輸八・二％、製造業七・四％、農漁業はわずか四・一％に化している。観光客は一九九三年に飛行機で二万五一四一人、フェリーで一四二九人、八六年からの七年間で倍増した。民宿一〇とホテルで収容人員は四九八人であった。二〇〇七年には四万二八二二人とさらに急増した。学校教育をみると島内にある三つの小学校は、与那国小八八人、久部良小四〇人、比川小一六人の計一四四人、中学校については与那国中六四人、久部良中二〇人の計五九人を数える。緊急ヘリコプターによる搬送は、年二〇件程あるという。

集落は祖納（二〇〇三年一月で一一五三人、五〇〇戸）、久部良（五八二人、二六一戸）、比川（一二七人、四九戸）の三つがある。一九九八年一二月の筆者の調査では、比川集落の全戸（男五八人、女六〇人）について年齢、就業、家族形態を調査した結果が図6―12と表6―18である。

表 6 ― 17　与那国町人口の推移：1920 ～ 2005 年

（単位：人、％）

	総数	0 ～ 14 歳	15 ～ 64 歳	65 歳～
1920 年	3,802	1,508	2,104	190 ＊ (5.0)
1925	4,174	1,704	2,275	195 ＊ (4.7)
1930	4,462	1,852	2,480	130 ＊ (2.9)
1935	4,609	2,027	2,416	166 ＊ (3.6)
1940	4,580	―	―	―　―
1950	6,158	2,712	3,256	190 (3.1)
1955	5,259	2,492	2,548	219 (4.2)
1960	4,701	2,425	2,013	263 (5.6)
1965	3,671	1,860	1,567	244 (6.6)
1970	2,913	1,330	1,359	224 (7.7)
1975	2,155	806	1,133	216 (10.0)
1980	2,119	642	1,244	233 (11.0)
1985	2,054	600	1,229	225 (11.0)
1990	1,833	521	1,061	251 (13.7)
1995	1,801	463	1,034	304 (16.9)
2000	1,852	414	1,062	376 (20.3)
2005	1,796	343	1,106	347 (19.3)

注：1920 年、25 年は 65 歳以上人口データがなく、60 歳以上人口の数値となる。1947 年には、5,719 人、275 戸、2007 年末には 1,650 (男 853、女 797)、773 戸

出所：各人口センサス

図 6 ― 9　与那国町の人口の推移：1951 ～ 2007 年

出所：1920 ～ 2000 年までの数値は人口センサス

・石垣市総務部市史編集室（編）『石垣市史叢書 12　大波之時村之形行書・大波寄揚候次第』石垣市、1998、p. 54

・石垣市総務部市史編集室（編）『石垣市史叢書 13　八重山島来記』1 石垣市、999、p. 30

・沖縄県八重山支庁『八重山要覧平成 13 年度版』沖縄八重山支庁、2001、p. 3

・沖縄県与那国町『平成 5 年版統計よなぐに』沖縄県与那国町、1994、pp. 51–52

・琉球政府（編）『沖縄県史 20　沖縄県統計集成（復刻版）』国書刊行会 1989 [1967] 年

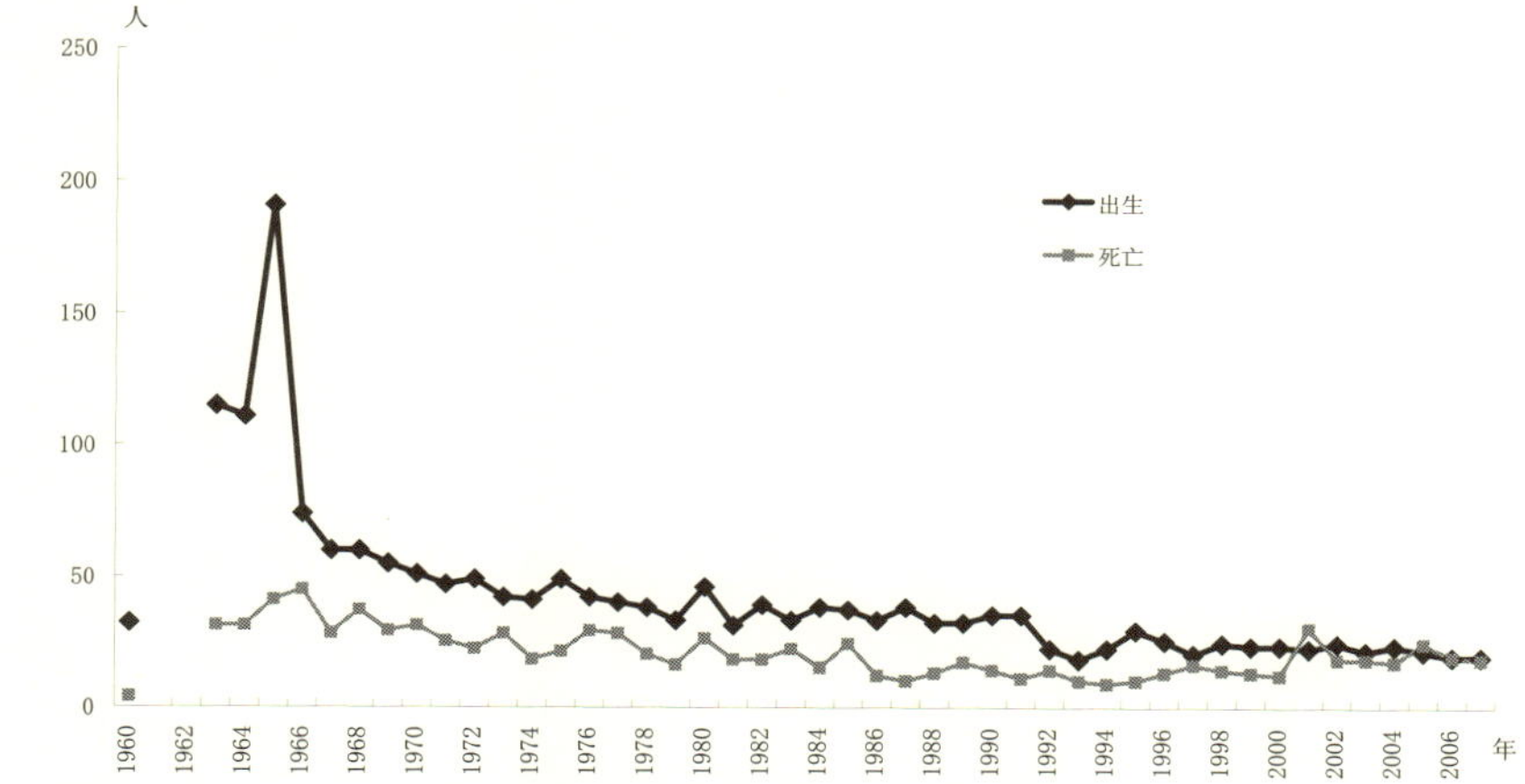

図 6 ― 10　与那国町の人口自然動態の推移：1960 ～ 2007 年

出所：図 6 ― 9 と同

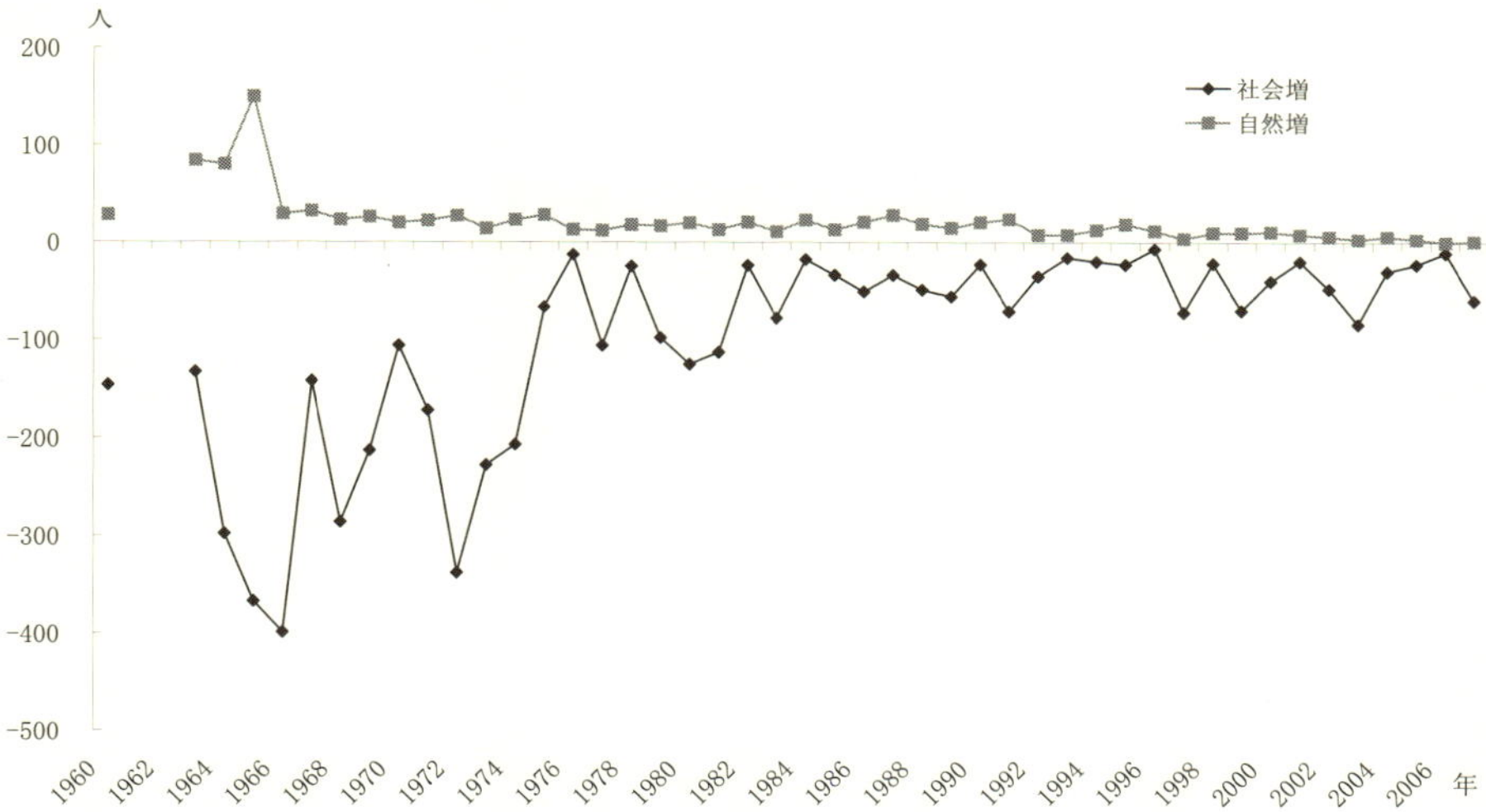

図 6 ― 11　与那国町人口動態の推移：1960 ～ 2007 年

出所：図 6 ― 9 と同

さて筆者は、一一〇km先の台湾をのぞみ、人頭税期間の人減らし伝説に胸をいためつつ、島を去る日がきた。天候悪く、石垣空港までの朝の予定した飛行機が飛ばないとまずいわれ、昨夜からの順番待ちで、夕刻の便にようやくのことすべりのれた。さらに石垣から那覇への深夜に近い最終便にぎりぎり乗り継げた。本島ヤンバルの名護市調査のため仲間達に合流するため、那覇から名護までタクシーを飛ばし、真夜中に宿につくまで気の短い筆者にとっては、はらはらのしどおしであった。

　ところが与那国空港からの同便の客の中には、那覇での親族の結婚式に出席するためという島の住民がおり、那覇に着いたときには式はすでに終わっているが、きたということでそれでいいのだ、いつものことだと私が驚く程ゆうゆうとさとり落ち着いていたのが、今も強く印象に残っている。この時那覇大都会の夜景がなんと大なる〝大陸〟かと、最西端の孤島・与那国の存在を強く忘れられないものとしてくれた。

　与那国織は一九八七年に国の伝統工芸品に指定され

表 6 ― 18　与那国町比川集落の世帯区分：1998 年 12 月

世帯主の年齢	単身世帯			夫婦のみ	夫婦と未婚の子	夫婦（片親含む）と子夫婦（孫含む）	親一人と独身の子			その他	計	割合（%）
	男	女	計				男	女	計			
区分	①	②		③	④	⑤	⑥	⑦		⑧		
20 ～ 29 歳	2		2								2	(4.7)
30 ～ 39		1	1		5	1		1	1		8	(18.6)
40 ～ 49	5		5		3					1	9	(20.9)
50 ～ 59	1	1	2	1	2						5	(11.6)
60 ～ 69	3	1	4	3	1	3				1	12	(28.0)
70 ～ 79	1		1	2			1		1		4	(9.3)
80 ～		2	2	1							3	(7.0)
計	12	5	17	7	11	4	1	1	2	2	43	(100.0)
割合(%)	(27.9)	(11.6)	(39.5)	(16.3)	(25.6)	(9.3)	(2.3)	(2.3)	(4.6)	(4.7)	(100)	

注：空欄は 0、その欄に該当する世帯が無い事を示す
出所：図 6 ― 12 より作成

た。花酒六〇度泡盛「どなん」は、一九八九年第一回酒祭り特別優秀賞を受賞、わが家にいまもかざられている。

「亀甲墓」は沖縄各地でみられるが、とりわけ与那国においてはその大きさに驚かされる。墓とはいえ、豪邸のような錯覚をおぼえる（一九九五年大理石で約一・五億円をかけた海運業者の建立）のもあり、海岸ぞいに多数並んだ墓群には目を見はる。このような堅牢な門中墓は、沖縄本島だけでも約三・五万あるといわれ、沖縄戦時の住民の避難壕となり守った。このような特殊な厚葬形式は、中国福建省の習俗が影響、江戸期頃に普及したといわれる。

筆者は二〇〇七年三月に福建省永定県の客家調査にでかけ、円楼を散策する中、同類の亀甲墓に遭遇した。中国文化の沖縄への交流・影響を改めて確認することとなる。チョウや与那国馬（元は農耕馬だった町の天然記念物）も特筆されよう。

注

1　石原昌家「国家と交易―「大密貿易」時代をふり返って」『地理』四〇巻九号、一九九五年、四九～五四頁。
・松田ヒロ子「沖縄県八重山地方から植民地下台湾への人の

与那国の亀甲墓

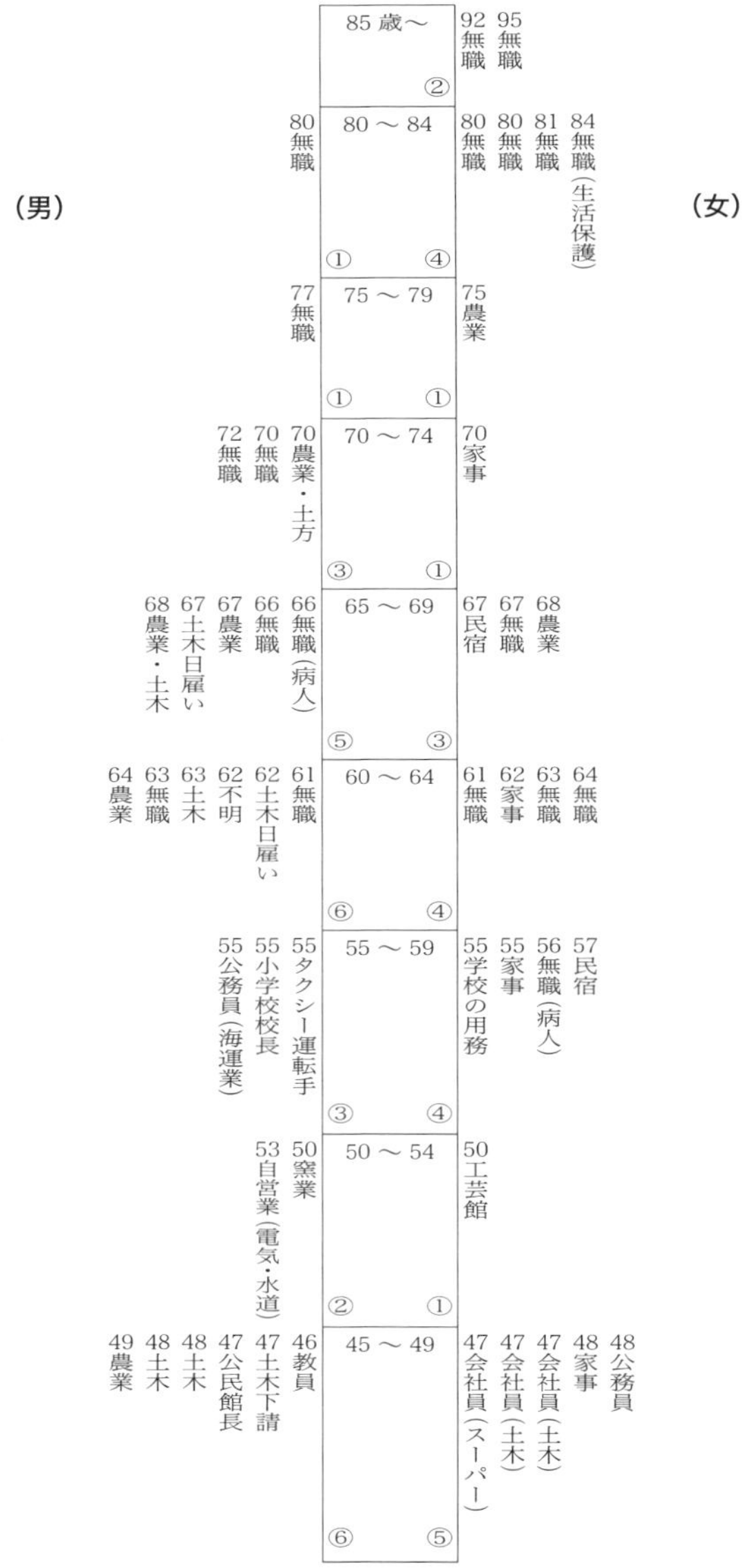

(男)
(女)
85歳〜 ②
92 無職
95 無職
80〜84 ① ④
80 無職
80 無職
80 無職
81 無職
84 無職(生活保護)
75〜79 ① ①
77 無職
75 農業
70〜74 ③ ①
70 農業・土方
70 無職
72 無職
70 家事
65〜69 ⑤ ③
66 無職(病人)
66 無職
67 農業
67 土木日雇い
68 農業・土木
67 民宿
67 無職
68 農業
60〜64 ⑥ ④
61 無職
62 土木日雇い
62 不明
63 土木
63 無職
64 農業
61 無職
62 家事
63 無職
64 無職
55〜59 ③ ④
55 タクシー運転手
55 小学校校長
55 公務員(海運業)
55 学校の用務
55 家事
56 無職(病人)
57 民宿
50〜54 ② ①
50 窯業
53 自営業(電気・水道)
50 工芸館
45〜49 ⑥ ⑤
46 教員
47 土木下請
47 公民館長
48 土木
48 土木
49 農業
47 会社員(スーパー)
47 会社員(土木)
47 会社員(土木)
48 家事
48 公務員

図6―12　与那国町比川集落の性・年齢別就業状況：1998年12月

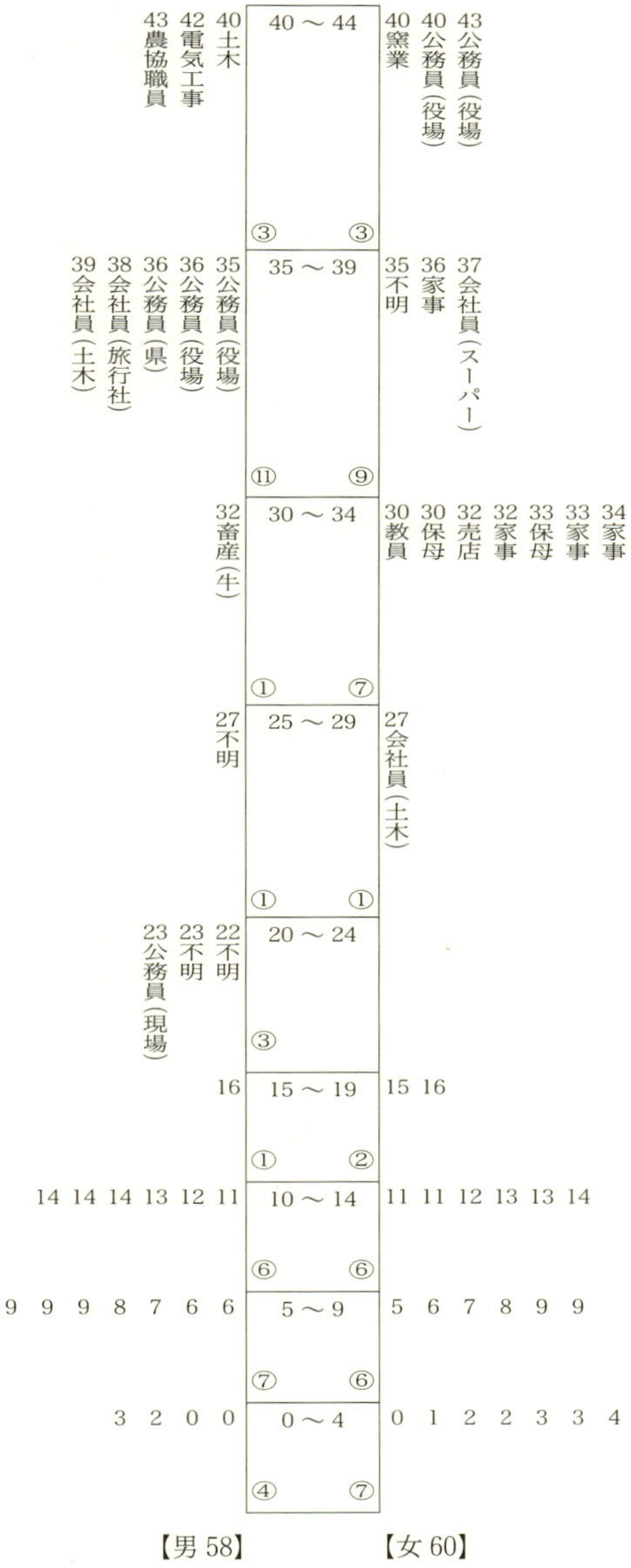

出所：東京農工大学若林研究室『沖縄ヤンバル過疎農村における人口高齢化と海上ヘリ基地問題—名護市久志地区を中心に』2000年、pp. 45-47

移動」蘭信三編著『日本帝国をめぐる人口移動の国際社会学』不二出版、二〇〇八年、五二九～五五八頁も執筆後に入手した。

2 海底遺跡とは、海の底、東西に二七〇メートル、南北一二〇メートルにわたり、城壁のような巨石の群れが横たわる場所である。高い所で二六メートル、階段状で発見された。一九八六年から観光客むけのダイビングサービスが始まった（四〇年前から漁師の間では知られていた。南山宏編著『海底のオーパーツ』二見書房、一九九七年）。

関連文献

・池間栄三著・発行『与那国の歴史』琉球新報社、一九七二年（一九五七年自費出版）
・沢木耕太郎「視えない共和国」一九七七年（その後『人の砂漠』新潮文庫、一九八〇年に収録）
・司馬遼太郎『沖縄・先島への道』朝日新聞社、一九七六年
・吉川博也『与那国―島の生態人類学』三省堂、一九八四年
・与那国町編集委員会事務局編『与那国―沈黙の怒涛、どうなんの一〇〇年』町史、別巻―記念写真集、一九九七年
鳥居龍蔵は人頭税が廃止された翌年の日露戦争が勃発した一九〇四（明治三七）年、三四歳の時に与那国を訪れており、貴重な写真が残され、『与那国―沈黙の怒涛』の中にそれをみることができる。また東京大学総合研究資料館編『乾板に刻まれた世界―鳥居龍蔵の見たアジア』東京大学出版会、一九九一年、一六〇～一七七頁も参照のこと。
・与那国町役場編・発行『どうなん』一九八八年

付章　海岸線保全・入浜権と読谷村

読谷村の山内徳信元村長のもとを二〇〇一年三月六日に筆者らは訪れ、インタビュー調査を行った。氏が読谷村長として三九歳の一九七四から九七年の間、米軍基地撤去運動、およびそのエネルギーと結合した持続的内発的地域振興に全力を投じてきたことは広く知られている通りである。

その結果、一九七二年には村面積の七三%を占めていた基地の村が、今日四五%に縮小し、それでも基地のまっただ中に役場はある。返還軍用地、イモ（紅芋）、焼物、読谷山花織など、魅力いっぱいの風土に調和し、伝統文化をいかした地域活性化をはかり、平和運動とともに多くの実績がある。

ところで本書末尾の付論としてここに記したいことは、海岸線保全、入浜権運動に対する読谷村の対応と実践についてである。筆者・若林の研究の一軸として『東京湾の環境問題史』（有斐閣、二〇〇〇年）の刊行があるが、その結語に沖縄・読谷村の記述・紹介がある（付章の末尾に引用）。

入浜権という造語が兵庫県高砂市の反公害運動の中で生まれ、鋭い文明批判の問題提起とともに「入浜権宣言」がなされ、全国的に共感をもって受けとめられ広がっていったのは、一九七五年以降のことである。

この流れを沖縄の実態に即し、いちはやく地方自治体としてうけとめ対応したのが、この山内村長のもとでの読谷村であった。一九八〇年に「読谷村海岸線保全・利用計画」を策定、その後も九六・九七年にサンゴやイノー（入会の海）についての調査報告書を完成させた。リーフ（ヒシ）の内海の面積は六〇〇ha、海岸線の延長距離は約一四㎞である。

海域形状は、宇座地先の比較的大きな礁池（イノー、二四〇ha）と、これより南の磯原二三三ha、瀬名波―長浜地先の磯原五七ha、楚辺地先の卓礁（イナン、七〇ha）を特色とする。

読谷村のリゾート開発に対する基本構想は、無秩序な乱開発を規制しようとする村の姿勢が明確である。環境に配慮し、隣の恩納村のようにリゾートホテルがビーチ沿いの土地を囲いこむように所有することで事実上海岸線への自由なアクセスを排除することのないようにした。つまり、読谷村の場合は誘致した二つの大規模リゾートホテルに海岸整備費を寄付させ、それを資金に、村営ビーチとして海岸を整備しているため、プライベートビーチ化を許していない。

一九九〇年七年、沖縄県議会は超党派で構成する県議三五人が「海浜を自由に使用するための条例」を提案し、同年一〇月に条例は制定され、九四年四月から本格実施となった。与野党双方の議員が共同で行うのは初めてで議員発議による条例制定は一六年ぶりという。この条例の内味をみると、二〇年前のハワイ州法を参考にしているといわれつつも、まさに「入浜権宣告」思想そのものといっても過言ではない。

目的は「海浜やその周辺の土地利用秩序を保証し住民による自由な海浜の使用を保証する」こと。つまり、住民がビーチに自由に出入りできるようにし、プライベートビーチ（リゾート施設に海浜を囲い込み、立ち入りの際に料金を徴収する形式のビーチ）の建設を禁止した。しかしそれにもかかわらず、リゾートホテルがビーチ沿いの土地を囲いこむように所有することにより、事実上海岸線への自由なアクセスを排除している恩納村のような所もある。

沖縄はイノーを住民の共有の海として利用してきた歴史をもつ。島嶼である沖縄は文化や伝統的慣行において独特の海浜利用を維持してきており、沖縄県民が海に対して抱く感情は特別のものがある。「その海浜がリゾートによる囲い込みで利用できなくなったり、また海浜へのアクセスのために通過する里道の通行にさえ、リゾートの所有地を通過するということで、入場料を徴収するようになったことは、放置できない状況にあったといえよう（条例制定当時、県調査では、一六ビーチ中一〇ビーチが住民のアクセスに欠かせない里道を遮断し、その内の七ヵ所で料金を徴収していたという)。

こうした背景の中、拙著で記した以下のような玉野井芳郎の指摘、および玉野井と交友の深かった山内元村長らの自治体としての対応と実践の意義は大である。以下拙著からの引用。

玉野井芳郎は、晩年、沖縄から「地先の海」を「コモンズ（commons）としての海」としてとらえるべきとの提起を行った。

「本土の場合は地先の海はないから浜から先の海域は漁業権の対象となる。……沖縄は浜からリーフの間に独特の空間があってそれは漁業海域としては役に立たない。……沖縄の場合は〝コモンズとしての海〟という独特の空間がある。このコモンズの海を共同利用している地域のひとからすると、漁業者は補償されているのに自分らは全面補償されていない、という結果ともなる。……

要するに本土の海域の場合は、浜から先の海域については漁業権の対象となっていて、従って埋立ての場合も漁業権を通して処理できる。ところが沖縄の場合には、浜と海との間に〝地先権の海〟や〝コモンズとしての海〟がある。そこで本土でき上がった漁業権の理論を推し進めると、当然、漁業権の主張のなかに〝コモンズとしての海〟も含まれるから、漁業補償がなされるとすれば、そこを埋立ててもよいということになる。しかし、沖縄の場合、〝コモンズとしての海〟を利用する人びとは漁民ではなく、そこに住む住民、半農半漁のひとたちであるから、漁業補償で片づくわけではない。これは本土の場合と大きく違う点である。入浜権の根拠は、何よりもまずここ沖縄においてこそ主張されるべきものと考える。」と、沖縄から入浜権運動への熱い問題提起・支援をおくった。

読谷村は一九八〇年二月に『読谷村海岸線保全・利用計画調査報告書』を作成。「読谷村海岸線保全・利用計画」

を策定し、以後これを防風林帯造成の促進、及び海岸部開発の規制誘導指針として活用してきた。その後、計画策定後一五年が経過し、サンゴやイノー（入会の海、リーフ内のサンゴ礁湖）の現状確認と豊かな海の調査を行い、『読谷村海岸海域環境基礎調査―海の深さは山の高さ』を一九九六年三月、および『読谷村海岸、海域の保全・利用推進調査報告書』を一九九七年三月を完成させた[1]。

また「海のツーリズム」と漁業との共存共生が一九九八年一一月、地域漁業学会で論議された。宮古ダイビング事件があるが、海は国民共有の財産という前提がある中で漁業権の公的管理がなされるべきという事件の主張が背後にある。宮古列島の伊良部では、筆者が調査訪問した二〇〇四年頃、漁協（漁業権）と観光ダイビングとの抗争が裁判にもちこまれていた。

その他、沖縄市にある泡瀬干潟二九〇haの埋立の海上部分の工事着工に抗議し埋立中止を求める「自然の権利」訴訟など、沖縄が今日直面している環境問題は語りつくせないが、ひとまず筆をおかせていただきたい。

注

1 玉野井芳郎「コモンズとしての海」中村尚司・鶴見良行編著『コモンズの海―交流の道・共有の力』学陽書房、一九九五年、九―一〇頁。
・玉野井芳郎「コモンズとしての海―沖縄における入浜権の根拠」沖縄国際大学南島文化研究所『南島文化研究所所報』第二七号、一九八五年一二月、後に玉野井芳郎著作集第三巻『地域主義からの出発』学陽書房、一九九〇年に収録。
・若林敬子『東京湾の環境問題史』有斐閣、二〇〇〇年、三八五～三八六頁、三九五～三九六頁からの引用。

関連文献

・上田不二夫『沖縄の海人―糸満漁民の歴史と生活』沖縄タイムス社、一九九一年
・上田不二夫「宮古島ダイビング事件と水産振興」『沖大経済論叢』四六号、一九九六年
・佐々木雅幸「都市と農村の持続的内発的発展」宮本憲一・佐々木雅幸『沖縄・二一世紀への挑戦』岩波書店、二〇〇〇年
・地域漁業学会編『漁業考現学―二一世紀への発信』農林統計協会、一九九八年
・東義浩「沖縄・読谷村における海岸管理―コモンズの視点から」東京農工大学若林敬子研究室『沖縄における人口と環境レポート集』途上国地域人口社会学研究報告書№9、二〇〇五年に東の修士論文を加筆・修正して収録している。
・山内徳信、水島朝穂『沖縄・読谷村の挑戦―米軍基地内に役場をつくった』岩波ブックレット四三八号、一九九七年
・山内徳信、『憲法を実践する村』明石書店、二〇〇〇年
・『読谷村 新庁舎完成記念誌』沖縄県読谷村役場発行、一九九八年
・浜本幸生『「海の守り人」論』まな出版企画、一九九六年

おわりに

若林の沖縄との出会いは以下のとおりである。

まず、返還直後の海洋博前の一九七三年、九学会連合調査の一貫として本部町のパイナップル農家の各戸農民意識調査（松原治郎、蓮見音彦らの秋田・岡山との比較調査）の調査員として短期間であるが初訪問した（**写真**参照）。

つぎに、一九九六〜九八年の文部省科研費による蓮見音彦らを中心とした一九七五―七九年度実施の奄美大島につぐ第二段調査として出かけた。その後、沖縄開発庁からの依頼もあり、筆者単独で粟国島や国頭村などの人口調査を過疎化と高齢化問題を中心に行った。

そして、本格的なものとして、二〇〇〇〜二〇〇六年度、文科省科研費（代表　高橋明善）の分担研究者として、急浮上した名護市海上へリポート基地移転問題を主に地域社会学的調査を行うべく、年一〜二回のペースで沖縄にかよった。

グループとして調査にいくのに加え、次第に個人的に県内の他島の単独調査を広くセットにして行うようになり、沖縄人口問題全体への関心を深めていった。

この間、東京農工大学大学院国際環境農学の、中国からの留学生らを伴って、八重山、名護、久米島、伊江島等にもでかけ、研究室の調査報告書も計三冊程刊行した[1]。もちろん科研費として毎年度の部厚い報告書は代表者の高橋を中心につくられ[2]、高橋明善（『沖縄の基地移設と地域振興』、二〇〇一年、日本評論社）、山本英治（『沖縄と日本国家』、二〇〇四年、東京大学出版会）の単著も生まれた。

若林としては、これまで正直いってあまりたいした成果論文をだしてこなかったが、昨年来日本農村社会学関連の四〇年来の論文集をまとめる作業にとりかかっており、沖縄は、その実証篇の最終章に短く入れる計画であった。ところが次第に量が拡大してきて、沖縄はそれなりの固有の魅力ある人口問題がある故、一冊の単独書として独立させたいと考えるに至った。写真や島々の小モノグラフも入れ、若干やわらかい筆致で、沖縄伝統社会からの人口問題の存在をまとめあげたいという気持ちがふくらんでいったのである。

内容はこれまでに記したように

1　沖縄特有の人口動態とその変貌―高出生・長寿のかげり
2　過剰人口の解決をめぐって―海外移民・伝統的人口調整
3　中国文化との交流　台湾移民―墓・トートーメー
4　米軍基地と沖縄女性―アメラジアン
5　各島々と環境

等々、どれも人口問題の社会的現実を考えていく上に多くの示唆を与えてくれる課題ばかりであった。

さて、一〇年間近く年一～二回のペースで沖縄調査にでかけられたことは、私の研究生活にとって心の癒《いや》し、ぬくもりであり、オアシスともなった。今回まとめの執筆にあたり、改めて膨大な諸資料に対面し、いくつかの特色に驚かされた。

その第一は、「村史」や「字《あざ》（集落）史」など、なんと部厚い郷土史が多く刊行されているかということである。沖縄社会には、自らが歩んできた歴史を記録していこうとする慣習がしっかりと根づいている。また、本土でみる以上に地域力を感じられた（基地がらみの字《あざ》収入があることも関連しよう）。

第二は、移民史に代表される郷土歴史論に関する個人の自費出版等が非常に多いことである（県内の出版界事情も関連するかもしれないが）。

参考文献を整理する時気づいたことは、自費出版が故に著者・編刊行委員会と発行元が同一である場合が多いことである。こうした点は、本土社会と異なり、中国や東南アジア諸国・地域への文化の布石となりつつも、沖縄がいかに固有の文化を誇り、かつ交流の中に位置してきたかを物語ってくれるであろう。

このように、こよなく沖縄を愛し、楽しくかよい続ける過程で調査地や県庁などと並んで筆者が必ずいつも那覇でたちよる所があった。

国際通り県庁前の大書店と琉球織物の専門店である。まず書店内に常設されている沖縄関係の書籍コーナーにいき、新刊書をチェックして、必要な本を入手する。また、魅力あふれる琉球織物—紅型、芭蕉布、ミンサー織、花織り、宮古上布や八重山上布、久米島紬等々の専門店とは長く親戚同様のおつきあいをさせていただいた。中国からの留学生・院生らをつれて調査旅行にでかけた時も、いつも集合拠点にさせていただき、壺屋や市場など胸いっぱいの散策を満喫しあった。

1973 年の竹富町での写真

辺野古集落の海上ヘリポート基地反対運動のリーダー・金城祐治さんら多くの住民の方々にも我々調査団を暖かく迎えていただいてきた。突然の逝去の報に心いたみ、心からの冥福を祈りたい。ジュゴンの会のリーダー・東恩納琢磨さんの瀬嵩集落にあるご自宅には、留学生・院生らと数回宿泊させていただき、スムーズな調査が可能となった。他の島々調査地においても同類であった。もちろん県庁をはじめ行政の方々にも多大なご協力をいただいた。

沖縄の「郷友会」、中国の「幇《ぱん》」にも匹敵する地域的ネットワーク、強い絆を体感しつつの一連のおつきあいであった。さて、どうまとめるか。正直いって沖縄社会学の難しさは調査前から重々わかっており、その困難さは一層熟知しつつも、片手間のコミットメントではいっこうに深まらない。しかし、せっかく多くの島々を訪れ、多くの方々におあいしてきたのだからと考えつつまとめ作業を進めたが、やはり実証的統計はふくれてしまった。こうした執筆方針を単著へと拡大転換を可能としたのには、東信堂にお世話になったことと、さらには研究室の中国からの留学生である聶海松さんに整理の協力をいただいたことによる。

文科省科研費の高橋明善調査研究代表、調査同僚、そしてなによりも調査にあたってご協力いただいた沖縄の人々に心からのお礼を申し上げげたい。

本書では、敬称を略させていただいていることをおことわりする。

本書執筆のもととなった既発表論文等は以下のとおりである。

・文部省科学研究費基盤研究A研究成果報告書（高橋明善代表）『沖縄ヤンバル地域の社会変動と海上ヘリ基地問題』、『基地の返還・移設、跡地利用と沖縄振興問題』一九九九・二〇〇一・二〇〇二・二〇〇三・二〇〇五年　計五冊の中での人口を主軸とした若林敬子執筆分

・松原治郎・戸谷修・蓮見音彦編著『奄美農村の構造と変動』御茶の水書房、一九八一年の中の若林敬子執筆「奄美大島南

部過疎地域の解体過程—宇検村田検」および「人口の変化」
・沖縄開発庁沖縄総合事務局『高齢化社会にむけての保養基地等の開発可能性に関する調査報告書』一九八二年の中の若林敬子執筆「高齢化社会をめぐる諸問題」
・東京農工大学大学院国際環境農学若林敬子研究室『沖縄ヤンバル過程農村における人口高齢化と海上ヘリ基地問題—名護市久志地区を中心に』途上地域人口社会学研究報告書、No.２、二〇〇〇年三月
・　東京農工大学大学院国際環境農学若林敬子研究室『沖縄八重山における人口・移民・環境』途上地域人口社会学研究報告書、No.５、二〇〇二年五月
・　東京農工大学大学院国際環境農学若林敬子研究室『沖縄における人口と環境レポート集』途上地域人口社会学研究報告書、No.９、二〇〇五年三月

索 引

■著者紹介

若林　敬子（わかばやし　けいこ）　東京農工大学大学院国際環境農学教授

1944年、千葉県生まれ。
1967年、東京女子大学文理学部社会学科卒業
1969年、東京大学教育系大学院教育社会学修士課程修了
1970年、東京大学教育系大学院教育社会学博士課程中退
厚生省人口問題研究所地域構造研究室長を経て、現在、東京農工大学大学院国際環境農学教授
博士（社会学）

主要著作

『中国人口問題のいま―中国人研究者の視点から』（編著、ミネルヴァ書房、2006年）
『中国の人口問題と社会的現実』（ミネルヴァ書房、2005年）
『東京湾の環境問題史』（有斐閣、2000年）
『学校統廃合の社会学的研究』（御茶の水書房、1999年）
『現代中国の人口問題と社会変動』（新曜社、1996年）
『中国　人口超大国のゆくえ』（岩波書店、1994年）
『ドキュメント　中国の人口管理』（亜紀書房、1992年）
『中国の人口問題』（東京大学出版会、1989年）
『中国の人口問題』（現代のエスプリ、190号、至文堂、1983年）

沖縄の人口問題と社会的現実

2009年5月15日　初版　第1刷発行　〔検印省略〕

＊定価はカバーに表示してあります

著者 © 若林敬子　発行者　下田勝司　印刷・製本　中央精版印刷

東京都文京区向丘1-20-6　郵便振替 00110-6-37828
〒113-0023　TEL 03-3818-5521(代)　FAX 03-3818-5514
E-Mail tk203444@fsinet.or.jp

発行所　株式会社 東信堂

Published by TOSHINDO PUBLISHING CO.,LTD.
1-20-6,Mukougaoka, Bunkyo-ku, Tokyo, 113-0023, Japan

ISBN978-4-88713-908-4　C3036

東信堂

〔現代社会学叢書〕

- 開発と地域変動―開発と内発的発展の相克　北島滋　三二〇〇円
- 在日華僑のアイデンティティの変容―華僑の多元的共生　過放　四四〇〇円
- 健康保険と医師会―社会保険創始期における医師と医療　北原龍二　三八〇〇円
- 事例分析への挑戦―個人現象への事例媒介的アプローチの試み　水野節夫　四六〇〇円
- 海外帰国子女のアイデンティティ―生活経験と通文化的人間形成　南保輔　三八〇〇円
- 現代大都市社会論―分極化する都市？　園部雅久　三八〇〇円
- インナーシティのコミュニティ形成―神戸市真野住民のまちづくり　今野裕昭　五四〇〇円
- ブラジル日系新宗教の展開―異文化布教の課題と実践　渡辺雅子　七八〇〇円
- イスラエルの政治文化とシチズンシップ　奥山眞知　三八〇〇円
- 正統性の喪失―アメリカの街頭犯罪と社会制度の衰退　G・ラフリー　室月誠監訳　三六〇〇円

〔シリーズ社会政策研究〕

- 福祉国家の社会学―21世紀における可能性を探る　三重野卓編　二〇〇〇円
- 福祉国家の変貌―グローバル化と分権化のなかで　小笠原浩一・武川正吾編　二〇〇〇円
- 福祉国家の医療改革―政策評価にもとづく選択　三重野卓・近藤克則編　二〇〇〇円
- 共生社会の理念と実際　三重野卓編　二〇〇〇円
- 福祉政策の理論と実際（改訂版）福祉社会学研究入門　三重野卓・平岡公一編　二五〇〇円
- 韓国の福祉国家・日本の福祉国家　武川正吾・キム・ヨンミョン編　三二〇〇円

- 改革進むオーストラリアの高齢者ケア　木下康仁　二四〇〇円
- 認知症家族介護を生きる―新しい認知症ケア時代の臨床社会学　井口高志　四二〇〇円

- 新版　新潟水俣病問題―加害と被害の社会学　飯島伸子・舩橋晴俊編　三八〇〇円
- 新潟水俣病をめぐる制度・表象・地域　関礼子　五六〇〇円
- 新潟水俣病問題の受容と克服　堀田恭子　四八〇〇円
- 公害被害放置の社会学―イタイイタイ病・カドミウム問題の歴史と現在　飯島伸子・渡辺伸一・藤川賢編　三六〇〇円

〒113-0023　東京都文京区向丘 1-20-6　TEL 03-3818-5521　FAX03-3818-5514　振替 00110-6-37828
Email tk203444@fsinet.or.jp　URL:http://www.toshindo-pub.com/

※定価：表示価格（本体）＋税

東信堂

〔シリーズ 社会学のアクチュアリティ：批判と創造 全12巻＋2〕

クリティークとしての社会学―現代を批判的に見る眼	西原和久・宇都宮京子編	一八〇〇円
都市社会とリスク―豊かな生活をもとめて	藤田弘夫・浦野正樹編	二〇〇〇円
言説分析の可能性―社会学的方法の迷宮から	佐藤俊樹・友枝敏雄編	二〇〇〇円
グローバル化とアジア社会―ポストコロニアルの地平	新津晃一・吉原直樹編	二三〇〇円
公共政策の社会学―社会的現実との格闘	武川正吾・三重野卓編	二〇〇〇円
社会学のアリーナへ―21世紀社会を読み解く	友枝敏雄・厚東洋輔編	二二〇〇円

〔地域社会学講座 全3巻〕

地域社会学の視座と方法	似田貝香門監修	二五〇〇円
グローバリゼーション/ポスト・モダンと地域社会	古城利明監修	二五〇〇円
地域社会の政策とガバナンス	岩崎信彦・矢澤澄子監修	二七〇〇円

〔シリーズ世界の社会学・日本の社会学〕

タルコット・パーソンズ―最後の近代主義者	中野秀一郎	一八〇〇円
ゲオルグ・ジンメル―現代分化社会における個人と社会	居安正	一八〇〇円
ジョージ・H・ミード―社会的自我論の展開	船津衛	一八〇〇円
アラン・トゥーレーヌ―現代社会のゆくえと新しい社会運動	杉山光信	一八〇〇円
アルフレッド・シュッツ―主観的時間と社会的空間	森元孝	一八〇〇円
エミール・デュルケム―社会の道徳的再建と社会学	中島道男	一八〇〇円
レイモン・アロン―危機の時代の透徹した警世家	岩城完之	一八〇〇円
フェルディナンド・テンニエス―ゲマインシャフトとゲゼルシャフト	吉田浩	一八〇〇円
カール・マンハイム―時代を診断する亡命者	澤井敦	一八〇〇円
ロバート・リンド―アメリカ文化の内省的批判者	園部雅久	一八〇〇円
費孝通―民族自省の社会学	佐々木衞	一八〇〇円
奥井復太郎―都市社会学と生活論の創始者	藤田弘夫	一八〇〇円
新明正道―綜合社会学の探究	山本鎮雄	一八〇〇円
米田庄太郎―新総合社会学の先駆者	中久郎	一八〇〇円
高田保馬―理論と政策の無媒介的統一	北島滋	一八〇〇円
戸田貞三―家族研究・実証社会学の軌跡	川合隆男	一八〇〇円
福武直―民主化と社会学の現実化を推進	蓮見音彦	一八〇〇円

〒113-0023 東京都文京区向丘 1-20-6 TEL 03-3818-5521 FAX03-3818-5514 振替 00110-6-37828
Email tk203444@fsinet.or.jp URL:http://www.toshindo-pub.com/

※定価：表示価格（本体）＋税

東信堂

〔未来を拓く人文・社会科学シリーズ〈全17冊・別巻2〉〕

科学技術ガバナンス	城山英明編	一八〇〇円
ボトムアップな人間関係―心理・教育・福祉・環境・社会の12の現場から	サトウタツヤ編	一六〇〇円
高齢社会を生きる―老いる人／看取るシステム	清水哲郎編	一八〇〇円
家族のデザイン	小長谷有紀編	一八〇〇円
水をめぐるガバナンス―日本、アジア、中東、ヨーロッパの現場から	蔵治光一郎編	一八〇〇円
生活者がつくる市場社会	久米郁夫編	一八〇〇円
グローバル・ガバナンスの最前線―現在と過去のあいだ	遠藤乾編	二二〇〇円
資源を見る眼―現場からの分配論	佐藤仁編	二〇〇〇円
これからの教養教育―「カタ」の効用	葛西康徳・鈴木佳秀編	二〇〇〇円
「対テロ戦争」の時代の平和構築―過去からの視点、未来への展望	黒木英充編	一八〇〇円
企業の錯誤／教育の迷走―人材育成の「失われた一〇年」	青島矢一編	一八〇〇円
日本文化の空間学	桑子敏雄編	二二〇〇円
千年持続学の構築	木村武史編	一八〇〇円
多元的共生を求めて―〈市民の社会〉をつくる	宇田川妙子編	一八〇〇円
芸術は何を超えていくのか？	沼野充義編	一八〇〇円
芸術の生まれる場	木下直之編	二〇〇〇円
文学・芸術は何のためにあるのか？	吉岡洋・岡田暁生編	二〇〇〇円
紛争現場からの平和構築―国際刑事司法の役割と課題	城山英明・石田勇治・遠藤乾編	二八〇〇円
〈境界〉の今を生きる	荒川歩・川喜田敦子・谷川竜一・内藤順子・柴田晃芳編	一八〇〇円

〒113-0023 東京都文京区向丘1-20-6　TEL 03-3818-5521　FAX03-3818-5514　振替 00110-6-37828
Email tk203444@fsinet.or.jp　URL:http://www.toshindo-pub.com/

※定価：表示価格（本体）＋税